W0192191

Und ich sah einen neuen Himmel

Und ich sah einen neuen Himmel

Jenseitsvorstellungen
in den Religionen der Welt

Herausgegeben
von Hans-Joachim Simm

Patmos Verlag

VERLAGSGRUPPE PATMOS

PATMOS
ESCHBACH
GRÜNEWALD
THORBECKE
SCHWABEN

Die Verlagsgruppe
mit Sinn für das Leben

Für die Schwabenverlag AG ist Nachhaltigkeit ein wichtiger Maßstab ihres Handelns. Wir achten daher auf den Einsatz umweltschonender Ressourcen und Materialien. Dieses Buch wurde auf FSC®-zertifiziertem Papier gedruckt. FSC (Forest Stewardship Council®) ist eine nicht staatliche, gemeinnützige Organisation, die sich für eine ökologische und sozial verantwortliche Nutzung der Wälder unserer Erde einsetzt.

Bibliografische Information der Deutschen Nationalbibliothek
Die Deutsche Nationalbibliothek verzeichnet diese Publikation
in der Deutschen Nationalbibliografie;
detaillierte bibliografische Daten sind im Internet
über http://dnb.d-nb.de abrufbar.

Umschlaggestaltung: Finken & Bumiller, Stuttgart
Umschlagabbildung: Trixi Wolfseher / www.photocase.com
Druck: CPI – Ebner & Spiegel, Ulm
Hergestellt in Deutschland
ISBN 978-3-8436-0202-0 (Print)
ISBN 978-3-8436-0275-4 (eBook)

Inhalt

Vorbemerkung

»Dem stumpfen Narren kommt die Überfahrt nicht in den
Sinn, / Der von der Güter Blendwerk sich betäuben ließ. / Er
denkt: ›Diesseits ist die Welt, die jenseits gibt es nicht!‹ / So fällt
er wiederkehrend meiner Herrschaft zu«, warnt der Gott Yama,
in seiner Unterweisung über das Geheimnis der Unsterblichkeit,
Naciketas, den Sohn des Brahmanen Vājaśravas.

In den Religionen der Welt nehmen die Vorstellungen über das
Jenseits von Beginn an einen herausragenden Platz ein. Am Anfang stand eine anschauliche Bildwelt, standen detaillierte Beschreibungen jenseitiger Räume, die geographisch lokalisiert
waren. Im Lauf der historischen Entwicklung der Religionen
fand eine Abstraktion und Vergeistigung dieser ursprünglich
konkreten Orte statt.

So haben Naturreligionen das Jenseits noch nahe an die wahr-
nehmbare Wirklichkeit gebunden, an die Gräber selbst sowie an
Höhlen, Bäume oder Flüsse. Mit der Zeit entstanden in den Mythologien und in frühen Glaubenssystemen genaue Topographien
des Jenseits, die in besondere Seelenlandschaften ausgeprägt
wurden: Paradies und Hölle, Elysium und Hades, Walhall und
Hel – Stätten des Gerichts, der Belohnung oder Bestrafung und
der Gnade. Dabei war der Übergang zwischen Diesseits und Jenseits oft fließend, indem die Orte dieser Welt auf die andere pro-
jiziert wurden. Ebenso spiegelten sich soziale Strukturen der
Lebenswelt im Totenreich und in seinen Hierarchien wider.

Die vorliegende Sammlung enthält Texte über das Jenseits aus
den Religionsschriften, vom Vedismus, Hinduismus und Buddhismus über die antiken Religionen bis zu den großen Monothe-
ismen. Dabei werden sowohl die Unterschiede sichtbar als auch

9

die Zusammenhänge und Übereinstimmungen des Nachdenkens über die Seele und ihr Weiterleben nach dem Tod, ihren Weg in die andere Welt, der Bestattungsriten, Himmelsreisen und Unterweltbegegnungen, der Offenbarungen, Visionen und Erlösungshoffnungen, der Frage nach der Auferstehung, der Unsterblichkeit der menschlichen Seele, dem ewigen Leben oder der Wiedergeburt. In der Zusammenschau der Auffassungen über das Jenseits tritt nicht nur Vergleichbares, Analoges, ja Identisches und zugleich ganz Verschiedenes zu Tage, sondern es werden auch direkte Synkretismen erkennbar, im Zusammenfließen religiöser Ideen unterschiedlicher Herkunft. Die Entstehungsbedingungen und Begegnungsformen der Religionen und ihrer Jenseitsvorstellungen werden deutlich, sei es daß sie durch Wanderungen der Völker oder gleichzeitig entstanden sind, oder aber durch Verdrängungen, wie beispielsweise im Verhältnis des Vedismus zu der seinerzeit existierenden Industalkultur, durch Integration aus politischem Kalkül, wie im römischen Imperium, das die Mithrasverehrung und andere Mysterienkulte, wie den Fruchtbarkeitskult der kleinasiatischen Göttin Kybele als Magna mater pflegte. Die Übernahme und Angleichung älterer Religionsformen ist im Tibetischen Buddhismus, der Elemente der zur Zeit seiner Einführung vorherrschenden Bön-Religion aufnahm, offenkundig. Von weitreichender Bedeutung ist der Einfluß des Zoroastrismus auf die späteren hellenistischen, insbesondere gnostizistischen Religionsbewegungen, mit der Symbolik von Licht und Finsternis, der Polarität von Gott und Teufel, Gut und Böse auch auf das Christentum.

Selbst wenn mit dem zunehmenden Abstrakterwerden des Gottesbegriffs auch die Bilder vom Jenseits an Konkretheit verlieren, bleibt grundsätzlich in allen Glaubensrichtungen der Gedanke der Transzendenz und die Sehnsucht nach einer Welt wirksam, die über das Diesseits hinausreicht: »Und ich sah einen neuen Himmel und eine neue Erde«, heißt es in der Offenbarung des Johannes. Die Beschreibungen der Orte des Jenseits verweisen allesamt auf die Fähigkeit des Menschen, über sich selbst hinauszudenken, das Unfaßbare zu erfassen, es bildhaft darzustellen, und damit auf den Wunsch, auch das letzte Geheimnis zu ergründen. So sind die betreffenden Schriften keineswegs als bloße Phantasiezeugnisse zu betrachten, sie sind als eine eigene literarische Gattung zu verstehen, die Auskunft gibt über die jeweilige ethnische Verfaßtheit der Regionen, in denen sie entstanden, sowie über Entwicklung kultureller und religiöser Vorstellungen. Viele Themen und Motive zeigen sich durchgehend in den unterschiedlichen Religionen, so die Beschreibung der Orte der Götter, in Himmelsregionen, in der Unterwelt und zwischen den Welten. In fast allen Religionen finden sich Totenbegleiter, Geleiter ins Jenseits, in Gestalt von Göttern selbst, wie dem Hermes psychopompos, von vergöttlichten Menschen oder von Tieren mit außergewöhnlichen Fähigkeiten. Auch das Zurückkommen oder Zurückgeholtwerden aus dem Totenreich ist ein übergreifendes Motiv, am bekanntesten in den Mythen von Orpheus, von der mesopotamischen Ischtar, dem japanischen Izanagi, aber auch in der keltischen Religion, wenn die Sonne, die den Menschen ins Jenseits geleitet, den Helden Cuchulainn sogar dreimal aus dem Jenseits zurückführt. Belohnung oder Bestrafung im Jenseits, wie sie in den meisten Religionen gedacht werden, sind die grundlegenden ethischen Aspekte des Lebens nach dem Tode.

Markante Anweisungen zum rechten Leben und zum rechten Sterben werden in allen Religionen gegeben, sie finden sich in der *Bhagavad Gītā*, im Ägyptischen und im Tibetischen Totenbuch, im Alten und im Neuen Testament und noch in Martin Luthers *Sermon von der Bereitung zum Sterben*.

Die Vorbereitungen auf das Jenseits bestimmen stets auch die rechte Art und Weise des diesseitigen Lebens, denn so wie in den frühen Religionen das Jenseits eine Projektion des Diesseits darstellte, wird umgekehrt das Jenseits mehr und mehr zur Richtlinie für das Verhalten im Diesseits. Daher spielen Bestattungsrituale eine wichtige Rolle, schon im Vedismus, der den Ritus der Bestattung und die Totenopfer detailliert beschreibt, aber auch in der altägyptischen Religion, im Zoroastrismus, in den chinesischen Religionen, bei den Etruskern, den Kelten, den Germanen und im römischen Reich, wo der Ahnenkult nicht nur den Familienzusammenhalt über die Generationen hinweg sichern sollte, sondern geradezu staatstragend wurde.

Die entscheidende Frage im Zusammenhang mit dem Jenseits ist die nach dem Schicksal der Seele (in manchen Religionen auch des Körpers) der Verstorbenen unmittelbar nach dem Tod. Vor dem Zugang zum Paradies oder der Verbannung in die Hölle, dem Betreten des Elysiums oder dem Vergessenwerden im Hades, dem Erreichen des alles auflösenden Nirvāṇa oder dem Absturz in die finstere Hundehölle stehen Zwischenbereiche, in denen der Tote sich zunächst noch einmal zu bewähren hat, so im Tibetischen Totenbuch mit dem detailliert beschriebenen Bardo, einem Zwischenzustand, der beides ermöglicht, den Aufstieg oder den Absturz, im Zoroastrismus mit dem Bild einer Brücke, über die die Seelen zu gehen haben, um entweder in die Hölle zu stürzen oder das blühende Jenseits zu erreichen.

Im alten Ägypten herrschte die Vorstellung eines Jenseitsgerichts vor, bei dem die zu Lebzeiten ausgeführten Taten auf eine Schale der Seelenwaage gelegt werden, deren Gegengewicht eine Feder der Göttin Ma'at darstellt. Im Katholizismus ist es die Lehre vom Purgatorium, dem Fegefeuer, das die Seelen reinigt und sie dem Himmel zuführt, sei es nach dem Jüngsten Gericht oder unmittelbar nach dem individuellen Tod.

Jenseitsreisen sind ein weitverbreitetes Motiv, von den Trancereisen der Schamanen bis zu Elias', Paulus', Mohammeds und anderer Fahrten in den Himmel. Anschaulich wird die Jenseitsreise, die Begegnung mit dem Schattenreich der Unterwelt in der berühmten Nekyia der *Odyssee* oder bereits im *Gilgamesch*-Epos beschrieben, aber auch im germanischen Mythos von Balder oder dem keltischen Brán – ein Motiv, das in der Literatur eine große und breite Tradition entfaltete, von Vergil über mittelalterliche Aeneas-Romane bis zu Dantes *Divina commedia* und Goethes *Faust*.

In den Jenseitsvorstellungen aller Religionen kommt der Gedanke eines universalen Gesetzes der Gerechtigkeit und der kosmischen Ordnung zum Ausdruck, das außerhalb der göttlichen und menschlichen Welt existiert und diese bestimmt, wie es die ägyptische Ma'at verkörpert, die sumerische Satzung Me oder das hinduistische Dharma darstellt. Die Forderung nach rechtem Denken, Reden und Handeln, wie sie explizit der Zoroastrismus und der Buddhismus erheben, gilt letztlich für alle Religionen.

Vedismus

Die vedische Religion wurde zwischen 1600 und 1400 v. Chr. von indo-iranischen Einwanderern aus Zentralasien in den Norden Indiens eingeführt, wo sie die bestehende Industalkultur verdrängte. Der Vedismus kennt, innerhalb der einen, für alle gültigen Weltordnung (*ṛta*), eine große Zahl von Göttern. Sie bezeichnen, wie Agni (Feuer, Licht, Intelligenz[1]), Vāyu (Wind), Sūrya (Sonne), Naturerscheinungen oder, wie Indra (höchster Gott, Quelle der Fruchtbarkeit), Varuṇa (himmlische Ordnung, Herrscher der Nacht[2]), Mitra (Freund, Herrscher des Tages), Strukturen der Weltordnung.

Kultisches Zentrum des Vedismus ist das Opfer, von Priestern, den Brahmanen[3], durchgeführt. Durch den Ritus, insbesondere das Opfer an Agni, wird die als chaotisch empfundene Welt der Asuras, der ›Titanen‹ oder Dämonen, zum Kosmos umgestaltet, von den beschützenden Göttern, den Devas, geordnet. Im Feueropfer werden Schöpfung, Zerstörung und Neuschöpfung symbolisiert. Innerhalb der Opferrituale kommt dem Somaopfer eine besondere Bedeutung zu. Der Soma (avestisch: *haoma*) ist der Trank des ›Nicht-Todes‹ (*amṛta*), der kulturgeschichtlich vermutlich an die Stelle des indoeuropäischen Nadhu-Trankes (des indogermanischen Met) getreten ist. »Wir tranken Soma, wurden nun unsterblich, / erlangten Glanz und fanden auch die Götter; / Was kann uns schaden nun der Bösen Rotte? / Unsterblicher, des Sterblichen Gewalttat?«[4] Allen Menschen steht ein Paradies offen, das Land der Väter (*pitṛloka*), die himmlische Totenwelt. Dies gilt jedoch vornehmlich für die Wohlhabenden, die reiche Opfer darbringen können. So werden die gesellschaftlichen Verhältnisse des Diesseits in gewisser Weise auf das Jenseits übertragen. Sogar die Götter sind nicht unsterblich, sie müssen gegen den Tod ankämpfen.

Die Gläubigen erhofften sich nach dem Tod eine Wiedervereinigung mit den Ahnen im Jenseits. »Man glaubte in der rigvedischen Zeit [...] an eine Art automatisches Weiterleben im Himmel der Vorväter und König Yamas[5] oder der Götter. Der Verstorbene [...] lebte im Jenseits von den ›guten Werken‹ (*suktá*), die er im diesseitigen Leben durch beständiges Opfern und durch Gaben (*iṣṭāpūrtá*) an die Dichter und Priester erworben hatte. Eine Hölle, wie im späteren Hinduismus und Buddhismus, gab es dagegen noch nicht, nur einen schrecklichen dunklen Ort ohne Essen und Trinken und Nachkommen. Er drohte denjenigen, die sich gegen die vedischen Normen vergangen hatten: Mördern von Dichter-Priestern, ›Tötern der Kuh‹ (d. h. der Dichtung) oder Zauberern, deren Vergehen und Bestrafungen ausführlich beschrieben sind. Diese des Nachts ausschwärmenden dunklen Gestalten, fliegenden Werwölfe und als Eulen, Geier und Hunde getarnten Unholde sollen von Indra mit zermalmender glühender Waffe ›wie Töpfe‹ zerschmettert werden.«[6] Der Tote erhält durch die Leichenverbrennung einen neuen, besseren Körper. Um ein vollkommen himmlisches Leben zu führen, muß die Seele den Körper und die Lebensfunktionen wiedererlangen. Bereits durch rituelle Übungen in diesem Leben, durch Tapas[7], kann der Übergang aus dem Diesseits in die andere Welt vorbereitet werden.

Die grundlegenden Schriften der vedischen Religion bestehen aus den geoffenbarten Sammlungen (Saṃhitās): Ṛg-(Rig-)Veda (Hymnen an die Götter, Ritualtexte), Yajur-Veda (Opfersprüche), Sāma-Veda (Lieder) und Atharva-Veda (Zaubersprüche).

Diesen folgen die Brāhmaṇas (Ritual- und Opfertexte), die Āraṇyakas (sogenannte Waldbücher) und die Upanishaden (Geheimlehren, philosophische Ausdeutungen des Veda) sowie ferner Sūtras (Ritualanweisungen). Die älteren Upanishaden thematisieren unter anderem die Frage nach dem Leben im Jenseits. Die Brāhmaṇas hatten bereits die Vorstellung eines Wiedertods (*punarmṛtyu*) ausgebildet, wonach im Jenseits ein erneuter Tod möglich ist, der aber überwunden werden kann durch Erkennen. Die Upanishaden entwickelten daraus die Lehre von der Seelenwanderung und der Wiedergeburt sowie die Idee der Selbstverantwortung des Menschen für ein künftiges Leben: Jede Handlung bewirkt ein Karma, das ursächlich die folgenden Existenzformen bestimmt. Die philosophischen Reflexionen der Upanishaden über die Einheit, die aller Vielfalt zugrunde liegt, und die zu erreichende Identität von Brahman (der höchste Geist des Absoluten) und Ātman (das wahre Selbst, das Wesen des Selbst), leiten bereits zu Gedanken des Hinduismus über. Besonders die *Śvetāśvatara*-Upanishad[8] wird als ›Tor‹ zum Hinduismus betrachtet.

Rig-Veda

Bitte an den flammenden Soma[9] um seliges Leben[10]

Wo unauslöschlich Licht erglänzt,
wo Himmelsglanz entzündet ist,
An den Ort bring mich, flammender,
der ewig, unvergänglich ist.

Wo König ist Vivasvats[11] Sohn,
und wo des Himmels Heiligtum,
Wo ewig strömt des Wassers Born,
da mache du unsterblich mich.

Wo man durch Wunsches Kraft sich regt
am dritten höchsten Himmelsdom,
Wo glanzbegabt die Räume sind,
da mache du unsterblich mich.

Wo Wunsch zugleich Erfüllung ist,
und höchster Ort dem Flammenroß,
Wo Sehnsucht und Befriedigung,
Da mache du unsterblich mich.

Wo Freude, Lust und Wonne thront,
wo Fröhlichkeit und Seligkeit,
Wo sich der Lust Verlangen stillt,
da mache du unsterblich mich.

Drei Fluchlieder[12]

Bitte an Indra-Soma um Vertilgung der Frevler und Dämonen

Verbrennt, versenkt, o Indra-Soma, das Gespenst,
o Stiere stürzt, die sich des Dunkels freun, herab;
Zerbrecht der Toren Hälse, senget nieder sie,
zerschlagt, zerstoßt, zertretet die gefräßigen.

Den Bösewicht verbrühe selbst des Frevels Glut
o Indra-Soma, wie der Topf, der überkocht,
Werft ew'gen Haß auf jeden, der die Beter haßt,
der Fleisch verschlingt, von graus'gem Anblick, schurkenhaft.

Die Übeltäter, Indra-Soma, stürzt hinab
in Finsternis und in des tiefsten Brunnens Grund,
Daß auch nicht einer aus der Tiefe wiederkehrt;
das wirke siegend eure ungestüme Kraft.

Vom Himmel schleudert, Indra-Soma, eur Geschoß,
das von der Erde tilge den, der Böses sinnt;
Aus den Geklüften bildet euren Himmelsblitz,
mit dem ihr trefft das hochgewachsne Nachtgespenst.

Vom Himmel, Indra-Soma, schleudert nun herab
die gluterhitzten Steingeschosse beide ihr,
Gesellt der jungen blitzversehnen Schar, verstoßt
die Fresser in den Abgrund, laßt verstummen sie.

Euch, Indra-Soma, möge dies Gebet umfahn,
wie rings des Leibes Gurt ein Rossepaar;
Den Anruf, den ich um euch lege weisheitsvoll,
und diese Bitten segnet wie ein Herrscherpaar.

Gedenkt an uns auf euren schnellen Gängen doch,
die bösen Geister, die Zerbrecher, tilget aus;
O Indra-Soma, nimmer sei dem Frevler Glück,
der voller Arglist jemals Feindschaft uns erweist.

Bitte um Vertilgung der Frevler und Lügner

Wer mich, wenn ich nichts Arges denkend wandre,
mit lügenhaften Zornesworten anfährt;
Wie Wasser; das mit hohler Hand gefaßt wird,
sei nichtig er, der Nicht'ges spricht, o Indra.

Wer den, der arglos redet, tückisch anfällt,
den glücklichen beschädiget mit Absicht,
Den soll der Schlange Soma überliefern
und in den Schoß des Untergangs ihn setzen.

Wer uns die Kraft des Trunks verdirbt, o Agni,
der Roß und Rinder und der eignen Leiber,
Der fall in Not, der Feind, der Dieb, der Räuber,
der mög' verkümmern an sich selbst, an Kindern.

Verkümmern mög' er an sich selbst, an Kindern,
tief lieg' er unter den drei Erden[13] allen;
Verschrumpfen möge dessen Macht, o Götter,
der uns bei Tag, bei Nacht zu schaden trachtet.

Der weise Mann weiß klar zu unterscheiden,
wenn wahre Red' und Lüge sich bekämpfen;
Was wahr ist, was das bessere von beiden,
das fördert Soma, Unwahrheit vertilgt er.

Nicht wahrlich liebt den falschen Heuchler Soma,
noch den, der Herrschaft trügerisch behauptet;
Er schlägt den Nachtgeist und er schlägt den Lügner;
sie beid' erliegen unter Indras Andrang.

Wenn, Agni, ich ein falscher Spieler wäre,
wenn heuchlerisch die Götter ich verehrte; –
Doch warum zürnst du uns, o Wesenkenner[14]?
Die Lügenredner laß ins Elend stürzen.

Heut will ich sterben, wenn ich Zauber übte,
und wenn ich quälte eines Menschen Leben,
Drum gehe seiner Freunde der verlustig,
der lügnerisch mich einen Zaubrer nannte.

Der mir dem reinen »Zaubrer bist du« sagte,
der selbst ein Unhold »heilig bin ich« prahlte,
Den töte Indra mit der großen Waffe,
tief unter alle Wesen sink er nieder.

Fluch wider die dämonischen Geister

Die gleich der Eule in der Nacht einherschleicht,
mit trügerischem Sinn den Leib verbergend,
Die sinke tief in bodenlose Brunnen,
und Steine mögen schmetternd sie erschlagen.

Verteilet euch, o Maruts[15], in den Häusern;
sucht auf, ergreift, zermalmt die bösen Geister,
Die Vögeln gleich hinschwirren durch die Nächte,
und die mit Schmutz bewerfen heil'ges Opfer.

Vom Himmel schleudre deinen Pfeil, o Indra,
den Soma schärfte, schärf ihn neu, o Mächt'ger,
Von vorn, von hinten, oberwärts, von unten
erschlag die bösen Geister mit dem Felsstück.

Es rennen dort die hundegleichen Geister,
zu schäd'gen Indra, ihn, den niemand schädigt;
Der starke schärft für Böse seine Waffe,
jetzt schleudre er den Blitz auf die Gespenster.

Indra war der Vernichter der Zaubergeister und der Opferstörer,
die sich wider ihn rotten;
der starke greift die, welche des Nachts spuken,
an wie ein scharfes Beil den Waldbaum,
wie wenn er Trinkbecher zerbräche.

Den Käuzchengeist, den Uhugeist vernichte,
den Hundegeist, den Kuckucksgeist erschlage,
Den Vogelunhold und den Geierdämon,
wie mit dem Mühlstein triff die Geister, Indra.

Nicht möge uns der Zaubrer Wut erreichen,
fort jag' er die gepaarten Frevelgeister,
Vor ird'scher Not beschütze uns die Erde
und vor der himmlischen behüt die Luft uns.

Den männlichen Bezaubrer töte, o Indra,
das Weib auch, das mit Zauberei sich brüstet;
Die Götzen tilge, die mit krummen Hälsen,
nicht mög' die Sonn' sie sehen, wenn sie aufgeht.

Blick hin, blick um dich, o Indra und Soma,
seid wachsam, werft euren Mordstrahl auf die Gespenster,
euren Donnerkeil auf die Zauberer.

Āsʼvalāyanagṛhya-Sūtra[16]

Leichenverbrennung und Bestattung[17]

Wenn ein Mann, der das heilige Feuer angelegt hat, sterben sollte,
so soll er gen Osten, Norden oder Nordosten[18] ausziehen. Die
Feuer verlangt es nach dem Dorf, so sagt ein Sprichwort, sie segnen ihn, um wieder ins Dorf zu kommen, und möchten ihn gesund machen, so steht geschrieben. Wieder genesen, soll er Soma,
ein Tier oder ein einfaches Opfer opfern und heimkehren, oder
auch ohne zu opfern. Wenn er aber stirbt, so lasse man ein Stück

Erde aufgraben in südöstlicher oder südwestlicher Richtung, so daß die Grube südwärts oder südostwärts geneigt ist. Einige sagen südwestwärts geneigt. So groß ein Mann mit emporgehobenen Armen ist, so lang sei sie, ein Klafter breit, eine Spanne tief. Die Leichenstätte biete nach allen Seiten einen freien Ausblick und sei mit vielen Pflanzen bewachsen. Pflanzen mit Dornen und mit Milchsaft soll er mit den Wurzeln ausgraben und entfernen […]. Wo nach allen Seiten Wasser abfließt, das ist das erforderliche Merkmal für die Leichenstätte als Verbrennungsplatz.

Haupthaar, Bart, Körperhaare und Nägel beschneiden sie dem Toten […]. Reichlich Streugras und Schmelzbutter besorge man. Die Schmelzbutter mengt man in diesem Fall in saure Milch, das ist das Opferschmalz für die Väter.

Nun bringen sie nach dieser Gegend die Feuer und die Opfergeräte, hinterdrein bejahrte Männer in ungerader Zahl und ohne ihre Frauen den Toten. Einige sagen auf einem Wagengestell, das mit Rindern bespannt ist. Als Tier für das Totenopfer eine Kuh oder eine einfarbige Ziege. Einige sagen: eine schwarze. Am linken Vorderfuß fesseln sie sie und treiben sie hinter ihm. Hinterdrein die Angehörigen mit der heiligen Schnur unterhalb der Schulter, mit losen Haaren, die Ältesten zuvorderst, die Jüngsten zuletzt. Nachdem sie so an der Stätte angelangt sind, besprengt der Bestatter mit einem S'amīzweige[19] dreimal nach links herumgehend den Platz mit Wasser, indem er spricht: »Geht fort, geht auseinander, zerstreut euch! Ihm haben die Väter diese Stätte bereitet. Yama gewährt ihm einen Ruheplatz, verschönt durch Tages- und Nachtwechsel, durch die Regenzeit.« (Rig-Veda X 14,9). Am südöstlichen Rand der Grube setzt er das Opferfeuer, auf dem nordwestlichen das Hausfeuer, auf dem südwestlichen das südliche Feuer. Dann schichtet innerhalb des Feuerplatzes einer, der es versteht, den Holzstoß. Nachdem sie auf diesem heiliges Gras und ein schwarzes Tierfell, mit den Haaren nach oben, hingebreitet haben, legen sie den Toten darauf, indem sie ihn links vom Hausfeuer heranbringen, und zwar so, daß sein Haupt dem Opferfeuer zugekehrt ist. Zu seiner Linken legen sie die Frau und einem Adeligen seinen Bogen. Ihr Schwager, der die Stelle des Gatten vertritt, oder ein Schüler oder ein alter Diener heiße sie aufstehen mit dem Vers: »Erhebe dich, o Weib, zu der Welt der Lebenden. Du liegst neben einem Toten, komm! Du bist eingetreten in diesen Ehestand mit dem Gatten, der deine Hand ergreift und dich besitzen will« (RV X 18,8). Wenn der ungebildete Diener sie aufstehen heißt, soll der Bestatter den Vers murmeln. Den Bogen nimmt er mit dem Vers:»Den Bogen nehme ich aus der Hand des Toten, für uns zur Macht, zum Ruhmesglanz, zur Stärke. Du dort, wir hier, wir wollen als tapfere Männer alle Widersacher und Feinde überwinden« (RV X 18,9). Bei einem Ungebildeten gilt das Gesagte. Nachdem er die Sehne aufgezogen hat, soll er, bevor er die letzte Schicht geschichtet hat, den Bogen zerbrechen und ihn darauf werfen.

Dann lege er folgende Opfergeräte hinzu. In die rechte Hand des Toten den Opferlöffel, in die linke die Upabhrt[20], an die rechte Seite das Holzmesser, an die linke den Löffel für das Agnihotra[21], auf die Brust den Dhruvālöffel[22], auf das Haupt die Schalen, auf die Zähne die Preßsteine, an die Nasenlöcher die beiden Sruvalöffel[23]. Wenn nur einer vorhanden, indem er ihn zerbricht. An die beiden Ohren die beiden Präs'itraharana[24]. Wenn nur eines vorhanden, indem er es zerbricht. Auf den Bauch den Holztopf und den Becher, in die abgeteilten Opferportionen kommen, auf den Schoß den Pflock, die beiden Reibhölzer auf die beiden Oberschenkel, Mörser und Stößel auf die beiden Unterschenkel, auf die Füße die beiden Getreideschwingen, wenn nur eine vorhanden, indem er sie zerschneidet. Die vertieften Geräte füllen sie mit gesprenkelter Butter. Den unteren und oberen Mahlstein nehme der Sohn nach Hause, ebenso alle Geräte von Kupfer, Eisen und Ton. Nachdem er die Netzhaut der toten Kuh herausgezogen hat, bedecke er damit Kopf und Gesicht des Toten mit den Worten:»Mit den Kuhteilen lege dir einen Panzer gegen das Feuer um, decke dich mit Fett und Schmer zu, damit dich nicht der dreiste, lüsterne Agni, kühn geworden, mit seiner Glut umarme, um dich zu verbrennen!« (RV X 16,7) Die beiden Nieren nehme er heraus und lege sie in die beiden Hände des Toten mit den Worten:»Eile an den beiden Hunden, den Saramāsöhnen[25], den vieräugigen, gefleckten vorüber auf dem richtigen Wege und gelange zu den leicht zu findenden Vätern, die mit Yama an der Tafelrunde schwelgen!« (RV X 14,10) In die Rechte die rechte, in die Linke die linke. Das Herz auf sein Herz. Nach einigen auch zwei Mehlklöße in seine Hände. Nur beim Fehlen der Nieren, so sagen andere. Nachdem er die ganze Opferkuh Glied um Glied darübergelegt und mit dem Fell zugedeckt hat, segnet er die Weihwasserschale mit den Worten:»Kippe, o Agni, diesen Becher nicht um. Dieser Becher, der den Göttern und den somawürdigen Manen lieb ist, der die Trinkschale der Götter ist, aus ihm zechen die unsterblichen Götter.« (RV X 16,8). Indem er das linke Knie beugt, opfere er im südlichen Feuer Butterspenden mit den Worten:»Dem Agni! Amen! Dem Liebesgott! Amen! Der Welt! Amen! Der Gnade! Amen!« Eine fünfte Butterspende auf die Brust des Toten mit den Worten:»Aus diesem wurdest du geboren, möge er aus dir geboren werden, N N[26], für die Himmelswelt. Amen!«

Er gibt den Befehl: Zündet gleichzeitig die Feuer an. Wenn das Opferfeuer den Leichnam zuerst erreicht, so soll man wissen, daß es ihn jetzt in der Himmelswelt erreicht hat. Jener wird dort glücklich sein, ebenso dieser Sohn hienieden. Wenn ihn das Hausfeuer zuerst erreicht, so soll man wissen, daß es ihn jetzt in der Luftwelt erreicht hat. Jener wird dort usw. Wenn das südliche Feuer ihn zuerst erreicht, so soll man wissen, daß es ihn jetzt in der Menschenwelt erreicht hat. Jener wird dort usw. Bei gleichzeitigem Erreichen nennen sie das das höchste Glück. Während er verbrennt, segnet der Bestatter ihn in gleicher Weise mit den Worten:»Zieh hin, zieh hin auf den alten Pfaden, auf denen unsere Vorfahren gegangen sind. Beide Könige, die sich der Seligkeit erfreuen, den Yama und den Gott Varuṇa, wirst du schauen.« (RV X 14,8)

»Komm dort im höchsten Himmel mit den Vätern, mit Yama zusammen, mit deinen Opfern und guten Werken. Alles Fehlerhafte zurücklassend kehre zu deinem Hause zurück an, nimm einen Leib an, in Schönheit erstrahlend!« (RV X 14,8)

»Eile vorbei« usw. (RV X 14,10)

»Deinen beiden Wächtern, o Yama, den vieräugigen Hunden, den wachsamen Pfadhütern, denen empfiehl ihn, o König, und verleih ihm Wohlsein und Gesundheit!« (RV X 14,11)

»Verbrenn ihn nicht, o Agni, brenn ihn nicht an, versenge nicht seine Haut, nicht seinen Leib! Wenn du ihn gar gemacht haben wirst, o Jātavedas[27], dann entlaß ihn zu den Vätern!« (RV X 16,1)

»Wann du ihn, o Jātavedas, gar gemacht haben wirst, dann übergib ihn den Vätern! Wenn er die Reise ins Jenseits machen wird, dann soll er Höriger der Götter werden.« (RV X 16,2)

»In die Sonne soll das Auge gehen, die Seele in den Wind; geh in den Himmel und geh zur Erde je nach der Bestimmung. Oder geh ins Wasser, wenn dir dort beschieden ist, oder wohne mit deinen Gliedmaßen in den Pflanzen!« (RV X 16,3)

»Der Bock ist dein Anteil, den verbrenne mit deiner Hitze, den soll eine Glut verbrennen, ihn deine Flamme. Was deine freundlichen Formen sind, o Jātavedas, mit denen führe ihn in die Welt der Frommen!« (RV X 16,4)

»Gib ihn, o Agni, wieder heraus den Vätern, der dir geopfert jetzt nach eigenem Ermessen wandelt. Wieder Leben annehmend soll er seine Hinterbliebenen aufsuchen, er soll einen Leib bekommen, o Jātavedas!« (RV X 16,5)

»Was der schwarze Vogel an dir genagt hat, die Ameise, die Schlange oder ein wildes Tier, Agni der Allfresser soll das wieder heil machen und der Soma, der in die Brahmanen eingegangen ist.« (RV X 16,6)

»Pūṣan[28] soll dich von hinnen befördern, der kundige Hüter der Welt, dem kein Vieh verloren geht. Er möge dich diesen Vätern überbringen, Agni den leicht auffindbaren Göttern.« (RV X 17,3)

»Der das ganze Leben begleitende Lebensgeist soll dich behüten, Pūsan soll dich auf der weiten Reise vorangehend schützen! Wo die Frommen wohnen, wohin die gegangen sind, dorthin soll dich Gott Savitr[29] bringen.« (RV X 17,4)

»Pūsan kennt alle diese Himmelsgegenden genau, er soll uns auf gefahrlosestem Wege führen, der Heilgebende […], durch den die Männer heil bleiben, der Wachsame soll vorausgehen des Weges kundig.« (RV X 17,5)

»Auf dem weiten Weg der Wege ward Pūsan geboren, auf dem weiten Weg gen Himmel, auf dem weiten Weg auf der Erde. Zu beiden liebsten Heimatstätten geht er hin und her des Weges kundig.« (RV X 17,6)

»Kriech unter bei dieser Mutter Erde, der geräumigen, gütigen! Ein junges Mädchen zart wie Wolle ist sie für den, der Priesterlohn gibt. Sie soll dich schützen vor dem Schoß der Vernichtung.« (RV X 18,10)

»Wölbe dich empor, o Erde, drücke ihn nicht, gewähre ihm gute Unterkunft, guten Unterschlupf. Wie die Mutter ihren Sohn mit dem Rockzipfel, so bedecke ihn, o Erde!« (RV X 18,11)

»Sich aufwölbend soll die Erde fein feststehen, denn tausend

Pfeiler sollen angebracht werden. Dies Haus soll in Schmalz schwimmen und ihm allezeit, hier Schutz gewähren.« (RV X 18,12)

»Ich stemme die Erde über dir empor. Indem ich diese Scholle niederlege, möchte ich selbst nicht zu Schaden kommen. Diese Säule sollen dir die Väter halten, Yama soll dir hier Häuser bauen!« (RV X 18,13)

»Für die einen klärt sich der Soma, andere warten auf das Schmalzopfer. Für die der Honigtrank fließt, auch zu denen soll er der Tote eingehen.« (RV X 154,1)

»Die durch Kasteiung unbezwingbar, die durch Kasteiung zum Himmelslicht gegangen sind, die durch Kasteiung sich Ruhm erwarben, auch zu denen usw.« (RV X 154,2)

»Die in den Schlachten kämpfen, die als Helden ihr Leben opferten, oder welche tausendfältigen Lohn den Priestern gaben, auch zu denen usw.« (RV X 154,3)

»Auch die, welche früher das Gesetz pflegten, wahrten, mehrten, zu den sich kasteienden Vätern, o Yama, auch zu denen usw.« (RV X 154,4)

»Die Seher, die tausend Weisen kennen, die die Sonne bewachen, zu den sich kasteienden, in Kasteiung neugeborenen Rishis[30], auch zu denen usw.« (RV X 154,5)

»Die zwei breitnasigen Lebensräuber, die [...] Boten des Yama gehen unter den Menschen umher. Die sollen uns jetzt hienieden das schöne Leben wieder schenken, auf daß wir die Sonne sehen können.« (RV X 14,12)

Wer von einem sachkundigen Mann verbrannt wird, der geht schon mit dem Rauch gen Himmel, so steht geschrieben. Nordöstlich vom Opferfettier grabe er eine knietiefe Grube und lasse eine Sumpfpflanze Avala[31], S'īpāla oder ähnliche hineinlegen. Von dort kommt er heraus und geht zugleich mit dem Rauch gen Himmel, so steht geschrieben. Der Bestatter spricht den Vers:

»Diese Lebenden sind jetzt von den Toten geschieden. Unser Gebet war heute erfolgreich. Wir sind jetzt zu Tanz und Scherz weitergegangen, noch recht lange unser Leben ausdehnend.« (RV X 18,3) Bei diesen Worten gehen sie linksum kehrend fort, ohne sich umzusehen. Kommen sie an einen Ort, wo stehendes Wasser ist, so tauchen sie einmal unter und auf, gießen eine Handvoll Wasser aus, indem sie seinen Familiennamen und seinen Namen aussprechen, steigen aus dem Wasser, legen andere Kleider an, die ersten einmal ausdrückend, lassen sie mit dem Saum nach Norden zum Trocknen liegen und bleiben sitzen, bis die Sterne sichtbar werden. Oder wenn noch ein Rest der Sonne sichtbar ist, sollen sie sich heimbegeben, die Jüngsten zuvorderst, die Ältesten zuletzt. Wenn sie zu Hause angelangt sind, bohren sie den Stein, das Feuer, Kuhmist, geröstete Körner, Sesamkörner und Wasser. In dieser Nacht sollen sie keine Speise kochen, sondern von gekaufter oder fertiger leben. Drei Nächte lang sollen sie nichts Scharfes oder Gesalzenes essen [...]

Das Sammeln der Totengebeine findet nach der zehnten Nacht der dunklen Monatshälfte an einem der ungeraden lunaren Tage unter einem einfachen Sternbild statt. In einem Krug ohne Verzierungen und ohne Zitzen den Mann, in einem Krug ohne Verzierungen mit Zitzen die Frau, und zwar tun es bejahrte Männer in ungerader Anzahl ohne ihre Frauen. Mit milchgemischtem Wasser besprengt der Bestatter mit einem S'amīzweige, dreimal nach links herumgehend, die Stätte mit den Worten:

»O kühle Erde mit kühlen Pflanzen, o erfrischende mit erfrischenden Pflanzen, vereinige dich fein mit dem Froschweibchen[32] und erfreue diesen Agni!« (RV X 16,14)

Jeden einzelnen Knochen sollen sie mit dem Daumen und vierten Finger einlegen in den Krug, ohne zu klappern, zuerst die Füße, den Kopf zuletzt. Nachdem sie sorgfältig gesammelt und mit einer Schwinge von der Asche gereinigt haben, sollen sie an einer Stelle, wo von keiner Seite Wasser zuläuft, abgesehen von dem Regenwasser, den Krug dort in einer Grube beisetzen mit den Worten: »Kriech unter« usw. (RV X 18,10) Mit dem folgenden Vers (s. o.) soll er Sand hinabschütten. Nachdem er ihn hinabgeschüttet hat, spreche er folgenden Vers (s. o. RV X 18,11). Nachdem er mit dem Vers: »Ich stemme dir die Erde usw.« (s. o. RV X 18,13) den Krug mit einer Scherbe zugedeckt hat, kehren sie, ohne sich umzusehen zurück, und nachdem sie sich mit Wasser benetzt haben, sollen sie ihm eine Totenspende darbringen.

Upanishaden

Der Weg zu Atman-Brahman[33]

Denn durch Wahrhaftigkeit, durch heißes Bemühen ist dieser Ātman zu erlangen, durch ganzes Erkennen, durch Keuschheit zu jeglicher Zeit. Denn im eignen Innern ist er ein schimmerndes Lichtwesen, welches die Büßer, deren Sünden getilgt sind, sehen können.[34]

Nicht wird er mit dem Auge erfaßt, noch mit dem Wort, nicht[35] mit anderen Göttern, nicht durch Kasteiung und Opferwerk. Wer aber durch Ungetrübtheit der Erkenntnis reinen Herzens ist, der schaut ihn dann, sich in den Ungeteilten versenkend.[36]

Dieser Ātman kann nicht durch Belehrung erfaßt werden, nicht durch Geistesgabe noch durch viel Gelehrsamkeit. Nur wen er sich erwählt, der kann ihn erfassen; dem enthüllt sich selbst dieser Ātman.[37]

Das Eingehen in Brahman und die Erlösung[38]

Wie die fließenden Ströme im Meere verschwinden, indem sie Namen und Form ablegen, so geht der Weise, von Namen und Form erlöst, in den himmlischen Geist ein, der höher als das Höchste ist. Wer nämlich das höchste Brahman kennt, der wird selbst zu Brahman. In seiner Familie wird keiner geboren, der das Brahman nicht kennt. Er überwindet den Schmerz, überwindet das Übel, von den geheimen Herzensknoten[39] befreit, wird er unsterblich.[40]

So wie diese fließenden, dem Meere zueilenden Ströme, wann sie das Meer erreicht haben, verschwinden, und ihre Namen und Form vergehen und es nur noch das Meer heißt, so verschwinden die sechzehn Bestandteile[41] des Schauenden, deren Ziel der Geist ist, wenn sie in den Geist eingegangen sind, und ihre Namen und Form zergehen, und es heißt nur noch *Geist*. Er wird teillos, unsterblich.[42]

Jenseits von Gut und Böse[43]

Ihn quält nicht mehr der Gedanke: welches Gute habe ich nicht getan, welches Böse habe ich getan? Der, welcher solches weiß, befreit seine Seele von diesen beiden. Denn von diesen beiden befreit seine Seele, wer solches weiß. (Taittirīya-Upanishad)[44]
Es wird der Herzensknoten und alle Zweifel werden gelöst; alle seine Werke werden ausgetilgt, wer ihn, der zugleich jenseits und diesseits ist, erschaut. (Muṇḍaka-Upanishad)[45]
Wie an einem Lotusblatt das Wasser nicht haftet, so haftet keine böse Tat mehr an dem, der also weiß. (Chāndokya-Upanishad)[46]
Wenn das Dunkel verschwunden, dann gibt es weder Tag noch Nacht, nicht Seiendes noch Nichtseiendes, nur glücklich ist er. (Śvetāśvatara-Upanishad)[47]
»In mir ist die ganze Welt entstanden, auf mir ruht das All. In mir vergeht alles, ich selbst bin das zweitlose Brahman[48].
Kleiner als klein bin ich und ebenso werde ich groß. Ich bin die ganze bunte Welt. Ich bin der Alte, ich der Geist, der Herr, ich bin ganz golden, ich das Brahman von glückbringender Erscheinung.
Ohne Hand und Fuß bin ich doch von unbegreiflicher Stärke, ich sehe ohne Augen, höre ohne Ohren. Ich bin wissend, und nicht gibt es einen gesonderten Kenner von mir. Ich bin immerdar Erkenntnis.
Für mich gibt es nicht mehr Gut und Bös, nicht Verwesung, nicht Geburt, Leib, Sinne und Vernunft.
Für mich gibt es nicht Erde, nicht Wasser und Feuer, nicht Wind, nicht Äther.«
Wer also die Form des höchsten Ātman erkannt hat, den im Verborgnen ruhenden, teillosen, zweitlosen, den allem zuschauenden, der frei von Sein und Nichtsein ist, der geht ein in die reine Form des höchsten Ātman. (Kaivalya-Upanishad)[49]

Hinduismus – Sikhismus

Mit dem Sammelbegriff »Hinduismus« werden die religiösen Formationen des traditionellen Indiens benannt. Die Inder selbst nennen ihre Religion *Sanātana dharma* (das absolute und ewige Weltgesetz). Sie zeichnet sich durch eine große Pluralität der Glaubensformen aus. Der Veda, die geoffenbarten Schriften (*Śruti*) des Vedismus, wird von allen Hindus anerkannt, und Ähnlichkeiten zwischen den unterschiedlichen religiösen Richtungen gibt es bei der Lehre von Leben, Tod und Erlösung (*mokṣa*). Sie wird erreicht durch das Beenden der Folge von Wiedergeburten, das Entrinnen aus dem Saṃsāra. Voraussetzungen dafür sind Liebe (*bhakti*), Handeln (*karma*) und Erkenntnis (*Jñāna*).

Nach hinduistischer Auffassung entwickelt sich die Welt in Perioden, die sich wiederholen und deren jede vier Zeitalter umschließt, die jeweils zur Verschlechterung der Lebensverhältnisse führen: vom »Goldenen Zeitalter« (*kṛta*) bis zum Kālī-Yuga, der Zeit des Verfalls. Ein großer Brand am Ende des letzten Zeitalters zerstört die Welt. Nach einer Ruhephase beginnt dann der Weltprozeß erneut. Die Entwicklung des Kosmos wird als Folge einer göttlichen Wechselwirkung gedacht, die sich in einer Dreigestalt (*trimūrti*) manifestiert: Brahma als erschaffende Energie, Vishnu als Bewahrer und Shiva als Verkörperung des zerstörenden Feuers. Das von den Brahmanen begründete Kastensystem prägt die soziale Ordnung, die religiöse wird vom Karmagedanken, der Wiedergeburtslehre und dem Glauben an einen höchsten Gott (Indra) in einem polytheistischen Götterhimmel bestimmt. Dem Menschen soll nach seinem Tod mit bestimmten Riten zum

Übergang in die Welt der Väter (*pitṛloka*), das Reich des des Totengottes Yama (*Yamaloka*), in das Paradies (*Indraloka*) verholfen werden. Hier entsteht der Mensch neu, ausgestattet mit einem jugendlichen Körper. Ohne Totenritual vermag er nicht in die Jenseitswelt zu gelangen, dann wird er ein gefährlicher Geist (*preta*)[1], der den Lebenden auflauert. Trotz der vielfachen Höllenvisionen spielt die Vorstellung der Hölle, die der Totengott Yama beherrscht, im Hinduismus eine untergeordnete Rolle. Sowohl im Himmel als auch in der Hölle ist der Aufenthalt nicht ewig. Die endgültige Erlösung übersteigt beide Orte. »Hölle ist das Ausdehnen von Tamas (Trägheit, geistige Dunkelheit), Himmel ist das Ausdehnen von Sattva (innere Harmonie, Einheit mit dem Selbst).«[2]

Das altindische Epos *Mahābhārata* ist, neben dem *Rāmāyaṇa*, das bedeutendste indische Erzählwerk, entstanden wohl zwischen dem 4. Jahrhundert v. Chr. und dem 4. Jahrhundert n. Chr. Hier werden die vedischen Anschauungen über Erlösung und Unsterblichkeit neu überdacht. Der Himmel des Brahman ist nicht manifest; selbst der Tod verliert sich in ihm. Aus diesem Jenseits sind alle Wesen entstanden, und in ihm werden sie wieder vergehen. Dies erkannt und damit Wissen um das Selbst erlangt zu haben verleiht – fast paradoxerweise – Unsterblichkeit. Eingefügt in das *Mahābhārata* ist unter anderem das religionsphilosophische Gedicht *Bhagavad Gītā* (»Gesang des Erhabenen«), das die Ideale der hinduistischen Weltanschauung fokussiert, in der Metaphysik (»Wer in der Todesstunde mein gedenkend scheidet aus dem Leib, / Der gehet in mein Wesen ein, darüber kann kein Zweifel sein.«[3]) ebenso wie in der Ethik (»Dreifältig ist das Höllentor, wodurch die Seele geht zugrund: / Begierde, Zorn und Habsucht sind's – darum laß fahren diese drei!«[4]). Die Konsequenz für das Diesseits ist aber nicht Passivität, sondern rechtes Handeln, das nicht dem Eigennutz dient.

In den reformerischen, aufgeklärten Lehren Srī Rāmakrishnas (1836–1886) sowie seines Nachfolgers Svāmī Vivekānanda fand das hinduistische Gedankengut einen überzeugend modernen, entschieden humanistisch geprägten Ausdruck.

Der Sikhismus ist eine synkretistische Verbindung hinduistischer Vorstellungen (Geburtenkreislauf, Karmalehre, Erlösung durch Liebeshingabe an Gott) und islamischer Lehren (Verehrung nur eines Gottes, Bilderverbot). Die Religion der Sikhs wurde Ende des 15. Jahrhunderts in Nordindien von Guru Nānak (1469–1538) begründet. Das *Gurū Granth Sāhib*[5], das als göttlich verehrte, heilige Buch der Sikhs, stellt den Novizen Erlösung in Aussicht, und zwar durch Meditation über Gottes Namen und das Eintauchen in Gottes Sein, ohne daß Kaste, Ritual oder Asketentum eine Rolle spielen. Gott ist der Erhalter und Zerstörer – sogar des Todes. Er ist nicht verwickelt in die Māyā[6]. Er ist der Herrscher, ewig, omnipräsent und allwissend, jenseits der Meßbarkeit, Aussprechlichkeit oder sichtbaren Vorstellung. Er ist die Quelle des Lichts, der Schönheit und der Barmherzigkeit.

Der Kosmos der Sikhs ist in drei Bereiche gegliedert: Himmel, Erde und Unterwelt. Als »Sac Khazug« bezeichnen die Sikhs das »Reich der Wahrheit«; die fünfte und endgültige Stufe des spirituellen Aufstiegs wird »Sac Khand« (›Himmel‹) genannt, die Wohnung des Einen ohne Form, in der die Gläubigen die Vereinigung mit Gott erreichen. Die Welt und die Lebewesen (und die Seelen) sind wirklich, aber nicht ewig; sie sind aus Gott entstanden und werden wieder in ihn zurückkehren. Zwar glauben auch die Sikhs, wie die Hindus, an die Wiedergeburt, doch ist es nach ihrer Lehre möglich, schon im gegenwärtigen Leben die »Mukti« (hinduistisch: *mokṣa*), die Erlösung aus dem Kreislauf, zu erreichen: »Auf dem unermeßlich langen Weg ins Jenseits / begleitet dich Gottes Name als Proviant. / Auf der Strecke, wo Sandstürme und tiefe Finsternis alles verdunkeln, / ist Gottes Name deine einzige Leuchte. / Auf dem Pfad, wo keiner dich kennt, / ist Gottes Name dein unverkennbares Erkennungszeichen. / Wo versengend brennende Hitze dich peinigt, / ist es Gottes Name, der angenehm kühlen Schatten über dich ausbreitet. / Wo innerer Durst deinen Geist quält, / da regnet der Nektar von Gottes Namen auf dich nieder.«[7]

Śvetāśvatara-Upanishad[8]

Höher noch ist das Höchste Brahman

Höher noch ist das Höchste Brahman, das gewaltige, das in jedem Gebilde in allen Wesen verborgene. Die dieses als den einen Umhüller des Alls, als den Herrn erkennen, die werden unsterblich.

Ich kenne diesen Geist (*puruṣa*), den großen, sonnenfarbigen, jenseits des Dunkels. Wer ihn erkennt, gelangt über den Tod[9] hinaus; keinen anderen Weg gibt es für diesen Gang.

[...]

Ein großer Machthaber fürwahr ist der Geist: er ist der Förderer dem Sattva[10], ist Herr über jenes ganz reine Ziel[11], ist das Licht, der Unvergängliche.

Daumengroß wohnt der Geist als Inneres Selbst immerdar im Herzen der Menschen. Mit dem Herzen, durch Andacht, mit dem Gemüt kann man ihn sich zur Anschauung bringen.

In der neuntorigen Stadt wohnt der Leib-Inhaber[12], der Schwan und flattert nach draußen, – er, der über die ganze Welt gebietet, die unbewegliche und die bewegliche.

Handlos und fußlos greift er und läuft er, augenlos sieht er, ohrenlos hört er; er kennt alles Wißbare, aber keiner ist da, der ihn kennt. Ihn nennen sie den Geist, den Ersten, Großen.

Feiner als das Feine, größer als das Große weilt das Selbst im Versteck[13] der Kreatur; man schaut es durch des Schöpfers Gnade (*prasāda*) als wunschlos, Größe, als den Herrn.

Ich kenne ihn, der nicht altert, den Uralten, das Selbst von allen, den alldurchdringend allgegenwärtigen, dem Ungebildete Geburt und Vergang zuschreiben, den aber die Gottesgelehrten den Ewigen nennen.

Bhagavad Gītā[14]

Achter Gesang: Was ist das höchste Selbst

Arjuna[15] sprach:
Was ist das Brahman? und was ist das höchste Selbst? was ist
  das Werk?
Was ist's, das ob den Wesen all und über allen Göttern steht?
Wie und wer kann in diesem Leib schon über allen Opfern
  stehn?
Und in der Todesstunde, wie erkennen die Bezähmten dich?
Der Erhabene sprach:
Brahman ist ew'ges, höchstes Sein, sein Wesen ist das höchste
  Selbst,
Die Schöpfung, die den Ursprung all der Wesen wirkt, ist
  »Werk« genannt.
Werden über den Wesen steht, über den Göttern der Urgeist,
»Über den Opfern« – *das bin ich,* schon hier im Leib, du bester
  Mensch!
Wer in der Todesstunde mein gedenkend scheidet aus dem Leib,
Der gehet in mein Wesen ein, darüber kann kein Zweifel sein.
An wessen Wesen immer er gedenkt, wenn er den Leib verläßt,
In dessen Wesen geht er ein und paßt sich dessen Wesen an.
Zu allen Zeiten denke drum an mich allein und kämpfe frisch!
In mich versenk' Sinn und Verstand, dann gehst du sicher ein in
  mich.
Wenn fleißig Andacht er geübt, nichts andres in Gedanken
  sucht,
Dann geht zum höchsten Urgeist ein, dem himmlischen, wer an
  ihn denkt.
Wer an den alten Weisen, den Regierer,
Der feiner ist als fein, sich stets erinnert,
Den Schöpfer dieses Alls, der unausdenkbar,
Der sonnenfarbig, jenseit alles Dunkels, –
Wer festen Sinns im Tode sein gedenket,
Hingebungsvoll und mit der Kraft der Andacht,
Den Lebensgeist zwischen den Brauen sammelnd,
Der geht zum höchsten Urgeist ein im Himmel.

Was Vedenkenner »unvergänglich« nennen,
Wohin die neigungsfreien Büßer kommen,
Wonach begehrend man in Keuschheit lebt,
Die Stätte will ich dir in Kürze schildern.
Des Körpers Tore schließend all, den Sinn im Herzen fest
    haltend,
Den Lebensgeist im Kopf sammelnd, der strengen Andacht
    zugewandt;
Brahmans einsilb'gen Namen »Om«! aussprechend und
    gedenkend mein –
Wer so den Leib verlassend stirbt, der wandelt auf der höchsten
    Bahn.
Wer an nichts andres jemals denkt und immerdar an mich
    gedenkt,
Wer in beständ'ger Andacht lebt, der ist es, der mich leicht
    erlangt.
Die Edlen, die zu mir gelangt und die Vollendung so erreicht,
Erleiden keine Neugeburt, wo Schmerz wohnt und Vergäng-
    lichkeit.
Die Welten, bis zu Brahmans Welt, bewahren nicht vor
    Neugeburt,
Doch wer zu mir gekommen ist, für den gibt's keine Neugeburt.
Die, denen Brahmans Tag bekannt, der tausend Weltenalter
    währt, –
Und Brahmans Nacht, die grad so lang, – die kennen wahrhaft
    Tag und Nacht.
Aus dem Unsichtbaren entspringt das Sichtbare, wann kommt
    der Tag, –
Wann kommt die Nacht, dann löst sich's auf im Innern, das
    unsichtbar heißt.
Der Wesen Schar, die immer neu geworden ist, sie löst sich auf,
Wann kommt die Nacht, – doch unbedingt ersteht sie neu, wann
    kommt der Tag.
Doch jenseits dieses Lebens gibt's ein andres, ewig, unsichtbar,
Das, ob auch alle Wesen hier vergehen, selber nicht vergeht.
Unsichtbar, unvergänglich heißt's, man nennt es auch die
    höchste Bahn;
Erreicht man's, kehrt man nicht zurück! sieh, das ist meine
    höchste Statt!

Der höchste Urgeist wird erlangt durch Liebe, die nichts andres
    sucht, –
Er, in dem alle Wesen sind, durch den die ganze Welt gemacht.
Wann aber zur Nichtwiederkehr der Fromme kommt, sobald er
    stirbt,
Wann Wiederkehr sein Schicksal bleibt, das will ich nun
    verkünden dir:
Feuer, Licht, Tag, wachsender Mond, das Halbjahr, wo die
    Sonne hoch,
Wenn dann ein Brahmankenner stirbt, dann geht er auch zu
    Brahman ein.
Rauch und Nacht und schwindender Mond, das Halbjahr, wo die
    Sonne tief,
Da geht der Fromme zu dem Licht des Mondes und kehrt einst
    zurück.
Der helle und der dunkle Pfad, sie sind als ewige bekannt,
Einer führt zur Nichtwiederkehr, auf dem andern kehrt man
    zurück.
Wer diese beiden Pfade kennt, der Fromme wird niemals betört,
Zu allen Zeiten weihe dich der Andacht drum, o Arjuna!
Was für das Vedalesen, Opfern, Büßen
Und Spenden auch als Tugendlohn verheißen,
Weit über das hinaus gelangt der Fromme,
Der dies erkennt, – er kommt zur höchsten Stätte!

Buddhismus

Die von dem historischen Buddha Gautama Siddhārta Shākya-
muni (563–483 oder 450–370 v. Chr.) in Nordindien begründete
Lehre stellte den Vedismus und Brahmanismus radikal in Frage.
Die Einsicht in die Wandelbarkeit aller irdischen Phänomene
(*anitya*) und der Gedanke des Nirvāṇa, in dem das materielle wie
emotionale Anhaften an den Dingen dieser Welt vollständig
erloschen und das Ende des Leidens (*duḥkha*) erreicht ist, traten
an die Stelle der Idee der Identität des unveränderlichen Brahman (des absoluten Weltgesetzes) mit dem Ātman (dem wahren
Selbst jedes Menschen). Meditation, Empathie und Weisheit sind
Voraussetzungen für die Befreiung aus dem Kreislauf (*saṃsāra*)
von Geburt und Tod, Tod und Leben. Die unzähligen Wiedergeburten sind Folge des Handelns (*karma*) und Grund des Leidens. Dessen Ursache sind Unwissenheit und Begierde. Wissen,
Weisheit, Erleuchtung dagegen, die Aufhebung der ichbezogenen
Existenz und das Erlöschen der Lebensillusionen, das Loslassen
von den gedanklichen Konstrukten dieser Welt sind das Ziel des
Lebens.
Buddha hat über ein Leben nach dem Tod nicht sprechen wollen,
denn er glaubte nicht an eine den Tod überdauernde Einzelseele;
sie löst sich nach buddhistischem Verständnis mit dem Tod auf.
Denn alles, was existiert, unterliegt der Vergänglichkeit. Was
nach dem Tod bleibt, sind geistige Kräfte, und auch sie verändern
sich ständig. Das nach der endgültigen Befreiung aus dem
Saṃsāra erreichte Nirvāṇa ist nicht konkret, sondern eine Art
spirituelles Ereignis.
Im Buddhismus werden verschiedene Daseinsformen auf drei

Ebenen angenommen: Die erste Ebene ist die der Begierde, sie wird von den Menschen, Geistern (Asuras), Tieren, ruhelosen Gespenstern (Pretas) und Höllenwesen (Narakas) bewohnt. Die zweite ist die der Götter, die noch manifest sind, die dritte die derjenigen Götter (Devas), die alles dies hinter sich gelassen haben. Dennoch sollte der Gläubige danach streben, alle diese Ebenen schließlich zu überwinden.

Der Himmel wird »Tuṣita« (nach sanskrit »zufrieden«) genannt, im chinesischen und japanischen Buddhismus (im Amitabha- oder Amida-Buddhismus) auch als ›Reines Land‹ bezeichnet. Das Thema ›Hölle‹ wird in den buddhistischen Schriften vielfach diskutiert und mit zahlreichen Motivvarianten (Hundehölle, Höllenwächter u.a.) beschrieben. Yama ist der Gott des Todes und Herr der Unterwelt, eines Jenseitsgerichts und eines in der Art des Fegefeuers gedachten Bestrafungssystems. Die Hölle, aber auch der Himmel sind Orte, die – als den drei Ebenen der Existenz zugehörig – überwunden werden müssen.

Die Reden Buddhas sind in dem sogenannten *Sutta-Piṭaka* (im »Korb der Lehrreden«, der Sammlung von Dialogen und Lehrvorträgen des Buddha) überliefert, gegliedert in fünf Abteilungen, darin das *Majjhima-Nikāya*, die ›mittlere Sammlung‹, die einige der bedeutendsten Lehrreden Buddhas enthält. Die Götterboten, die in den Reden Buddhas erwähnt werden, stellen Personifikationen bestimmter Zustände, Lebensabschnitte des Menschen selbst dar.

Majjhima-Nikāya[1]

Und weil es eben ein Jenseits gibt

Und weil es eben ein Jenseits gibt, erkennt ein solcher: ›Es gibt ein Jenseits‹; das ist seine rechte Erkenntnis. Und weil es eben ein Jenseits gibt, sinnt er: ›Es gibt ein Jenseits‹; das ist seine rechte Gesinnung. Und weil es eben ein Jenseits gibt, redet er: ›Es gibt ein Jenseits‹; das ist seine rechte Rede. Und weil es eben ein Jenseits gibt, behauptet er: ›Es gibt ein Jenseits‹; und den

Heiligen, die vom Jenseits wissen, denen stellt er sich nicht entgegen. Und weil es eben ein Jenseits gibt, belehrt er die anderen: ›Es gibt ein Jenseits‹; das ist seine richtige Belehrung. Und um dieser richtigen Belehrung willen brüstet er sich nicht, verachtet nicht die anderen. So hat er, was da früher etwa Schlechtes an ihm war, verleugnet und Gutes angenommen: das ist rechte Erkenntnis, rechte Gesinnung, rechte Rede, kein Widerstand gegen Heilige, richtige Belehrung, kein Eigenlob und kein Nächstentadel. Also entwickeln sich an ihm diese verschiedenen heilsamen Dinge aus rechter Erkenntnis.

Solchen Gemütes, innig, geläutert[2]

Buddha spricht:
Solchen Gemütes, innig, geläutert, gesäubert, gediegen, schlakkengeklärt, geschmeidig, biegsam, fest, unversehrbar, richtet er das Gemüt auf die Erkenntnis des Verschwindens-Erscheinens der Wesen. Mit dem himmlischen Auge, dem geklärten, überirdischen, sieht er die Wesen dahinschwinden, und wieder erscheinen, gemeine und edle, schöne und unschöne, glückliche und unglückliche, er erkennt, wie die Wesen je nach den Taten wieder erscheinen. ›Diese lieben Wesen sind freilich in Taten dem Schlechten zugetan, in Worten dem Schlechten zugetan, in Gedanken dem Schlechten zugetan, tadeln Heiliges, verachten Verkehrtes, tun Verkehrtes; bei der Auflösung des Körpers, nach dem Tode, gelangen sie auf den Abweg, auf schlechte Fährte, zur Verderbnis, in höllische Welt. Jene lieben Wesen sind aber in Taten dem Guten zugetan, in Worten dem Guten zugetan, in Gedanken dem Guten zugetan, tadeln nicht Heiliges, achten Rechtes, tun Rechtes; bei der Auflösung des Körpers, nach dem Tode, gelangen sie auf gute Fährte, in himmlische Welt.‹ So sieht er mit dem himmlischen Auge, dem geklärten, überirdischen, die Wesen dahinschwinden und wiedererscheinen, gemeine und edle, schöne und unschöne, glückliche und unglückliche, er erkennt, wie die Wesen je nach den Taten wiedererscheinen […].

Erstaunlich, o Herr, außerordentlich ist es[3]

»Erstaunlich, o Herr, außerordentlich ist es, o Herr: von Staffel zu Staffel, merkt man, hat uns, o Herr, der Erhabene das Entkommen aus dem Flutbereiche[4] dargestellt. – Was aber ist, o Herr, die heilige Freiheit?«

Da überlegt Anando[5], der heilige Jünger bei sich: Begierden nach diesseit gerichtet, Begierden nach jenseit gerichtet, Begierden im Diesseit ersehnt, Begierden im Jenseit ersehnt, Formen nach diesseit gerichtet, Formen nach jenseit gerichtet, Formen im Diesseit ersehnt, Formen im Jenseit ersehnt, und Unverstörung ersehnen, und das Reich des Nichtdaseins ersehnen, und die Grenze möglicher Wahrnehmung ersehnen: Das ist Dasein; so weit Dasein reicht, ist ewige Art jene hanglose Herzensfreiheit.

»Und so hab' ich, Anando, die Stufen zur Unverstörung gezeigt, die Stufen zum Reich des Nichtdaseins gezeigt, die Stufe zur Grenze möglicher Wahrnehmung gezeigt, von Staffel zu Staffel das Entkommen aus dem Flutbereiche gezeigt, die heilige Freiheit gezeigt [...]«

Also sprach der Erhabene. Zufrieden freute sich der ehrwürdige Anando über das Wort des Erhabenen.

Die Götterboten[6]

Der Erhabene sprach also:

»[...] Und auch jene lieben Wesen sind in Taten dem Schlechten zugetan, in Worten dem Schlechten zugetan, in Gedanken dem Schlechten zugetan, tadeln Heiliges, achten Verkehrtes, tun Verkehrtes; bei der Auflösung des Körpers, nach dem Tode, kehren sie abwärts, auf schlechte Fährte, zur Tiefe hinab, in höllische Welt wieder.

Ein solcher, ihr Mönche, wird von den höllischen Wächtern unter den Armen ergriffen und vor den Richter der Schatten gebracht: ›Da ist, o König, ein Mann, der unbarmherzig war, kein Entsagen kannte, keine Lauterkeit, vor keinem ehrwürdigen Haupte Achtung hatte; ihm soll der König die Strafe erkennen.‹ Ein solcher, ihr Mönche, wird vom Richter der Schatten über den ersten Götterboten befragt, ausgeforscht, unterrichtet: ›Lieber Mann, hast du nicht bei den Menschen den ersten Götterboten erscheinen sehn?‹ Er aber antwortet: ›Ich hab' ihn nicht gesehn, o Herr.‹ Da sagt, ihr Mönche, der Richter der Schatten zu ihm: ›Lieber Mann, hast du nicht bei den Menschen ein kleines Kind, einen unvernünftigen Säugling, mit Kot und Harn beschmutzt daliegen sehn?‹ Er aber antwortet: ›Das hab' ich gesehn, o Herr.‹ Da sagt, ihr Mönche, der Richter der Schatten zu ihm: ›Lieber Mann, da du verständig geworden, erwachsen warst, hast du bedacht: »Auch ich bin der Geburt unterworfen, habe die Geburt nicht überstanden; wohl denn, günstig will ich wirken, in Werken, in Worten, in Gedanken«?‹ Er aber antwortet: ›Ich konnt' es nicht, o Herr, war unachtsam, o Herr.‹ Da sagt, ihr Mönche, der Richter der Schatten zu ihm: ›Lieber Mann, aus Unachtsamkeit hast du nicht günstig gewirkt in Werken, in Worten, in Gedanken: da wird man dir, lieber Mann, eben nur also begegnen wie einem Unachtsamen. Das aber nun, was du dort Böses begangen, hat nicht die Mutter getan und nicht der Vater, hat nicht der Bruder getan und nicht die Schwester, hat kein Freund und Genosse getan, hat kein Verwandter und Gevatter getan, hat kein Asket und Priester getan, hat keine Gottheit getan: du selber hast dort böse Tat getan, du selber hast die Ernte davon einzutragen.‹

Ein solcher, ihr Mönche, vom Richter der Schatten also über den ersten Götterboten belehrt, wird über den zweiten Götterboten befragt, ausgeforscht, unterrichtet: ›Lieber Mann, hast du nicht bei den Menschen den zweiten Götterboten erscheinen sehn?‹ Er aber antwortet: ›Ich hab' ihn nicht gesehn, o Herr.‹ Da sagt, ihr Mönche, der Richter der Schatten zu ihm: ›Lieber Mann, hast du nicht bei den Menschen ein Weib oder einen Mann gesehn, im achtzigsten oder neunzigsten oder hundertsten Lebensjahre, gebrochen, giebelförmig geknickt, abgezehrt, auf Krücken gestützt schlotternd dahinschleichen, siech, welk, zahnlos, mit gebleichten Strähnen, kahlem, wackelndem Kopfe, verrunzelt, die Haut voller Flecken?‹ Er aber antwortet: ›Das hab' ich gesehn, o Herr.‹ Da sagt, ihr Mönche, der Richter der Schatten zu ihm: ›Lieber Mann, da du verständig geworden, erwachsen warst, hast du bedacht: »Auch ich bin dem Alter unterworfen, habe das Alter nicht überstanden; wohl denn, günstig will ich wirken, in Werken, in Worten, in Gedanken«?‹ Er aber antwortet: ›Ich konnt' es nicht, o Herr, war unachtsam, o Herr.‹ Da sagt, ihr Mönche, der Richter der Schatten zu ihm: ›Lieber Mann, aus Unachtsamkeit hast du nicht günstig gewirkt [usw.].‹

Ein solcher, ihr Mönche, vom Richter der Schatten also über den zweiten Götterboten belehrt, wird über den dritten Götterboten befragt, ausgeforscht, unterrichtet: ›Lieber Mann, hast du nicht bei den Menschen den dritten Götterboten erscheinen sehn?‹ Er aber antwortet: ›Ich hab' ihn nicht gesehn, o Herr.‹ Da sagt, ihr Mönche, der Richter der Schatten zu ihm: ›Lieber Mann, hast du nicht bei den Menschen ein Weib oder einen Mann gesehn, unwohl, leidend, schwerkrank, mit Kot und Harn beschmutzt daliegend, von anderen gehoben, von anderen bedient?‹ Er aber antwortet: ›Das hab' ich gesehn, o Herr.‹ Da sagt, ihr Mönche, der Richter der Schatten zu ihm: ›Lieber Mann, da du verständig geworden, erwachsen warst, hast du bedacht: »Auch ich bin der Krankheit unterworfen, habe die Krankheit nicht überstanden; wohl denn, günstig will ich wirken, in Werken, in Worten, in Gedanken«?‹ Er aber antwortet: ›Ich konnt' es nicht, o Herr, war unachtsam, o Herr.‹ Da sagt, ihr Mönche, der Richter der Schatten zu ihm: ›Lieber Mann, aus Unachtsamkeit hast du nicht günstig gewirkt [usw.].‹

Ein solcher, ihr Mönche, vom Richter der Schatten also über den dritten Götterboten belehrt, wird über den vierten Götterboten befragt, ausgeforscht, unterrichtet: ›Lieber Mann, hast du nicht bei den Menschen den vierten Götterboten erscheinen sehn?‹ Er aber antwortet: ›Ich hab' ihn nicht gesehn, o Herr.‹ Da sagt, ihr Mönche, der Richter der Schatten zu ihm: ›Lieber Mann, hast du nicht bei den Menschen gesehn, wie Könige einen Räuber, einen Verbrecher ergreifen lassen und mancherlei Strafen verhängen, als wie Peitschen-, Stock- oder Rutenhiebe; Handverstümmlung, Fußverstümmlung oder Verstümmlung der Hände und Füße; Ohrenverstümmlung, Nasenverstümmlung, Verstümmlung der Ohren und der Nase; den Breikessel, die Muschelrasur, das Drachenmaul; den Pechkranz, die Fackelhand; das Spießrutenlaufen, das Rindenliegen, den Marterbock; das Angelfleisch, den Münzengriff, die Laugenätze; den Schraubstock, das Bastgeflecht; die siedende Ölbeträufelung, das Zerreißen durch Hunde, die lebendige Pfählung, die Enthauptung?‹ Er aber antwortet: ›Das hab' ich gesehn, o Herr.‹ Da sagt, ihr Mönche, der Richter der Schatten zu ihm: ›Lieber Mann, da du verständig geworden, erwachsen warst, hast du bedacht: »Wer da wahrlich Übeltaten verübt, wird schon bei Lebzeiten mit gar mancher Strafe gestraft: wie erst mag es dann drüben sein! Wohl denn, günstig will ich wirken, in Werken, in Worten, in Gedanken«?‹ Er aber antwortet: ›Ich konnt' es nicht, o Herr, war unachtsam, o Herr.‹ Da sagt, ihr Mönche, der Richter der Schatten zu ihm: ›Lieber Mann, aus Unachtsamkeit hast du nicht günstig gewirkt [usw.].‹

Ein solcher, ihr Mönche, vom Richter der Schatten also über den vierten Götterboten belehrt, wird über den fünften Götterboten befragt, ausgeforscht, unterrichtet: ›Lieber Mann, hast du nicht bei den Menschen den fünften Götterboten erscheinen sehn?‹ Er aber antwortet: ›Ich hab' ihn nicht gesehn, o Herr.‹ Da sagt, ihr Mönche, der Richter der Schatten zu ihm: ›Lieber Mann, hast du nicht bei den Menschen ein Weib oder einen Mann gesehn, einen Tag oder zwei Tage oder drei Tage nach dem Verscheiden, aufgedunsen, blauschwarz gefärbt, in Fäulnis übergegangen?‹ Er aber antwortet: ›Das hab' ich gesehn, o Herr.‹ Da sagt, ihr Mönche, der Richter der Schatten zu ihm: ›Lieber Mann, da du verständig geworden, erwachsen warst, hast du bedacht: »Auch ich bin dem Sterben unterworfen, habe das Sterben nicht überstanden; wohl denn, günstig will ich wirken, in Werken, in Worten, in Gedanken«?‹ Er aber antwortet: ›Ich konnt' es nicht, o Herr, war unachtsam, o Herr.‹ Da sagt, ihr Mönche, der Richter der Schatten zu ihm: ›Lieber Mann, aus Unachtsamkeit hast du nicht günstig gewirkt [usw.].‹ Und hat einen solchen, ihr Mönche, der Richter der Schatten über den fünften Götterboten befragt, ausgeforscht, unterrichtet, so verstummt er.

Da lassen ihn denn, ihr Mönche, die höllischen Wächter Fünffache Schmiede geheißene Strafe durchmachen. Einen glühenden Eisenkeil bohren sie ihm in die eine Hand, einen glühenden Eisenkeil bohren sie ihm in die andere Hand, einen glühenden Eisenkeil bohren sie ihm in den einen Fuß, einen glühenden Eisenkeil bohren sie ihm in den anderen Fuß, einen glühenden Eisenkeil bohren sie ihm mitten in die Brust. So hat er da schmerzliche, brennende, stechende Gefühle zu empfinden, und nicht eher kann er sterben, bis nicht sein böses Werk erschöpft ist.

Da lassen ihn denn, ihr Mönche, die höllischen Wächter überfallen und mit Äxten zerspalten; Fuß oben, Kopf unten anpacken und mit Messern zerschlitzen; lassen ihn an einen Wagen schirren und treiben ihn über eine feurige, flammende, flackernde Fläche hinüber, herüber; lassen ihn einen hohen, glühenden, feurigen, flammenden, flackernden Felsen emporklimmen, herabklimmen; lassen ihn Fuß oben, Kopf unten anpacken und in einen siedenden, feurigen, flammenden, flackernden Schmelzofen werfen, wo er bis zu schaumigem Gischte aufgekocht wird und also bald emporsteigt und bald herabsinkt und bald quer durchtreibt. So hat er da schmerzliche, brennende, stechende Gefühle zu empfinden, und nicht eher kann er sterben, bis nicht sein böses Werk erschöpft ist.

Da lassen ihn denn, ihr Mönche, die höllischen Wächter in die Erzhölle werfen. Die Erzhölle aber, ihr Mönche, hat vier Winkel und vier Tore, genau nach den Seiten verteilt, ist mit eisernem Walle umschlossen, mit Eisen überwölbt. Ihr Boden, aus Eisen bestanden, von glühender Röte durchdrungen, erstreckt sich rings umher dreihundert Meilen weit überall hin. In dieser Erzhölle aber, ihr Mönche, steigt von der östlichen Wand eine Stichflamme auf und stößt bis an die westliche Wand, steigt von der westlichen Wand eine Stichflamme auf und stößt bis an die östliche Wand, steigt von der nördlichen Wand eine Stichflamme auf und stößt bis an die südliche Wand, steigt von der südlichen Wand eine Stichflamme auf und stößt bis an die nördliche Wand, steigt von unten eine Stichflamme auf und stößt bis oben empor, steigt von oben eine Stichflamme auf und stößt bis unten herab. So hat er da schmerzliche, brennende, stechende Gefühle zu empfinden, und nicht eher kann er sterben, bis nicht sein böses Werk erschöpft ist.

Es kommt wohl, ihr Mönche, dann und wann einmal, im Verlaufe langer Zeiten vor, daß sich das östliche Tor der Erzhölle auftut. Da sucht er in eiliger Hast zu entfliehen: und wie er in eiliger Hast zu entfliehen sucht, wird ihm das Antlitz verzehrt und die Haut verzehrt und das Fleisch verzehrt und das Gerippe verzehrt und die Knochen gehn in Qualm auf, und emporgestiegen ist er wiederum derselbe geworden; und hat er es nun, ihr Mönche, oftmals erprobt, dann schließt sich das Tor wieder zu. So hat er da schmerzliche, brennende, stechende Gefühle zu empfinden, und nicht eher kann er sterben, bis nicht sein böses Werk erschöpft ist.

Es kommt wohl, ihr Mönche, dann und wann einmal, im Verlaufe langer Zeiten vor, daß sich das westliche Tor, das nördliche Tor, das südliche Tor der Erzhölle auftut. Da sucht er in eiliger Hast zu entfliehen [usw.].

Es kommt wohl, ihr Mönche, dann und wann einmal, im Verlaufe langer Zeiten vor, daß sich das östliche Tor der Erzhölle auftut. Da sucht er in eiliger Hast zu entfliehen: und wie er in eiliger Hast zu entfliehen sucht, wird ihm das Antlitz verzehrt und die Haut verzehrt und das Fleisch verzehrt und das Gerippe verzehrt und die Knochen gehn in Qualm auf, und emporgestiegen ist er wiederum derselbe geworden, und er flüchtet sich durch das Tor hinaus. Dieser Erzhölle aber, ihr Mönche, ist rings herum sogleich die große Dreckhölle angeschlossen: da stürzt er hinein. In der großen Dreckhölle nun, ihr Mönche, gibt es nadelmäulige Maden, die bohren sich in die Haut ein, und haben sie die Haut durchbohrt, so bohren sie sich in das Fett ein, und haben sie das Fett durchbohrt, so bohren sie sich in das Fleisch ein, und haben sie das Fleisch durchbohrt, so bohren sie sich in die Sehnen ein, und haben sie die Sehnen durchbohrt, so bohren sie sich in die Knochen ein, und haben sie die Knochen durchbohrt, so fressen sie das Knochenmark auf. So hat er da schmerzliche, brennende, stechende Gefühle zu empfinden, und nicht eher kann er sterben, bis nicht sein böses Werk erschöpft ist.

Dieser Dreckhölle aber, ihr Mönche, ist rings herum sogleich die große Hundehölle angeschlossen: da stürzt er hinein. So hat er da schmerzliche, brennende, stechende Gefühle zu empfinden, und nicht eher kann er sterben, bis nicht sein böses Werk erschöpft ist.

Dieser Hundehölle aber, ihr Mönche, ist rings herum sogleich der große Dornenwald angeschlossen, drei Meilen hoch gewachsen, mit sechzehnzölligen Samenstacheln besät, feurig, flammend, flackernd: den muß er da bald emporklettern, bald herabklettern. So hat er da schmerzliche, brennende, stechende Gefühle zu empfinden, und nicht eher kann er sterben, bis nicht sein böses Werk erschöpft ist.

Diesem Dornenwalde aber, ihr Mönche, ist rings herum sogleich der große Wald der Schwertblätter angeschlossen: da gerät er hinein. Da wird ihm von den sturmgeschwungenen Blättern die Hand abgehauen, der Fuß abgehauen, Hand und Fuß abgehauen, das Ohr abgehauen, die Nase abgehauen, Ohr und Nase abgehauen. So hat er da schmerzliche, brennende, stechende Gefühle zu empfinden, und nicht eher kann er sterben, bis nicht sein böses Werk erschöpft ist.

Diesem Walde der Schwertblätter aber, ihr Mönche, ist rings herum sogleich das Gewässer der großen Laugenätze angeschlossen: da stürzt er hinein. Da wird er stromabwärts gerissen, stromaufwärts gerissen, stromabwärts, stromaufwärts gerissen. So hat er da schmerzliche, brennende, stechende Gefühle zu empfinden, und nicht eher kann er sterben, bis nicht sein böses Werk erschöpft ist.

Da lassen ihn denn, ihr Mönche, die höllischen Wächter mit einer Angel herausfischen und an das Ufer werfen und reden also zu ihm: ›Lieber Mann, was willst du?‹ Er aber sagt: ›Mich hungert, o Herr!‹ Da lassen ihm denn, ihr Mönche, die höllischen Wächter mit eisernem Haken den Mund aufsperren, mit feurigem, flammendem, flackerndem, und eine glühende Eisenkugel durch den Mund hinabschlingen, eine feurige, flammende, flackernde. Da werden ihm alsbald die Lippen verzehrt, der Rachen verzehrt, die Kehle verzehrt, der Magen verzehrt, und Gedärm und Eingeweide mitreißend kehrt sie aus dem After hervor. So hat er da schmerzliche, brennende, stechende Gefühle zu empfinden, und nicht eher kann er sterben, bis nicht sein böses Werk erschöpft ist.

Da fragen ihn denn, ihr Mönche, die höllischen Wächter: ›Lieber Mann, was willst du?‹ Er aber sagt: ›Mich dürstet, o Herr!‹ Da lassen ihm denn, ihr Mönche, die höllischen Wächter mit eisernem Haken den Mund aufsperren, mit feurigem, flammendem, flackerndem, und flüssiges Kupfer durch den Mund hinabgießen, feuriges, flammendes, flackerndes. Da werden ihm alsbald die Lippen verzehrt, der Rachen verzehrt, die Kehle verzehrt, der Magen verzehrt, und Gedärm und Eingeweide mitreißend kehrt es aus dem After hervor. So hat er da schmerzliche, brennende, stechende Gefühle zu empfinden, und nicht eher kann er sterben, bis nicht sein böses Werk erschöpft ist.

Da lassen ihn denn, ihr Mönche, die höllischen Wächter wiederum in die Erzhölle hinabwerfen.

Vor Zeiten einmal, ihr Mönche, hat der Richter der Schatten innig erwogen: ›Wer da wahrlich Übeltaten in der Welt verübt, wird mit solchen mannigfachen Strafen gestraft. O daß ich doch Menschentum erreichte, und ein Vollendeter in der Welt erschiene, ein Heiliger, vollkommen Erwachter, und ich um Ihn, den Erhabenen, sein könnte: und daß Er, der Erhabene, mir die Satzung darlegte, und ich seine, des Erhabenen, Satzung verstände!‹ – Das aber sag' ich, ihr Mönche, und hab' es nicht etwa von irgendeinem Asketen oder Priester reden hören: sondern was ich eben selbst erkannt, selbst gesehn, selbst gefunden habe, das nur sage ich.«

Also sprach der Erhabene. Als der Willkommene das gesagt hatte, sprach fernerhin also der Meister:

»Wer Götterboten nicht vernimmt,
Als Mensch die Mahnung nicht gewahrt,
In langen Kummer kehrt er ein
Und leibt und lebt in arger Not.

Doch wer die Götterboten hier
Beherzigt hat als guter Mensch,
Der Edle, der die Mahnung merkt,
Der echten Kunde nie vergißt,

Anhangen hat als arg erkannt,
Geburten schaffend und den Tod:
Anhangen läßt er, ist erlöst,
Geburt erschöpfend und den Tod.

Gewiß geworden, selig so,
Im Leben schon verglommen bald,
Entgangen gänzlich banger Furcht,
Entfahren ist er allem Weh.«

Chinesische Religionen – Konfuzianismus – Daoismus – Zen-Buddhismus – Shintoismus

Der Ahnendienst ist neben der Verehrung der Natur das zweite Grundelement der Religionen der Chinesen, das sich bis in die jüngste Zeit erhalten hat: »Entehre nicht die hohen Ahnen, / Dann wird dein Nachgeschlecht gedeih'n.«[1]

Die chinesischen Religionen nehmen zwei Seelenformen an: eine Körperseele (*p'o*) und eine Hauchseele (*hun*). Sie haben je verschiedene Naturen: Die Hun-Seele wird auf das männliche, helle Yang-Prinzip und auf den Himmel bezogen, zu dem sie aufsteigen kann, die P'o-Seele auf das dunkle, weibliche Yin-Prinzip und die Erde. Der Glaube an ein Fortleben der Seele nach dem Tod findet seinen unmittelbaren Ausdruck in dem Brauch, die abgeschiedene Seele zurückzurufen. Diese Zeremonie erfolgt sofort nach Eintritt des Todes.

Die Vorstellung vom Kreislauf des Kosmos bildet eine der grundlegenden Ideen chinesischer Religiosität und Philosophie. Der den Kosmos strukturierende Zyklus enthält in sich alle Polaritäten, in einem ständigen Wechsel von Spannung und Ausgleich. In der Hierogamie, der heiligen Hochzeit zwischen Erde und Himmel, werden Yang und Yin miteinander verschmolzen, so wird die Schöpfungsquelle stets erneuert, und die kosmische Harmonie bleibt erhalten.

In der traditionellen chinesischen Religiosität gilt T'ien (›Himmel‹) als höchste Quelle der Macht und Ordnung, als Ort, an dem Götter, Geister und unsterbliche Wesen wohnen. Das Leben ist gemäß dem Weg des Himmels zu führen. Besonders während der Chou-Dynastie[2] wurde der König als Sohn des T'ien und als verantwortlich für den Ablauf der kosmischen Rhythmen gedacht. Neben Konfuzianismus und Daoismus blieb in China die Volksreligion lebendig, die sich mit Geisterwelten und der Sorge um die Toten befaßte. In diesem Kontext entstanden religiöse Strömungen mystischer Natur, die Jenseitsvisionen und solche von Himmelsreisen entwickelten.

Der Konfuzianismus hat den Begriff der Ordnung als beamtenhafte Regulierung der Diesseitsverhältnisse verstanden und dies auch auf die Jenseitsvorstellungen ausgedehnt. Kosmos, Mensch und Gesellschaft werden von denselben Mächten beherrscht. Die nach ihrem Gründer Konfuzius (551–479 v. Chr.) benannte moralisch-religiöse Lehre hat im Lauf der Zeiten ein breites und vielfältiges Spektrum erhalten. Großen Wert legte Konfuzius auf die Einhaltung von Riten; bereits eine einfache, genau regulierte Zeremonie hat eine magische Kraft. So sagt er über einen weisen Herrscher: »Er stand ganz einfach da mit Würde und Ehrerbietung, das Gesicht nach Süden gewendet[3] – und das war alles.«[4] Bei einem korrekten Verhalten habe man es auch nicht nötig, Befehle zu erteilen.[5] Ohne Berufung auf göttliche Gebote oder auf Offenbarungen entwickelte der Konfuzianismus ein diesseitig orientiertes ethisches System humanistischer Ideale. In seinen Lehrgesprächen (*Lunyu*) macht Konfuzius klar, daß er »nicht über Übernatürliches, Kräfte, über Aufruhr oder über Geister« spreche, wenngleich er die Existenz von Geistern nicht leugnete, wohl aber ihre Bedeutung. Eine berühmte Stelle aus den Gesprächen heißt: »Chi-lu fragte nach dem Dienst an Dämonen und Geistern. Der Meister sprach: ›Wer noch nicht den Menschen dienen kann, wie will der den Dämonen dienen?‹ Da lautete die nächste Frage: ›Darf ich wagen, nach dem Tod zu fragen.‹ Die Antwort lautete: ›Wenn Du noch nicht das Leben kennst, wie willst du da den Tod kennen?‹« Von religiöser Seite wurde der konfuzianischen Lehre der Mangel an metaphysischen Grundlagen sowie ihre Funktion als ›Staatsphilosophie‹ vorgeworfen.

Die zweite große philosophisch-religiöse Tradition in der chinesischen Kultur stellt neben dem Konfuzianismus der Daoismus (ältere Form: Taoismus) dar. Der Begriff des »Dao« meint »Weg«, »Sinn«, »Wahrheit« und bezeichnet ein Ur-Prinzip. Der ständige Wechsel von Yin und Yang ist Ursache aller Erscheinungen. Im Dao aber sind die Gegensätze vereinigt. Auch für den Daoismus ist der Begriff der Ordnung, die der Mensch (wieder-)herzustellen habe, zentral. So enthält das *Daode jing* (»Das Buch vom Dao«) Ratschläge unter anderem für die politischen und militärischen Führer, denn sein Verfasser Laotse (Laozi, 4.–3. Jahrhundert v. Chr.) ist wie Konfuzius überzeugt, daß nur das Beschreiten des Wegs des Dao das Staatswohl garantiere. Zu daoistischem Gedankengut gehören sowohl der Ahnenkult als auch eine zyklische Zeitauffassung und der Himmelskult. Die Frage der Unsterblichkeit spielt im Daoismus, der zahlreiche Vorstellungen über das Jenseits entwickelt hat, eine große Rolle. Die älteste Tradition beginnt mit Laotses Werk *Daode jing* sowie mit Dschuang Dsï (Zhuangzi, »Meister Zhuang«, um 365–290 v. Chr.) und dessen gleichnamigem Werk, bekannt auch als *Nanhua zhenjing* (»Das wahre Buch vom Südlichen Blütenland«). Es gipfelt in der Forderung, den Geist von irdischen Bedingtheiten zu befreien und sich der Totalität des Dao anzuvertrauen: »Der vollkommene Mensch ist reiner Geist. Er fühlt weder die Hitze des brennenden Strauchs noch die Kälte der über die Ufer getretenen Wasser; der Blitz, der die Berge verbrennt, und der Sturm, der den Ozean sich aufbäumen läßt, erschreckt ihn nicht. Die Wolken sind sein Gespann, Sonne und Mond sind seine Pferde. Er streift oberhalb der vier Meere herum; die Wechsel des Lebens und der Tod betreffen ihn nicht, weniger noch die Begriffe des Guten und des Bösen.«[6] Im Tod wird das Individuum in die allgemeine Naturhaftigkeit zurückgeführt. Ewiges Leben, Unsterblichkeit kann durch Meditation und Gebete erlangt werden. Daher sollte der Mensch sich vor dem Tod nicht fürchten.

Der Zen-Buddhismus (Zen: aus *Chan*, der chinesischen Umschrift von sanskrit: *dhyāna*, »Versenkung«) bildete sich seit dem 5. Jahrhundert allmählich in China heraus, als vom chinesischen Daoismus beeinflußte Schulrichtung des Mahāyana-Buddhismus[7]. Huineng[8] gilt als eine der wichtigsten Persönlichkeiten in der gesamten chinesischen Zen-Tradition.
Ab dem 12. Jahrhundert gelangte Zen nach Japan und prägte in

den folgenden Jahrzehnten neben den Schulen des Shinran[9] und Nichiren[10] die gesamte japanische Kultur. Die religiöse Praxis des Zen besteht im wesentlichen in der Übung des »Zazen«, der Kontemplation im Sitzen, die zur »Versenkung«, dem Leben in der vollständigen »Hingabe an die Wahrheit«, führen will. Erreicht werden soll »Satori«, die Erfahrung des Wesens allen Seins. Der Tod ist nur ein Aspekt des Lebens, Leben und Tod sind zu überwindende Zustände, und Wiedergeburt oder Unsterblichkeit sind keine zu erstrebenden Ziele. Im engeren Sinn ist der Zen-Buddhismus keine Religion; die Aufmerksamkeit auf die Gegenwart, auf das ›Hier‹ und ›Jetzt‹ ist entscheidend, nicht der Gedanke an ein Jenseits.

Einige Elemente der archaischen Urreligionen des Fernen Ostens sind auch in den Shintoismus (sinojapanisch: *Shintō*, »Weg der Götter, Geister«) eingeflossen. Er entstand im 6. Jahrhundert, nach der Einführung des Buddhismus in Japan. Die einheimische Bezeichnung der Shinto-Religion ist »Kami no michi« (»Weg der Kami, der Gottheiten«), in der, ähnlich den chinesischen Religionen und dem Konfuzianismus, der Schwerpunkt auf der Naturverehrung und dem Ahnenkult liegt. Im 19. Jahrhundert wurde der Shintoismus zur Staatsreligion erhoben, nach dem Zweiten Weltkrieg von den Alliierten verboten. Das *Kojiki* (712) und das *Nihonshoki* (720) sind die ältesten literarischen Texte Japans. Das *Kojiki* (»Berichte von alten Begebenheiten«), verfaßt von einem kaiserlichen Beamten, erzählt die Geschichte Japans von der Schöpfung der Welt bis ins Jahr 628 und gilt als »Bibel des Shintoismus«.

Die traditionelle Religion Japans entwickelte detaillierte Jenseitsvorstellungen. Die Seelen der Verstorbenen halten sich, so glaubte man, in der Unterwelt (*yomo-tsu-kuni* oder *soko-tsu-kuni*) oder im Himmel (*takama-no-hara*) auf. Ein Totenreich, ein ›beständiges Land‹ (*toko-yo*) wurde jenseits des Ozeans angenommen, von wo die Verstorbenen die Lebenden aufsuchen können. Gleichermaßen vermutete man hohe Berge als Sitz der Seelen der Toten. Die Jenseitsvorstellungen im heutigen Japan sind dagegen stark vom Buddhismus beeinflußt. Die Götter des Shintō sollen vor allem für positive und diesseitige Bereiche zuständig sein, die buddhistischen Heilsgestalten für Zeiten der Not und für das Jenseits. Neben buddhistischen und volksreligiösen Gedanken mischen sich auch christliche Ideen in den Jenseitsglauben der Japaner.

Die Beschreibung des Seelenschicksals bedient sich zahlreicher mythologischer Bilder und Motive, so in der Gestalt der Datsueba[11], der »Alten, die den Toten das Gewand auszieht« und über den Weg der Seelen entscheidet. Sie sitzt am Ufer der »Drei Furten« (*Sanzu*), die auf dem Weg zur Totenwelt überschritten werden müssen. Wenn die Toten diese Furten durchschritten haben, zieht sie ihnen die nassen Kleider aus und hängt sie neben sich an einen Baum, der als eine Art Waage fungiert. Je tiefer die Äste durch das Gewand der Toten herabgebogen werden, um so schwerer wiegen die Sünden und um so schrecklicher sind die Foltern, die den Verstorbenen erwarten.

In der Kosmogonie und Weltenlehre Japans spielt das Paar Izanagi (»der Mann, der einlädt«) und seine Schwester Izanami (»die Frau, die einlädt«) eine wichtige Rolle. Sie sollen die Schöpfung in Gang bringen. Izanami aber wird beim Herstellen von Feuer getötet und geht in das Schattenreich des Yomi, des Gottes der Unterwelt, ein. Izanagi will Izanami aus dem Totenreich zurückholen, was ihm jedoch mißlingt, da er das Verbot, sie anzublicken, mißachtet (Orpheus-Motiv). Izanami will ihn in der Unterwelt zurückhalten, er aber schafft es, wieder an die Oberwelt zurückzukehren und die Menschen vor dem Tod zu warnen.

Konkretere Höllenbilder kennt man in Japan erst ab der späten Heian-Zeit (794–1185). Sie entwickelten sich zusammen mit den Paradiesvorstellungen des Amida-Buddhismus[12] über das ›Reine Land‹, eine Art Vorstufe des Nirvāṇa.

Buch der Riten[13]

Sobald jemand gestorben war

Sobald jemand gestorben war, stieg man auf das Dach des Hauses und rief ihn an mit langgezogener Stimme, indem man sagte: »Hallo! N N[14], kehre zurück!« Danach legte man dem Toten ungekochten Reis in den Mund und gab ihm Päckchen gekochten Fleisches mit. Dann blickten sie zum Himmel empor (wohin der Geist gegangen) und begruben den Körper in der Erde. Denn die körperliche Seele[15] sinkt hinab, und der erkennende Geist steigt empor. Daher ist das Haupt des Toten nach Norden gerichtet, während die Lebenden nach Süden blicken. In all diesen Fällen befolgt man die uranfänglichen Bräuche.[16]

Beim Zurückrufen der Seele stellte, falls der Verstorbene Wälder in der Ebene oder am Fuß von Bergen besessen hatte, der Forstaufseher die Leiter auf (um auf das Dach zu steigen); falls kein Wald vorhanden war, stellte einer der Diener des Musikmeisters die Leiter auf. Ein Unterbeamter rief die Seele zurück. Das Zurückrufen der Seele erfolgte mittels des Staatsgewandes des Verstorbenen. Für einen Fürsten verwendete man das Drachengewand, für die Gemahlin eines Fürsten das Fasanengewand, für einen Großwürdenträger das schwarze Gewand mit dem roten Untergewand, für die Gemahlin eines Großwürdenträgers das weiße schmucklose Gewand, für einen Beamten das gewöhnliche Amtsgewand mit der Lederkappe[17] und für die Gemahlin eines Beamten das schwarze Gewand mit brauner Bordüre. In allen diesen Fällen stieg (derjenige, der die Seele zurückrief) von dem Ostflügel des Hauses hinauf und begab sich auf die Mitte des Daches, wo es am gefährlichsten war hinzutreten, und rief dann mit nordwärts gerichtetem Gesicht dreimal den Toten an. Darauf rollte er das Gewand zusammen und warf es nach vorn hinab, wo es der Verwalter der Gewänder in Empfang nahm. Alsdann stieg jener von der nordwestlichen Ecke hinab.

Wenn es sich um einen fremden Gast handelte, so fand, falls dieser in einem staatlichen Absteigequartier gestorben war, das Zurückrufen der Seele statt, war er aber in einer Privatwohnung abgestiegen, so fand das Zurückrufen der Seele nicht statt. Wenn jemand unterwegs auf freiem Felde starb, so stieg man auf die Nabe des linken Rades des Wagens des Verstorbenen und rief die Seele zurück.

Das Gewand, das zum Zurückrufen der Seele gedient hatte, wurde nicht weiter benutzt, weder um den Toten damit zu bekleiden, noch auch später, um ihn im Sarge damit zu schmücken. Zum Zurückrufen der Seele einer Frau bediente man sich nicht

ihres Hochzeitsgewandes. In jedem Falle wurde beim Zurück-
rufen der Seele eines Mannes sein Kindername genannt, beim
Zurückrufen der Seele einer Frau ihr Jungfrauenname[18]. Nur die
Totenklage ging dem Zurückrufen der Seele voran. Nach dem
Zurückrufen der Seele erfüllte man die Pflichten, die man dem
Toten schuldete.[19]

Das Zurückrufen der Seele ist die Form, durch die man der Liebe
den höchsten Ausdruck gibt; es hat den Sinn eines Bitt- und
Dankopfers. Man blickt in die Ferne, um zu sehen, ob die Seele
aus der Dunkelheit zurückkehre; das ist die Form, in der man sie
unter den Geistern sucht. Daß man sich nach Norden dabei wendet, hat die Bedeutung, daß man sie in der Dunkelheit sucht.[20]

Das kanonische Liederbuch der Chinesen[21]

Wildenten sind am Kingstrom weit

Wildenten sind am Kingstrom[22] weit;
Der Totenknabe schmauset in Zufriedenheit.
Dein Wein hat klare Lauterkeit,
Und deiner Speisen Duft erfreut.
Der Totenknabe schmaust und trinkt,
Und Heil und Glück ist vollbereit.

Wildenten, die sind auf dem Sand;
Der Totenknabe schmaust, wie sich's billig fand.
Dein Wein ist reichlich bei der Hand,
Die Speisen sind von Wohlbestand.
Der Totenknabe schmaust und trinkt,
Und Heil und Glück sind zugesandt.

Wildenten, die sind auf dem Werd[23];
Der Totenknabe schmaust, wie sein Herz begehrt.
Dein Wein ist trefflich abgeklärt,
Die Speise wohl zerlegt gewährt.

Der Totenknabe schmaust und trinkt,
Und Heil und Glück hernieder fährt.

Wildenten sind im Zufluß Tal;
Der Totenknabe schmaust an seinem Ehrenmahl.
Geschmaust wird im Ahnensaal,
Wo Heil und Glück sich senkt zu Tal.
Der Totenknabe schmaust und trinkt,
Und Heil und Glück kommt ohne Zahl.

Wildenten sind am engen Wehr;
Der Totenknabe ruhet fröhlich nach Begehr.
Der edle Wein ist köstlich sehr,
Rostfleisch und Braten duften hehr.
Der Totenknabe schmaust und trinkt,
Und hat nun keine Mühen mehr.

Buch der Riten

Die provisorische Ahnentafel eines Verstorbenen[24]

Die provisorische Ahnentafel eines Verstorbenen galt soviel wie
die eigentliche Ahnentafel. Während der Yin-Dynastie hängte
man, sobald die eigentliche Ahnentafel (nach Schluß der Trauer-
zeit) aufgestellt war, die provisorische auf; während der Chou-
Dynastie schaffte man sie, sobald die eigentliche Ahnentafel aufgestellt war, fort (und begrub sie im Ahnentempel).

Das kanonische Liederbuch der Chinesen

Der König Wen ist in der Höh[25]

Der König Wen[26] ist in der Höh;
O, wie er hehr im Himmel prangt!
Ist Tschou[27] auch schon ein altes Land,

Hat es sein Amt[28] erst jüngst erlangt.
Und war nicht Tschou schon hochberühmt
Zum Amt vom Herrn[29] war's noch nicht Zeit?
Der König Wen steigt auf und ab,
Ist links und rechts dem Herrn zur Seit.[30]

O hehre heilige Ahnenhalle, –
Ehrfurchtgeeinte würd'ge Helfer
Und reiche Menge von Beamten,
Nachfolger von der Tugend Wens, –
Entsprechend ihm, der da im Himmel,
Durcheilen sie bewegt die Ahnenhalle.
Preist man ihn nicht? Ehrt man ihn nicht?
Nie wird man dessen müde bei den Menschen![31]

Seit Wen und Wu gegründet Tschou,
War's stets an weisen Königen reich.
Als seiner Herrscher drei im Himmel,
War unser König ihnen gleich.[32]

Am günst'gen Tag, gereinigt, bringst du

Am günst'gen Tag, gereinigt, bringst du
Die Speiseopfer kindlich dar
Im Sommer, Frühling, Herbst und Winter
Der Fürsten und Vorkön'ge Schar;
Und dir verheißen die Erhab'nen
Zehntausend, grenzenlose Jahr.

Die Geister steigen zu dir nieder
Dir großen Segen zu verleih'n;
Das Volk beweist sich treu und bieder,
Und Speis und Trank sind täglich sein.
Den schwarzbehaarten hundert Stämmen
Wird deine Tugend allgemein.[33]

Daode jing

Die Erkenntnis des Dao als des Ewigen ist aller Weisheit Anfang[34]

Wer den äußersten Gipfel der Leere erreicht hat, der bewahrt die Unerschütterlichkeit der Ruhe. Alle Wesen treten miteinander ins Leben, ich sehe sie wieder zurückkehren. Wenn die Wesen ihre volle Blüte erlangt haben, so kehrt jedes wieder zurück zu seinem Ursprung. Heimkehren zu seinem Ursprung, das heißt Ruhe. Ruhen, das heißt seine Bestimmung erfüllt haben. Seine Bestimmung erfüllt haben, heißt ewig sein. Das Ewige erkennen, heißt erleuchtet sein, das Ewige nicht erkennen, das heißt voll Leidenschaft sein, und das bringt Verderben Wer das Ewige erkennt, der enthält alles in sich; wer alles in sich enthält, ist daher gerecht; wer gerecht ist, ist daher der König; wer der König ist, ist daher des Himmels; wer des Himmels ist, ist des Daos; wer des Daos ist, ist von ewiger Dauer und bis ans Ende seines Lebens ungefährdet.[35]

Die von Anfang (Ewigkeit) her das Eine[36] erlangten: Der Himmel erlangte das Eine und dadurch Reinheit; die Erde erlangte das Eine und dadurch Stille; die Geister erlangten das Eine und dadurch Zauberkraft; die Täler erlangten das Eine und dadurch Fülle; die zehntausend Wesen erlangten das Eine und dadurch das Leben; die Fürsten und Könige erlangten das Eine und dadurch wurden sie Stütze der Welt. Das ist es, wozu das Eine führt. Hätte der Himmel nicht das, wodurch er klar wird, so stände zu befürchten, er müßte bersten; hätte die Erde nicht das, wodurch sie die Stille erlangte, so stände zu befürchten, sie müßte erbeben; hätten die Geister nicht, wodurch sie Zauberkraft erlangten, so stände zu befürchten, sie müßten vergehen; hätte das Tal nicht, wodurch es die Fülle erlangte, so stände zu befürchten, es müßte sich erschöpfen; hätten die zehntausend Dinge nicht, wodurch sie das Leben erlangten, so stände zu befürchten, sie müßten erlöschen; hätten die Fürsten und Könige nicht, wodurch sie geehrt und erhaben sind, so stände zu befürchten, sie müßten stürzen. Darum nimmt, was edel ist, das Geringe zu seiner Wurzel, was hoch ist, das Niedrige zu seiner Grundlage. Daher nennen Fürsten und Könige sich »verwaist«, einsam, unwürdig. Geschieht dies nicht, weil sie das Geringe zu ihrer Wurzel nehmen? [...] Sie begehren nicht den Glanz des Juwels, sondern die rohe Rauheit des Steins.[37]

Das Dao erzeugt sie, die zehntausend Wesen, seine Kraft ernährt sie, sein Wesen gestaltet sie und sein Wirken vollendet sie. Darum gibt es unter den zehntausend Wesen keins, das nicht das Dao verehrte und seine Kraft wertschätzte. Das Verehren des Dao und das Hochschätzen seiner Kraft, das geschieht auf niemandes Befehl, sondern geschieht ewiglich von selbst. Denn das Dao erzeugt sie und die Kraft ernährt sie, läßt sie wachsen und gedeihen, gibt ihnen Bestand und nährt sie, pflegt und behütet sie. Es erzeugt die Wesen, aber hat sie nicht, es hat sie geschaffen, aber pocht nicht darauf, es läßt sie wachsen, aber beherrscht sie nicht. Das nennt man die geheime Urkraft.[38]

Das Dao erzeugt die Einheit, die Einheit erzeugt die Zweiheit, die Zweiheit erzeugt die Dreiheit, die Dreiheit erzeugt die zehntausend Wesen. Die zehntausend Wesen haben im Rücken das Dunkle, Yin, und umfassen das Lichte, Yang, und der unendliche Atem der Leere erwirkt ihre Harmonie. Was die Menschen hassen, das ist Verwaiste, Einsame, Unwürdige zu sein, und doch wählen Könige und Fürsten das zu ihrer Bezeichnung. Daher heißt es: bald wird ein Wesen weniger und nimmt doch zu, bald nimmt es zu und wird doch weniger. Was die Menschen lehren, lehre auch ich. Der Gewalttätige und Trotzige wird nicht seinen natürlichen Tod erlangen. Das will ich zum Grund meiner Lehre machen.[39]

Rückkehr ist die Bewegung des Dao[40], Schwachsein ist die Wirkungsart[41] des Dao. Alle Wesen unter dem Himmel entstehen aus dem Sein. Das Sein entsteht aus dem Nichtsein.[42]

Das Dao ist verborgen und ohne Namen, und doch ist das Dao im Spenden und im Vollenden gut.[43]

Das Dao des Himmels streitet nicht und versteht doch zu siegen. Es redet nicht und versteht doch Antwort zu bekommen. Es ruft nicht, und doch kommt ihm alles von selbst entgegen. Ruhig ist es und versteht doch recht, sich zu entschließen. Des Himmels Netz ist weit geknüpft, weitmaschig ist es und doch entschlüpft ihm nichts.[44]

Des Himmels Dao, wie gleicht es doch dem Bogenspanner! Das Hohe drückt es nieder und das Niedrige macht es hoch. Was Fülle hat, verringert es, was Mangel hat, ergänzt es. Das Dao des Himmels ist es, die Fülle zu verringern und den Mangel zu ergänzen. Des Menschen Dao aber ist nicht also. Dieses verringert noch, was Mangel hat, um es darzubringen dem, das Fülle hat. Wer aber vermag seine Fülle der Welt darzubringen? Nur der, welcher das Dao hat. Daher wirkt der heilige Mensch, aber er pocht nicht darauf, er vollbringt sein Werk, aber er verweilt nicht dabei. Er wünscht nicht seine Weisheit offenbar zu machen.[45]

Das Dao des Himmels hat keine Günstlinge, immer steht es den Guten bei.[46]

Die Erscheinungsform der großen Wirksamkeit folgt dem Dao. Das Wesen des Dao ist unfaßlich, unbegreiflich. Unbegreiflich, unfaßlich sind in ihm alle Bilder! Unfaßlich, unbegreiflich, in ihm sind alle Dinge! Unergründlich und dunkel, in ihm ist der Kern des Seins. Dieser Kern des Seins ist die Wahrheit, in ihr ist der Glaube. Von Anbeginn bis heute verging sein Name nicht.[47]

Dschuang Dsï[48]

Die Reise ins Jenseits

Meister I Liau Am Markt besuchte den Fürsten von Lu. Der Fürst von Lu machte ein betrübtes Gesicht. Der Meister Am Markt sprach: »Eure Hoheit blickt betrübt; warum das?«
Der Fürst von Lu sprach: »Ich lerne den *Sinn* der früheren Kö-

nige; ich pflege das Erbe der früheren Herrscher; ich ehre die Manen und achte die Würdigen. Es ist mir ernst mit diesem Tun, und keinen Augenblick lasse ich ab davon. Aber dennoch kann ich dem Leid nicht entgehen. Das ist's, worüber ich betrübt bin.« Der Meister Am Markt sprach: »Die Mittel, wodurch Eure Hoheit das Leid beseitigen will, sind zu oberflächlich. Der prächtige Fuchs und der schöngefleckte Leopard hausen in Bergwäldern und ducken sich in Felsenklüfte: ganz still. Bei Nacht nur wagen sie sich hervor; bei Tage bleiben sie in ihrer Höhle: ganz vorsichtig. Selbst wenn sie hungrig oder durstig sind, so dulden sie ihre Not: ganz im Stillen. Scheu halten sie sich zurück und suchen ihre Nahrung an Flüssen und Seen: ganz entschlossen. Und dennoch entgehen sie nicht dem Leid der Netze und Fallen. Womit haben sie das verschuldet? – Ihr Fell ist es, das sie ins Unglück bringt. Ist nicht das Reich Lu das Fell Eurer Hoheit? Ich würde wünschen, daß Eure Hoheit sich entkleide und dieses Fells entrate, das Herz besprenge, die Begierden abtöte und wandere nach den Gefilden jenseits der Menschenwelt! Im fernen Süd, da ist ein Land, das heißt: das Reich der Erbauung des Lebens. Das Volk dort ist einfältig und gerade, ohne Selbstsucht und frei von Begierden. Sie verstehen Dinge zu machen, aber wissen sie nicht aufzuspeichern. Sie geben und suchen keinen Lohn dafür; sie kennen nicht die Gebote der Pflicht; sie kennen nicht die Erfordernisse höfischer Sitten. Unbekümmert dem Zug des Herzens folgend wandeln sie und treffen doch das Rechte. Bei ihrer Geburt werden sie freudig begrüßt; bei ihrem Tode werden sie beerdigt (ohne heftige Trauer). Ich würde wünschen, daß Eure Hoheit das Reich abtue, der Welt entsage und vertrauensvoll den Weg dorthin einschlage!«

Der Fürst sprach: »Jener Weg ist weit und steil; auch gibt es Ströme und Berge. Ich habe nicht Schiff und Wagen. Was soll ich tun?«

Der Meister Am Markt sprach: »So machet Selbstlosigkeit und Entsagung zu Eurem Wagen!«

Der Fürst sprach: »Jener Weg ist einsam und menschenleer, wen soll ich zum Genossen nehmen? Ich habe nicht Nahrung, um mich zu nähren; wie kann ich hingelangen?«

Der Meister Am Markt sprach: »Verringert Euren Aufwand, beseitigt Eure Begierden, so werdet Ihr Genüge haben auch ohne

Zehrung! Wenn Ihr in Flüssen watet und auf dem Meere schwimmt und haltet Ausschau, so seht Ihr nicht das Ufer. Je weiter Ihr reist, desto weniger kommt Ihr ans Ende. Die Euch das Geleite geben, bleiben alle am Ufer stehen und kehren um. Von da ab seid Ihr in der Ferne. Darum: Wer Menschen besitzt, kommt in Verwicklung; wer von Menschen besessen wird, kommt in Betrübnis. So wollte denn der heilige Yau[49] nicht Menschen besitzen und nicht von Menschen besessen werden. Und ich möchte Eure Verwicklungen lösen und Euch von der Betrübnis heilen, also daß Ihr allein mit dem *Sinn* wandelt ins Reich des großen Nichts.

Wenn ein Boot den Fluß durchkreuzt und es kommt ein leeres Schiff und stößt ans Boot, so wird auch ein jähzorniger Mensch nicht böse. Steht aber ein Mensch auf jenem Schiffe, so ruft er, damit er ausweiche. Er ruft einmal, und jener hört nichts. Er ruft ein zweites Mal, und jener hört nichts. Er ruft ein drittes Mal, und sicher werden üble Worte folgen. Im ersten Fall wurde er nicht böse; im zweiten Fall wurde er böse. Denn im ersten Fall war das Schiff leer; im zweiten Fall war jemand darin. Wenn ein Mensch sich selbst entleeren kann bei seinem Wandel in der Welt: wer mag ihm dann noch schaden?«

Wang Jih siu[50]

King t'u wen, die Schrift über das Reine Land

Über die Leerheit aller Vorgänge. Der Buddha sagt: »Die Empfindung ist etwas Leeres.« Empfindung bedeutet das Empfinden von Schmerz, das Empfinden von Vergnügen und von dem, was sich sonst irgend empfinden läßt. Wenn jemand eine Reihe von aufgetischten Gerichten ißt, so ist das etwas Leeres, sobald die Eßstäbchen niedergelegt sind. Wenn jemand mit einem großen Gefolge hinter sich auszieht, so ist das etwas Leeres, sobald man am Ziele angekommen ist. Wenn jemand den ganzen Tag, um (schöne Gegenden) zu sehen, umhergestreift ist, so ist das, sobald er heimgekehrt ist, etwas Leeres. Andererseits: bist du mit dem

Vollbringen einer guten Handlung zu Ende, dann ist (zwar auch) die Mühe und Anstrengung etwas Leeres, aber das gute Karma ist etwas Bleibendes. Bist du mit dem Vollbringen einer bösen Handlung fertig, dann ist das erstrebte Vergnügen etwas Leeres, aber das böse Karma ist etwas Bleibendes.

Hat man diese Wahrheit tief erfaßt, dann begnügt man sich beim Essen mit einfacher und geringer (Pflanzen-)Kost und zieht sich nicht unnötigerweise durch Tötung und Verletzung (von Tieren) die Schuld der Vergeltung zu. Man begnügt sich beim Ausgehen mit dem Einfachsten und regt sich nicht auf über Spöttereien, armseliger Menschen. Man läßt ab von Lustpartien und treibt sich nicht auf den Irrwegen des Leichtsinns und der Zeitvergeudung umher. Dem Guten widmet man sich mit Eifer und zieht sich nicht durch Lässigkeit und Trägheit Verlust der Folgezeit zu. Dem Bösen widersteht man kräftig und meidet Verschuldung durch Lust und Ausschweifung, durch Zorn und Bosheit. – Voll Freude darüber, diese Wahrheit erfaßt zu haben, möchte ich auch andere Menschen daran teilnehmen lassen.[51]

In der Antwort auf Anandas Frage[52] nun sagte der Buddha: Die Dewa-Herrscher[53], die Fürsten, gewöhnliche Menschen bis hinab zu allerlei kleinen Fliegtieren und Gewürm, finden durch deine Frage den Weg zur Erlösung und Befreiung. Diese Wesen, von der höchsten Stufe der Dewas bis zur tiefsten des Gewürms befinden sich sämtlich innerhalb der drei Welten und entgehen darum nicht der Wiedergeburt. Das bedeutet, daß sie Erlösung und Befreiung noch nicht erlangt haben. Das hohe Gelübde aber und die hohe Macht des Buddha Amitābha wird sie alle ohne Ausnahme erlösen; darum (heißt es, daß) sie erlöst und befreit werden.

Achte auf das Wort der Gāthā seines ersten Gelöbnisses:
Wenn ich einst ein Buddha geworden bin
Und mein Name erschallt über die zehn Richtungen hin,
Dann sollen Menschen und Dewas, selig die Botschaft zu hören,
Allesamt wiedergeboren werden in meinem Bezirk;
Auch Höllenwesen, Dämonen und Tiere
Sollen wiedergeboren werden in meinem Bezirk.

Daraus geht hervor, daß alle Wesen, die auf den sechs Pfaden in den drei Welten der Wiedergeburt verfallen sind, ausnahmslos erlöst werden sollen. Das ist gemeint, wenn es in jenem Sūtra

heißt, wenn der Buddha Amitābha in der Welt der höchsten Seligkeit im Westgebiet erscheine, so würde er auch in den Welten
der zehn Himmelsrichtungen eine unermeßliche Zahl von Dewas,
Menschen und anderen Wesen bis hinab zu allerlei kleinen Fliegtieren und Gewürm zur Bekehrung bringen und jedem sei die
Möglichkeit gegeben, Erlösung zu erreichen und sich frei zu machen (von Saṃsāra). Die kleinen Fliegetiere bezeichnen die allerkleinsten fliegenden Insekten, und das Gewürm bezeichnet die
allerkleinsten Maden. Wenn der Buddha selbst derartige Wesen
bekehrt, wie viel mehr dann Menschen! Da er somit seine Erlösung über alles Lebendige ausdehnt, sie also unerschöpflich und
unermeßlich ist, so darf niemand bezweifeln, daß ein Mensch,
der mit all seinen Gedanken hierher seine Zuflucht nimmt, wei-
terhin auch in seinem Reiche wird wiedergeboren werden.[54]

Hui Neng [55]

In diesem Moment ist nichts, was kommt

In diesem Moment ist nichts, was kommt.
In diesem Moment ist nichts, was geht.
Es gibt also keine Geburt und keinen Tod,
die zu Ende gebracht werden müssen.
Daher die absolute Ruhe in diesem Moment.
Alles liegt in diesem einen Moment, und es gibt
kein Ende dieses Moments, und darin liegt die ewige Wonne.

Jainismus

Der Name »Jainismus« leitet sich ab vom Sanskritwort *jaina* (»Anhänger der 24 Jina [Bezwinger]«). Die religiöse Bewegung entstand in der Gangesebene im 6. oder 5. Jahrhundert v. Chr. Als Stifter der Religion gilt der letzte der 24 Jinas oder Tīrthaṅkaras (»Furtmacher«) unserer Weltperiode, Vardhamāna Kāsyapa, genannt Mahāvīra (»Großer Held«), ein Zeitgenosse des Buddha. Die Gleichsetzung von Nonnen und Mönchen verhalf dem Jainismus zu einer relativ starken Verbreitung, denn Gläubige fanden hier einen neuen Weg, der ihnen in der brahmanischen Orthodoxie verweigert wurde.[1]

Der Karmagedanke, der die Seele zum Wandern durch verschiedene Verkörperungen zwingt, wirkt im Jainismus noch stärker als in den anderen indischen Religionen. Ziel des Jainismus ist es, die Seele vom wirkenden Karma gänzlich zu befreien, dem Kreislauf von Tod und Wiedergeburt zu entkommen, dem »unaufhörlichen Herumirren der in den zeitlichen Daseinsformen von Göttern, Menschen, Tieren und Höllenwesen verkörperten Einzelseelen ein Ende zu setzen«[2]. Dazu ist strenge Askese nötig, die sich in der Einhaltung von fünf großen Gelübden – neben weiteren ›kleineren‹ – realisiert: *ahiṃsā* (Nichtverletzen von allem und jedem), *satya* (die Wahrheit sagen), *asteya* (nicht etwas nehmen, das nicht gegeben ist), *brahmacarya* (Keuschheit), *aparigraha* (Abstand nehmen von Orten, Personen, Dingen), mithin der Verzicht auf jegliche Aktivität. Auf diese Weise kann sich die als unvergänglich angenommene individuelle Seele (*jīva*) reinigen, aus der materiellen Welt herausgehen und das Jenseits erreichen, wo sie ewig verbleibt. Da Jainas keinen Gott annehmen, muß die Seele diesen Weg aus eigener Kraft schaffen, sie kann in den höchsten Himmel aufsteigen, um dort in Seligkeit zu verbleiben, während die ›unfähigen Seelen‹ (*abhavya jīvas*) sich nicht zu erheben und damit aus dem Saṃsāra auszubrechen vermögen: »Durch Schädigung von Wesen [...], falschen Glauben, diesen Stachel, gelangen die Seelen zur Schwere. Durch Enthaltsamkeit von Schädigung [...], von falschem Glauben, diesem Stachel, gelangen die Seelen zur Leichte.«[3] Mahatma Gandhis Philosophie war unter anderem von der jainistischen Lehre des Ahimsa, des Nichtverletzens, der Gewaltlosigkeit geprägt.

Viyāhapannatti

Die Daseinskette (Saṃsāra)

Wie eine Netzmasche, die in der Reihe, ohne Zwischenraum, aufschließend und folgerichtig angereiht ist, in Schwere, Last, Vollgewicht und Dichte je auf das anschließende Teil wirkt, ebenso wirken bei jeder einzelnen Seele in vielen Tausenden von Wiederverkörperungen viele Tausende von Lebensformen in Schwere, Last, Vollgewicht und Dichte je auf das anschließende Leben.[4] Dieser Sāl-Baum[5], den Hitze, Durst oder Waldfeuersglut gefällt hat, wohin wird er gelangen, wenn er in seinem Sterbemonat eingegangen sein wird, und wo wird er sich wieder verkörpern? – Goyama[6], hier in der Stadt Rājagṛha[7] wird er wiederkehren, um ein Sāl-Baum zu sein, und da wird er Achtung, Gruß, Ehre, Pflege und Schätzung erfahren, wird göttlich und erfolgsichernd sein, aufrichtige Verehrung genießen, Geschenke erhalten und mit Farbstrichen geziert werden. Wenn er von diesem Dasein aus wieder zur Welt kommt, so wird er im Erdteil Mahāvideha[8] als Mensch zur Befreiung gelangen, erwachen, frei werden und allem Leid ein Ende machen.[9]
Sind alle Wesen aller Art schon als Wurzel, Knolle, Stengel, Blatt, Staubfaden, Samenkapsel und Blattkeim des Lotus verkörpert gewesen? – Ja, Goyama, und das mehr als einmal oder unendlich oft.[10]

Uvavāiya[11]

Die Befreiten und ihre Stätte

Von einer schön-ebenen Stelle unserer[12] Schicht Rayanappabhā[13] und von Mond, Sonne, Planeten, Sternbildern und Gestirnen viele Meilen, viele Hunderte, Tausende, Hunderttausende, viele zehn und hundert Millionen von Meilen immer aufwärts, höher als die Himmel Sohamma, Isāna, Sanamkumāra, Māhinda, Bambhaga, Lantaga, Mahāsukka, Sahassāra, Ānaya, Pānaya, Ārana, Accuya und als die 31800 Stätten des Gevejja-Himmels bis gut zwölf Meilen über den aller obersten großen Götterstätten Viyaya, Vejayanta, Jayanta, Aparājiya und Savvatthasiddha liegt die Fläche Isipabbhārā. Sie ist vier und eine halbe Million Meilen lang und breit und hat etwas mehr als 14230249 Meilen im Umfang. Die genaue Mitte von Isipabbhārā ist ein Feld von acht Meilen mit einer Dicke von ebenfalls acht Meilen. Von da nimmt sie allmählich ab bis zu der Dicke des unmeßbaren Teiles eines Zolles und wird feiner als der Flügel einer Fliege, an den äußersten Enden [...] Die Fläche Isipabbhārā ist weiß, fleckenlos wie eine Muschel oder eine Spiegelfläche, von der köstlichen Farbe der gekochten Lotusfasern, des Schaums, des Reifes und der Milch, von der Form eines geöffneten Sonnenschirmes, gänzlich weiß-golden, klar, glatt, eben, poliert, blank, ohne Staub, ohne Fleck, ohne Schmutz, ohne Dämpfung, strahlenhaft, glanzvoll, heiter und in jeder Hinsicht schön. Eine Meile oberhalb von Isipabbhārā ist das Ende der Welt. Im obersten Sechstel des obersten Viertels dieser Meile weilen die Vollendeten, die Heiligen, denen ein Anfang war, aber kein Ende sein wird; die das Leid vieler Geburten, vielen Alterns, Sterbens und Wiedereingehens in einen neuen Schoß und die Fülle dem Irrsals in der Daseinskette, der neuen Lebensformen und des Weilens im Mutterleibe überwunden haben, in ewige Zukunft.[14]

Die Gestalt, die der Vollendete in dem letzten Zeitpunkt hatte, mit dem er das Dasein hier auf Erden verließ, dieselbe hat er dort, nur ist sie in ihren Seelenatomen verdichtet. An der Gestalt, die im letzten Dasein groß oder klein war, fehlt der Größe und dem

Umfang der Vollendeten ein Drittel. Sie sind ohne Leib, dicht an Seelenatomen, hegen rechten Glauben und rechtes Erkennen den Objekten gegenüber im besonderen und im allgemeinen. Indem sie die Allwissenheit anwenden, erkennen sie das Wesen aller Dinge und ihre zeitlichen Eigenschaften, mit unendlichem, durchdringendem geistigen Blick sehen sie überallhin. Weder bei Menschen noch bei allen Göttern gibt es eine so unhemmbare Seligkeit, wie sie für die Vollendeten begonnen hat. Die Seligkeit der Götter, in ihrer Dauer zur Ewigkeit vervielfacht, erreicht nicht die Seligkeit der Befreiung, wäre sie selbst in ihrer Fülle unendlich potenziert. Wenn die ganze Seligkeit eines Vollendeten aus einem Augenblick zur Ewigkeit vervielfacht und dann in unendliche Bruchteile verkleinert würde, so würde ein solcher unendlich kleiner Bruchteil, räumlich vorgestellt, nicht im ganzen Raum der Welt Platz finden. Wie ein Wilder, der die vielfältigen Schönheiten einer Stadt kennenlernt, sie nicht beschreiben kann, weil ihm ein Vergleich fehlt, so ist auch die Seligkeit der Vollendeten unvergleichlich, es gibt keine Vergleichung, und doch will ich in gewissem Sinne einen Vergleich mit ihr angeben. Wie ein Mann, wenn er eine mit allem Wünschenswerten ausgestattete Speise gegessen, Durst und Hunger nicht mehr kennt, als hätte er sich am Göttertrank gesättigt, so weilen die Vollendeten, die zum einzigartigen Verlöschen gekommen sind, für alle Zeit gesättigt, selig im Besitz unhemmbarer Seligkeit ohne Ende.[15]

Tibetischer Buddhismus

Der Buddhismus erreichte Tibet im 7. Jahrhundert. Nach der Einführung des (Mahāyāna-)Buddhismus um 620 wurde er 755 erstmals in offiziellen Dokumenten als Staatsreligion bekundet.[1] Nach einer frühen Blütezeit bis 815 erfolgte aufgrund der Rivalität zwischen Adligen und Mönchen ein Verbot des Buddhismus, Klöster wurden zerstört, magische und tantrische Rituale wieder eingeführt und verbreitet. Zwischen dem 10. und 14. Jahrhundert entstanden verschiedene Schulen (Nyingma, Kagyü, Sakya und Gelugpa) und berühmte Klöster, eine zweite Blütezeit des Buddhismus begann. Die Institution des Lama setzte mit Gendun Drub – dem dritten Nachfolger des bedeutenden Tsonghkapa (1357–1419) – im 15. Jahrhundert ein, er wurde religiöses Oberhaupt. Der Buddhismus nahm in Tibet eine ganz eigene Entwicklung, indem er sich einerseits mit einheimischen Kulttraditionen (Bön-Religion[2]) verband, andererseits von buddhistischen Missionaren aus Indien ebenso wie aus China beeinflußt wurde und so eine neue Komplexität gewann.

Besonders verehrt werden heilige Berge, sie sind Himmelspfeiler oder Nägel der Erde. Himmel und Unterwelt bilden zwei Etagen, zu ihnen gelangt man jeweils durch eine Tür. Der Himmelspforte entspricht das Loch im Dach des Hauses, der Erdtür die Feuerstelle. Mithilfe einer Leiter oder Schnur soll der Tote in den Himmel aufsteigen können. Diese Ideen sind Elemente der ursprünglichen Bön-Religion; Kosmos, Haus und menschlichen Körper gleichzusetzen ist eine frühe in Asien weitverbreitete Auffassung. Die vollkommene Erkenntnis als Befreiung zur Erfahrung der Nichtigkeit aller Erscheinungen, wie sie auch der tibetische Buddhismus lehrt, wird stufenweise durch Meditation, Yoga und ein System von Ritualen erreicht. Besonders ausgeprägt sind die Vorstellungen über das Leben unmittelbar nach dem Tod. Man glaubt an einen Zwischenzustand, der – sofern man dem Kreislauf der Wiedergeburten nicht entronnen ist – im Augenblick des Todes beginne und bis zur nächsten Inkarnation andauere. Mit diesem Zwischenzustand und dem Verhalten der Seele des Verstorbenen befaßt sich das »Tibetische Totenbuch«, das *Bardo Tödröl* (8. Jahrhundert), was soviel bedeutet wie ›Befreiung durch Hören im Zwischenzustand (Bardo)‹. Es geht auf den Begründer der Nyingma-Schule[3], Padmasambhava, zurück und enthält Unterweisungen über den Prozeß des Sterbens und über die Wiedergeburt sowie die Möglichkeit, aus diesem Kreislauf auszubrechen. Es wird dem Verstorbenen vorgelesen und soll ihm den Weg im Bardo erleichtern. Wichtig sind die letzten Gedanken eines Sterbenden, denn sie bestimmen die zukünftige Inkarnation; der Sterbende soll das Wesen des eigenen Geistes in hellem Licht strahlen sehen. Wenn ihm dies nicht möglich ist, betritt er den Bardo der Zweiten Wirklichkeit und begegnet den friedvollen und zornigen Gottheiten. Wenn der Tote nun das Licht als Ausdruck seiner Weisheit erkennt, kann er sich noch immer aus dem Zwischenreich befreien und die Gefahr der Reinkarnation bannen; wenn er aber dazu nicht fähig ist, folgt im Dritten Bardo die Suche nach einer Wiedergeburt. Das körperlose Bewußtsein blickt auf sein vergangenes Leben zurück, bewertet es und trifft Beschlüsse über die Taten in seinem nächsten. Symbolisch geschieht dies durch einen »Herrn des Todes«, der seine guten Taten als weiße Kiesel gegen die schwarzen Kiesel seiner schlechten Taten aufwiegt und einen »Spiegel des Karma« hochhält. Wieder blickt der Tote auf seine Familie zurück, versucht sie zu trösten, erhält aber keine Antwort, und er fühlt den Schmerz »eines Fisches, der auf rotglühendem Sand hin- und hergeschlagen wird«[4]. Mithilfe des Totenbuches soll der Verstorbene in die Lage versetzt werden, die Erscheinungen als Projektion des Ichs zu erkennen und so in das Nirvana einzutreten. Darauf hat man sich bereits in diesem Leben vorzubereiten, und daher wird das Tibetische Totenbuch nicht nur als Belehrung zum rechten Verhalten in jenem Zwischenzustand verstanden, sondern auch als Anleitung für das diesseitige Leben.

Das Tibetische Totenbuch[5]

Der Pfad der guten Wünsche zur Errettung aus dem gefährlichen engen Durchgangsweg des Bardo

1

O ihr in den zehn Richtungen weilenden Sieger und eure Söhne,
O ihr ozeangleiche Versammlung allguter Sieger, der Fried-
    lichen und der Zornigen,
O ihr *Gurus* und *Devas*[6], und ihr *Dākinīs*[7], ihr Getreuen,
Leiht euer Ohr jetzt, um eurer großen Liebe und Barmher-
    zigkeit willen:
Huldigung sei euch, o ihr versammelten *Gurus* und *Dākinīs*,
Aus eurer großen Liebe heraus führt uns den Pfad entlang.

2

Daß, wenn – durch Täuschung – ich und andere im *saṃsāra*
    wandern,
Den hellen Lichtpfad gesammelten Hörens, Nachdenkens und
    Meditierens entlang,
Uns führen die *Gurus* der erleuchteten Linie,
Daß die Scharen der Mütter unsere Deckung seien,
Daß wir errettet werden auf dem schreckensvollen, schmalen
    Pfad über dem Abgrund des *Bardo*,
Daß wir versetzt werden in den Zustand vollkommener
    Buddhaschaft.

3

Daß, wenn – durch heftigen Zorn – wir im *saṃsāra* wandern,
Den hellen Lichtpfad der spiegelgleichen Weisheit entlang,
Uns führe der *Bhagavān Vajrasattva*[8],
Daß die Mutter *Locanā*[9] unsere Deckung sei,
Daß wir errettet werden aus dem schreckensvollen schmalen
    Pfad des *Bardo*,
Daß wir versetzt werden in den Zustand vollkommener
    Buddhaschaft.

4

Daß, wenn wir – durch großen Stolz – im *saṃsāra* wandern,
Den hellen Lichtpfad der Weisheit der Wesensgleichheit
    entlang,
Uns führe der *Bhagavān Ratnasambhava*[10],
Daß die Mutter *Māmakī*[11] unsere Deckung sei,
Daß wir errettet werden aus dem schreckensvollen schmalen
    Pfad des *Bardo*,
Daß wir versetzt werden in den Zustand vollkommener
    Buddhaschaft.

5

Daß, wenn – durch große Anhänglichkeit – wir im *saṃsāra*
    wandern,
Den hellen Lichtpfad unterscheidender Weisheit entlang,
Uns führe der *Bhagavān Amitābha*[12],
Daß die Mutter mit dem weißen Gewand[13] unsere Deckung sei,
Daß wir errettet werden aus dem schreckensvollen schmalen
    Pfad des *Bardo*,
Daß wir versetzt werden in den Zustand vollkommener
    Buddhaschaft.

6

Daß, wenn – durch große Eifersucht – wir im *saṃsāra*
    wandern,
Den hellen Lichtpfad alles-wirkender Weisheit entlang,
Uns führe der *Bhagavān Amoghasiddhi*[14],
Daß die Mutter, die getreue *Tārā*[15], unsere Deckung sei,
Daß wir errettet werden aus dem schreckensvollen schmalen
    Pfad des *Bardo*,
Daß wir versetzt werden in den Zustand vollkommener
    Buddhaschaft.

7

Daß, wenig wir – durch große Geistesverdunklung – im
    saṃsāra wandern,
Den hellen Lichtpfad der Weisheit der Wirklichkeit entlang,
Uns führe der *Bhagavān Vairocana*[16],
Daß die Mutter des großen Raumes[17] unsere Deckung sei,

Daß wir errettet werden aus dem schreckensvollen schmalen
Pfad des *Bardo,*
Daß wir versetzt werden in den Zustand vollkommener
Buddhaschaft.

8

Daß, wenn wir – durch große Täuschung – im *saṃsāra*
wandern,
Den hellen Lichtpfad der Abkehr von eingebildeter Furcht,
Schauer und Schrecken entlang,
Uns führen die Scharen der *Bhagavāns* der Zornigen[18],
Daß die Scharen der zornigen Göttinnen, reich im Raum,
unsere Deckung seien,
Daß wir errettet werden aus dem schreckensvollen schmalen
Pfad des *Bardo,*
Daß wir versetzt werden in den Zustand vollkommener
Buddhaschaft.

9

Daß, wenn – durch starke Neigungen – wir im *saṃsāra*
wandern,
Den hellen Lichtpfad der gleichzeitig geborenen Weisheit
entlang,
Uns führen die heroischen Wissenshalter,
Daß die Scharen der Mütter, die *Dākinīs,* unsere Deckung seien,
Daß wir errettet werden aus dem schreckensvollen schmalen
Pfad des *Bardo,*
Daß wir versetzt werden in den Zustand vollkommener
Buddhaschaft.

10

Daß die ätherischen Elemente nicht als Feinde aufstehen,
Daß es geschehe, daß wir das Reich des blauen Buddha[19] sehen.
Daß die wäßrigen Elemente nicht als Feinde aufstehen;
Daß es geschehe, daß wir das Reich des weißen Buddha[20] sehen.
Daß die erdigen Elemente nicht als Feinde aufstehen;
Daß es geschehe, daß wir das Reich des gelben Buddha[21] sehen.
Daß die feurigen Elemente nicht als Feinde aufstehn;
Daß es geschehe, daß wir das Reich des roten Buddha[22] sehen.

Daß die luftigen Elemente nicht als Feinde aufstehen;
Daß es geschehe, daß wir das Reich des grünen Buddha[23] sehen.
Daß die Elemente der Regenbogenfarben nicht als Feinde
 aufstehen;
Daß es geschehe, daß alle Reiche der Buddhas zu sehen sind.
Möge es dahin kommen, daß wir alle Töne im *Bardo* als unsere
 eigenen Töne erkennen;
Möge es dahin kommen, daß wir alle Strahlungen als unsere
 eigenen Strahlungen erkennen.
Möge es dahin kommen, daß wir den *Tri-kāya*[24] im *Bardo*
 erreichen.
Das Dämmern der zornigen Gottheiten vom achten bis zum
 vierzehnten Tag
[Die Seele spricht:]
»Ach! da (ich jetzt) – durch die Kraft überwältigender
 Trugbilder – im *saṃsāra* wandere.
Auf den Lichtpfad der Erlösung von Schrecken, Furcht und
 Schauer
Mögen die Scharen der *Bhagavāns,* die Friedlichen und
 Zornigen, mich führen.
Mögen die Scharen der Zornigen Göttinnen, Reich an Raum,
 (meine) Deckung sein
Und mich erretten aus den schreckensvollen Abgründen des
 Bardo
Und mich in den Zustand der Vollkommen Erleuchteten
 Buddhas versetzen.
Wenn ich wandere allein, getrennt von lieben Freunden,
Wenn die leeren Formen der eigenen Gedanken hier scheinen,
Mögen die Buddhas durch die Kraft ihrer Gnade
Furcht, Schauer und Schrecken im *Bardo* nicht aufkommen
 lassen.
Wenn die fünf hellen Weisheitslichter hier scheinen,
Möge Erkenntnis kommen ohne Schrecken und Schauer;
Wenn die göttlichen Körper der Friedlichen und Zornigen hier
 scheinen,
Möge die Versicherung der Furchtlosigkeit erzielt und der
 Bardo erkannt werden.
Wenn durch die Macht bösen *Karmas* Elend gekostet wird,
Mögen die Schutzgottheiten das Elend zerstreuen,

Wenn der natürliche Ton der Wirklichkeit wie tausend Donner
  widerhallt,
Mögen sie in die Klänge der Sechs Silben[25] verwandelt werden.
Dieweil ich schutzlos hier dem *Karma* zu folgen habe,
Flehe ich den Gnädig Barmherzigen an, mich zu beschützen;
Dieweil ich das Elend *Karmischer* Neigungen hier erleide,
Möge die Glückseligkeit Klaren Lichtes dämmern;
Mögen die Fünf Elemente[26] nicht als Feinde aufstehen,
Sondern ich die Reiche der Fünf Ordnungen[27] der Erleuchteten
  erblicken.«

Der XIV. Dalai Lama[28]

Logik der Liebe

Es bringt große Vorteile, wenn man über den Tod nachdenkt. [...]
Wenn Leiden erkannt wird, kann man seine Ursachen erforschen
und kann ihm vor allem begegnen, ja entgegentreten. Früher oder
später wird der Tod kommen. Wir wünschen ihn nicht, aber da
wir einmal unter den Einfluß verunreinigter Handlungen und
leidverursachender Emotionen geraten sind, wird er mit Be-
stimmtheit kommen. Wenn man von Anfang an über den Tod
nachdenkt und sich vollkommen darauf vorbereitet, kann solche
Vorbereitung in der Stunde des Todes wirklich helfen. Und das
ist der Sinn des Nachdenkens über den Tod.
[...] Wenn Sie nur an dieses eine Leben glauben und seine
Fortsetzung nicht annehmen, hat es kaum eine Bedeutung, ob Sie
sich über den Tod Gedanken machen oder nicht. Meditation über
Tod und Unbeständigkeit beruht auf der Theorie der Kontinuität
eines Bewußtseins in der Wiedergeburt. Wenn es ein anderes
Leben gibt – eine Kontinuität des Bewußtseins in der Wiedergeburt –, kann es nur hilfreich sein, sich auf den Tod vorzubereiten,
denn wenn wir vorbereitet sind, werden wir höchstwahrschein-
lich im Sterbeprozeß keine Angst empfinden oder in Schrecken
geraten und die Situation nicht durch eigene Gedanken kompli-
zieren.

Wenn es zukünftige Leben gibt, dann hängt die Qualität des nächsten Lebens von diesem Leben ab. Wenn Sie jetzt verantwortungsbewußt leben, wird sich das im nächsten Leben positiv auswirken. Ärger, Anhaften usw. verführen uns zu einem ungünstigen Lebensstil, und dies führt zu schädlichen Wirkungen in der Zukunft. Eine Ursache für die Erzeugung dieser unerwünschten Bewußtseinszustände ist die Vorstellung von Dauerhaftigkeit. Es gibt weitere Ursachen, wie etwa die Vorstellung, daß Objekte inhärente Existenz hätten. Wenn Sie aber jetzt in der Lage sind, die Vorstellung von Dauerhaftigkeit langsam aufzugeben, wird das Verhaftet-Sein in diesem Leben schwächer. Wenn Sie beständig der Unbeständigkeit gewahr sind – indem Sie erkennen, daß es die Natur der Dinge ist, ständig zu zerfallen –, werden Sie vermutlich durch den Tod keinen allzu großen Schock erleiden, wenn er dann tatsächlich da ist.

Um den Tod vollständig zu überwinden, muß man die eigenen leidverursachenden Emotionen völlig zum Schweigen bringen. Denn wenn die leidverursachenden Emotionen überwunden sind, hört Geburt auf, und damit endet auch der Tod. Dies zu verwirklichen, bedarf es großer Anstrengung, und um dieses Bemühen in sich zu entwickeln, hilft es, über Tod und Unbeständigkeit zu reflektieren. Besinnt man sich auf Tod und Unbeständigkeit, entsteht der Wunsch, diese zu vermeiden, und das veranlaßt einen, nach Methoden zu fragen, mit denen der Tod überwunden werden kann.

Nachdenken über Tod und Unbeständigkeit führt auch dazu, daß wir uns nicht mehr so ausschließlich mit oberflächlichen Dingen befassen, die sich nur um dieses Leben drehen. Der Tod kommt bestimmt. Wenn man sich sein ganzes Leben über nur für die zeitlichen Dinge dieses Lebens interessiert und sich nicht auf den Tod vorbereitet, dann wird man in der Todesstunde an nichts anderes denken können als an das eigene geistige Leiden und die Furcht und wird keinerlei andere Übung anwenden können. Dies kann ein Gefühl des Bedauerns auslösen. Hat man jedoch oft über Tod und Unbeständigkeit nachgedacht, weiß man, daß der Tod kommt, und bereitet sich allmählich und gelassen darauf vor. Kommt dann der Tod wirklich, wird es leichter sein. Aber dennoch habe ich gelegentlich von Menschen, die im Krankenhaus arbeiten, gehört, daß Menschen, die sich überhaupt nicht um ein zukünftiges Leben gekümmert haben, manchmal leichter sterben als religiöse Menschen, die sich um ihr nächstes Leben sorgen. Da die Bewußtseinsverfassung zum Zeitpunkt des Sterbens unmittelbare Auswirkungen auf die Kontinuität im nächsten Leben hat, ist es wichtig, jene Bewußtseinsverfassung in Todesnähe durch geistige Praxis zu prägen. Während des gesamten Lebens hat sich viel Gutes und Schlechtes ereignet. Was aber kurz vor dem Tod passiert, hat eine ganz besonders große Kraft bei der Prägung des künftigen Bewußtseins. Deshalb ist es ganz wichtig, den Sterbeprozeß zu studieren und sich darauf vorzubereiten.

Im Bodhisattva-Fahrzeug, und hier besonders im Mantra- (oder Tantra-)Fahrzeug, gibt es Erörterungen, die jene drei Körper eines Buddha im Wirkungsstadium – den [universal-transzendenten] Wahrheits-Körper, den [subtilen] Seligkeits-Körper und den [materiellen] Emanationskörper – mit den drei Prozessen in Verbindung bringen, die wir im Normalstadium durchlaufen – Tod, Zwischenzustand und Wiedergeburt. Dabei werden drei Methoden angegeben, durch die man diese gewöhnlichen Faktoren, die als solche den Faktoren der Erleuchtung entsprechen, nutzbar machen kann. In diesen Erörterungen, die ausschließlich im Höchsten Yoga-Tantra angestellt werden, heißt es auch, daß die Kenntnis des Sterbeprozesses von größter Bedeutung ist.

Anleitungen für die Vorbereitung auf das Sterben findet man im Buddhismus sowohl in den Sūtras als auch in den Tantras, und in den Tantras wiederum in allen vier Klassen: dem Tantra der [kultischen] Handlung, dem Tantra der Vollzugspraxis, dem Yoga-Tantra und dem Höchsten Yoga-Tantra. Was ist das Wesen oder die Natur des Todes? Er ist das Ende oder das Aufhören des Lebens. In Vasubandhus *Schatzhaus der Erkenntnis (Abhidharmakosa, Chos mngon pa'i mdzod)* heißt es, daß Leben die Grundlage für Wärme und Bewußtsein sei, während der Tod das Ende dieser Funktion bedeute. Das heißt also: Wir sind lebendig, wenn dieser zeitliche, grobstoffliche Körper mit dem Bewußtsein verbunden ist. Trennen sich beide, ist das der Tod. Man muß zwischen grobstofflichem, subtilem feinstofflichen und äußerst subtilem Körper und Bewußtsein unterscheiden. Der Tod ist die Trennung des Bewußtseins von dem grobstofflichen Körper. Das äußerst subtile Bewußtsein kann sich aber nicht von der äußerst subtilen Ebene des Körperlichen trennen, denn letztere ist nichts anderes als die innere Energie [oft als »Wind« bezeichnet], die Träger dieses Bewußtseins ist.

Es werden verschiedene Umstände des Todes beschrieben. Einer ist, daß man stirbt, wenn die Lebenszeit abgelaufen ist, ein anderer, daß man stirbt, wenn die [als Seinskraft wirkende] positive Bewußtseinsformung verbraucht ist, und ein dritter, daß man durch einen Unfall stirbt. Das letzte wäre der Fall, wenn man etwa trinkt, trunken wird, ein Auto steuert und sich selbst auf der Autobahn tötet.

In Todesnähe gibt es vage Anzeichen dafür, welche Wiedergeburt man annehmen wird. Das Erkennungsmerkmal ist die Art und Weise, wie sich die Wärme im Körper sammelt. Bei einigen Menschen beginnt der Prozeß der Wärmeverdichtung oder des Wärmeverlustes in den oberen Körperpartien. Bei anderen beginnt dieser Prozeß in den unteren Körperpartien. Es ist weniger vorteilhaft, wenn sich die Wärme von oben nach unten bewegt, und es ist ein gutes Zeichen, wenn sie von unten nach oben aufsteigt.

Manche Menschen sterben friedvoll. Andere sterben unter Schrecken. Sterbende nehmen verschiedene angenehme und unangenehme Erscheinungen wahr.

Mesopotamische Religionen

»Die mesopotamische Religion unterscheidet sich grundsätzlich von den heutigen großen Weltreligionen, nicht nur in der geläufigen Unterscheidung von Mono- und Polytheismus, sondern auch im Fehlen eines Religionsstifters und von heiligen Schriften, die die wesentlichen Glaubensinhalte festlegen. Religion wurzelte nicht in einer Lehre, sondern in dem Staunen des vorgeschichtlichen Menschen über das scheinbar Übernatürliche in der Welt und in dem Bewußtsein der eigenen Machtlosigkeit.«[1]

Wie in vielen antiken Religionen waren die Vorstellungen der Sumerer (der Akkader, Assyrer) und der Babylonier über die Unterwelt auf geographische Orte bezogen: *kur* ist etwa das feindliche Bergland, *edin* die wüstenhafte Steppe, und die entsprechenden Götter werden als »Herren der Steppe« bezeichnet. Den Kosmos dachte man sich, wie in anderen Religionen auch, dreigeteilt in Himmel, Erde und Unterwelt, die »untere Erde« oder »Land ohne Rückkehr« genannt wurde. Es sollte jenseits der syrischen Wüste liegen und im Gegensatz zur tags sichtbaren Erde auch bei Nacht von der Sonne erhellt sein. Es gab eine soziale, an der Oberwelt orientierte Hierarchie der Toten, deren Seelen sich die Sumerer schattenhaft und geflügelt wie die Vögel vorstellten.

Der Kosmos wurde von drei Astralgottheiten bestimmt: von Nanna-Suen (Mond), Utu (Sonne) und von Inanna, der Göttin des Venussterns, der Liebe und des Krieges; sie herrschte über Leben und Tod. Einer der bekanntesten und detailreichsten mesopotamischen Mythen ist der von Inannas Gang in die Unterwelt[2]. Der Mythos um Inanna beginnt mit einer Liebesgeschichte: Inanna, die Göttin der Oberwelt und Schutzgöttin der Stadt Erechs (Ur), vermählt sich mit dem Hirten Dumuzi, der so zum Herrn der Stadt wird. Als Inanna beschließt, auch die Göttin der Unterwelt zu werden, muß sie ihre ältere Schwester Ereschkigal, die dort herrscht, verdrängen. Es gelingt ihr, durch die sieben Tore in die Unterwelt einzudringen, aber bei jedem Tor verliert sie Schmuck und Kleider, die Symbole ihrer Macht. So erscheint sie entmachtet und nackt vor der Göttin der Unterwelt, die sie tötet. Durch ihre Abwesenheit verdorrt die Natur in der Oberwelt. Daher greift Enlil, der sumerische Hauptgott, ein und schickt zwei Boten mit der Speise und dem Wasser des Lebens in die Unterwelt und mit dem Auftrag, Inanna wiederzubeleben, was ihnen durch List gelingt. Inanna darf die Unterwelt aber nur gegen die Zusage verlassen, ein göttliches Wesen als Ersatz zu entsenden. Bei der Wiederkehr zur Erde erhält sie ihren Schmuck und ihre Kleider wieder; dazu wird sie von einer Schar Dämonen geleitet. Als sie schließlich nach Erech zurückgekehrt ist, entdeckt sie empört, daß Dumuzi nicht trauert, sondern als Regent ihren Thron eingenommen hat. Sie übergibt ihn den Dämonen, die ihn mit in die Unterwelt nehmen. Ereschkigal aber erbarmt sich Dumuzis und bestimmt, daß er nur jeweils ein halbes Jahr in der Unterwelt zu verbleiben hat, während der zweiten Jahreshälfte soll er von seiner Schwester Geschtinanna vertreten werden. Diese Konfrontation mit dem Tod, der zwangsläufig auf jede Schöpfung und jeden Zeugungsakt folgt, ist eine der Grunderfahrungen der menschlichen Existenz, die hier im Mythos gestaltet wird. Er ist von großem Einfluß auf die Mysterien der hellenistischen Zeit und insbesondere auf die Demeter-Mysterien. Ein weiterer bekannter sumerischer Mythos erzählt von der Himmelsreise Etanas, des ersten Königs nach der Sintflut, der die Dynastie von Kisch[3] begründete.

Das in mehreren Sprachfassungen, zum Teil nur bruchstückhaft überlieferte *Gilgamesch*-Epos beschreibt auf elf Tafeln (mit einem späteren Annex) Leben und Schicksal einer möglicherweise historischen Gestalt aus dem 3. Jahrtausend v.Chr. Auf den Tafeln 9 bis 11 befindet sich eine ausführliche Schilderung der Reise, die Gilgamesch in die Unterwelt unternimmt, um seinen verstorbenen Freund Enkidu von dort zurückzuholen. Nach langer Irrfahrt erreicht Gilgamesch den Eingang zur Unterwelt, dort trifft er auf den Fährmann Urschanabi, der ihn über das »Wasser des

Todes« zur Insel der Seligen bringen soll, auf der der weise Utnapischtim lebt. Dieser will ihm das Geheimnis der Unsterblichkeit
verraten, unter der Bedingung, daß er, Gilgamesch, drei Nächte
wachbleibe. Gilgamesch besteht die Prüfung nicht, Utnapischtim
kann ihm das Geheimnis der Unsterblichkeit nicht enthüllen.
Doch er erzählt ihm, daß sich im Meer ein Gewächs befinde, das
Unsterblichkeit verleihe (ähnlich dem Soma in den Veden). Gilgamesch bringt das Gewächs ans Land. Doch eine Schlange frißt es
auf. Unverrichteter Dinge kehrt Gilgamesch in die Stadt Uruk zurück. Am Schluß steigt Enkidus Geist aus dem Grab auf und be-
schwört ihn, sich dem irdischen Los zu unterwerfen. Der Mythos
von Gilgamesch verweist letztlich auf die Grenzen des Menschen,
dem es nicht möglich ist, Unsterblichkeit zu erlangen.

Gilgamesch-Epos[4]

Neunte Tafel

Gilgamesch – um Enkidu, seinen Freund,
Weint er bitterlich, läuft herum in der Steppe:
»Werd ich nicht, sterbe ich, ebenso sein wie Enkidu?
Harm hielt Einzug in meinem Gemüte,
Todesfurcht überkam mich, nun lauf ich herum in der Steppe;
Zu Utnapischtim hin, dem Sohn Ubara-Tutus[5],
Hab den Weg ich genommen, zieh eilig dahin.
Zu den Pässen des Berges gelangt' ich des Nachts.
Löwen sah ich und fürchtete mich,
Hob empor mein Haupt, betend zu Sin[6],
An die Größte unter den Göttern ergeht mein Flehn:
‚[...] laß heil mich bleiben in dieser Gefahr!‹«
Nachts schlief er ein; von einem Traum schreckt' er auf:
Ein [...], er freute sich des Lebens.
Er nahm eine Axt an seine Seite,
Zog das Schwert aus seinem Gürtel.
Unter sie stürzte er wie ein Pfeil,
Hieb auf sie drein und zerstreute sie.
[32 Verse fehlen]

[Gilgamesch kommt zu einem Berg:]
Des Berges Benennung ist Māschu[7].
Sowie er zum Berge Māschu gelangt war: –
Die täglich Auszug und Einzug bewachen,
Über die nur die Himmelshalde hinwegragt,
Denen unten die Brust an den Höllengrund stößt –
Skorpionmenschen[8] halten am Bergtor Wacht,
Deren Furchtbarkeit ungeheuer ist, deren Anblick Tod ist,
Deren großer Schreckensglanz Berge überhüllt,
Die beim Auszug und Einzug der Sonne die Sonne bewachen –
Da Gilgamesch diese sah, überdeckte er mit Furchtbarkeit und
    Schreckensglanz sein Angesicht.
Er faßte sich und neigte sich vor ihnen.
Der Skorpionmensch ruft seinem Weibe zu:
»Der zu uns da gekommen – sein Leib ist Götterfleisch!«
Das Weib des Skorpionmenschen antwortet ihm:
»Zwei Teile sind Gott an ihm – Mensch ist sein dritter Teil!«
Der Skorpionmensch, das Mannsbild, ruft,
Zum Sprößling der Götter sagt er die Worte:
»Weshalb zogst du so fernen Weges,
Kamst du hierher, bis vor mich hin,
Quertest du mühsam zu querende Ströme?
Gerne wüßt' ich, worum es dir geht.«
[28 Verse fehlen]
[Gilgamesch antwortet:]
»Um Utnapischtims, meines Ahnen willen […]!
Der trat in die Götterschar, bekam geschenkt das Leben –
Nach Tod und Leben will ich ihn fragen!«
Der Skorpionmensch tat den Mund auf
Und sprach zu Gilgamesch:
»Nicht gab es, Gilgamesch, Menschen, die's konnten!
Des Berges Inneres hat niemand durchschritten,
Auf zwölf Doppelstunden ist finster sein Inneres!
Dicht ist die Finsternis, kein Licht ist da!
Zum Sonnenaufgang lenkt sich der Weg,
Zum Sonnenuntergang […]
[69 Verse fehlen]
Unter Klagen […]
In Nässe und Sonnenglut […]

Unter Seufzen - [...]
Jetzt [...]«
Der Skorpionmensch tat den Mund auf,
Zu Gilgamesch sprach er die Worte
»Zieh hin, Gilgamesch, fürchte dich nicht!
Die Berge von Māschu geb ich dir frei,
Die Berge, die Gebirge durchschreite getrost!
Heil mögen heim deine Füße dich bringen!«
[1 Vers fehlt]
Kaum hatte Gilgamesch dies vernommen,
Als des Skorpionmenschen Wort er befolgte,
Auf dem Wege des Schamasch[9] trat er ins Bergtor ein.
Als er eine Doppelstunde weit gedrungen:
Dicht ist die Finsternis, kein Licht ist da,
Nicht ist ihm vergönnt zu sehen, was hinten liegt.
[...]
Als er sieben Doppelstunden weit gedrungen:
Dicht ist die Finsternis, kein Licht ist da,
Nicht ist ihm vergönnt zu sehen, was hinten liegt.
Als er acht Doppelstunden weit gedrungen, schreit er auf:
Dicht ist die Finsternis, kein Licht ist da,
Nicht ist ihm vergönnt zu sehen, was hinten liegt.
Als er neun Doppelstunden weit gedrungen, spürt er den
     Nordwind,
[...] es lächelt sein Antlitz.
Dicht ist die Finsternis, kein Licht ist da,
Nicht ist ihm vergönnt zu sehen, was hinten liegt.
Als er zehn Doppelstunden weit gedrungen,
Da ist nahe der Ausgang [...]
[1 Vers fehlt]
Als er elf Doppelstundenweit gedrungen, kommt er heraus vor
     Sonnenaufgang.
Als er zwölf Doppelstunden weit gedrungen, herrscht die Helle.
Er strebt, die Edelsteinbäume zu sehen:
Der Karneol, er trägt seine Frucht,
Eine Traube hängt dran, zum Anschauen geputzt.
Der Lasurstein trägt Laubwerk,
Auch trägt er Frucht, lustig anzusehn.
[...]

Zehnte Tafel

Der Schenkin Siduri[10], die da wohnt in des Meeres Abgeschie-
    denheit,
Sie wohnt und [...]
Hat man gemacht einen Krug, gemacht einen goldenen Maisch-
    bottich,
Mit Hüllen ist sie umhüllt [...]
Gilgamesch ward umhergetrieben und kam daher.
Mit einem Felle ist er bekleidet [...],
Götterfleisch hat er [...],
Harm ist da in seinem Gemüte,
Einem Wanderer ferner Wege gleicht sein Antlitz.
Die Schenkin schaut in die Ferne aus,
Mit ihrem Herzen sich beredend, sagte sie die Worte,
Ja, mit sich selber ging sie zu Rate:
»Vielleicht ist dieser ein Mörder [...]
Irgendwohin geht er [...]!«
Da die Schenkin ihn gesehen, riegelte sie die Türe zu,
Ihr Tor riegelte sie zu, riegelte zu den Riegel.
Er aber, Gilgamesch, hatte acht auf ihre Stimme,
Hob empor sein Kinn, richtete den Blick auf sie;
Gilgamesch sprach zu ihr, zur Schenkin:
»Schenkin, was sahst du, daß deine Türe du verriegeltest?
Dein Tor verriegeltest, verriegeltest den Riegel?
Die Türe zerschlag ich, zerbreche den Riegel!«
[...]
Gilgamesch sprach zu ihr, zur Schenkin:
»Ich packte den Stier, der vom Himmel herabkam, erschlug ihn;
Ich habe den Wächter des Forstes erschlagen,
Chumbaba[11] umgebracht, der im Zedernwald wohnt,
In den Pässen der Berge Löwen getötet.«
Die Schenkin sprach zu ihm, zu Gilgamesch:
»Wenn du Gilgamesch bist, so den Wächter erschlagen,
Chumbaba umgebracht, der im Zedernwald wohnt,
In den Pässen der Berge Löwen getötet,
Gepackt und erschlagen den Stier, der vom Himmel herabkam –
Warum sind denn abgezehrt deine Wangen, gebeugt dein
    Antlitz,

Ist unfroh dein Herz, verlebt deine Züge,
Ist Harm in deinem Gemüte da,
Gleicht einem Wanderer ferner Wege dein Antlitz,
Ist von Nässe und Sonnenglut dein Antlitz versengt,
[...] und läufst in die Steppe?«
Gilgamesch sprach zu ihr, zur Schenkin:
»Mein Freund, den ich über die Maßen liebte,
Der mit mir durch alle Beschwernisse zog;
Enkidu, den ich über die Maßen liebte,
Der mit mir durch alle Beschwernisse zog –
Er ging dahin zur Bestimmung der Menschheit.
Um ihn hab ich Tag und Nacht geweint,
Ich gab nicht zu, daß man ihn begrübe –
Ob mein Freund nicht doch aufstünde von meinem Geschrei –
Sechs Tage und sieben Nächte,
Bis daß der Wurm sein Gesicht befiel.
Seit er dahin ist, fand ich das Leben nicht,
Strich umher wie ein Räuber inmitten der Steppe.
Nun, Schenkin, hab ich dein Antlitz erblickt –
Möchte ich den Tod, den ich so fürchte, nicht ersehen!«
Die Schenkin sprach zu ihm, zu Gilgamesch:
»Gilgamesch, wohin läufst du?
Das Leben, das du suchst, wirst du sicher nicht finden!
Als die Götter die Menschheit erschufen,
Teilten den Tod sie der Menschheit zu,
Nahmen das Leben für sich in die Hand.
Du, Gilgamesch – dein Bauch sei voll,
Ergötzen magst du dich Tag und Nacht!
Feiere täglich ein Freudenfest!
Tanz und spiel bei Tag und Nacht!
Deine Kleidung sei rein, gewaschen dein Haupt,
Mit Wasser sollst du gebadet sein!
Schau den Kleinen an deiner Hand,
Die Gattin freu' sich auf deinem Schoß!
Solcher Art ist das Werk der Menschen!«
[einige Verse fehlen]
Gilgamesch sprach zu ihr, zur Schenkin:
»Nun, Schenkin, wie ist der Weg zu Utnapischtim?
Was ist sein Merkmal? Gib mir, ja gib mir sein Merkmal!

Wenn's möglich ist, will ich das Meer überqueren,
Wenn's unmöglich ist, durch die Steppe laufen!«
[...]
Die Schenkin sprach zu ihm, zu Gilgamesch:
»Nicht gab es, Gilgamesch, je eine Übergangsstelle,
Und niemand, der seit vergangenen Zeiten herkommt, geht
    übers Meer.
Meerüberschreiter ist nur Schamasch, der Held;
Wer geht außer Schamasch hinüber?
Mühe schafft der Übergangsort, mühselig ist der Weg dahin,
Und dazwischen liegt das Gewässer des Todes, das
    unzugänglich ist!
Irgendwo einmal, Gilgamesch, überschrittest du das Meer.
Kommst du aber zum Wasser des Todes – was willst du tun?
Gilgamesch, da ist Urschanabi, Utnapischtims Schiffer!
Dem gehören die Steinernen[12]; drinnen im Walde sammelt er
    Warane.
Geh hin, daß er dein Angesicht schaue!
Wenn's möglich ist, fahr über mit ihm,
Wenn's nicht möglich ist, weiche hinter dich!«
[...]
Gilgamesch riß sich die Kleidung vom Leibe,
Mit den Händen befestigt' er sie am Mast [...]
Utnapischtim schaut in die Ferne aus,
Mit seinem Herzen sich beredend, sagt er die Worte,
Ja, mit sich selber geht er zu Rate:
»Weshalb sind des Schiffes Steinerne zerschlagen,
Und fährt wer im Schiff, der kein Recht darauf hat?
Der da gekommen, der Mensch, ist doch keiner der Meinen?
[3 Verse fehlen]
Was begehrt wohl sein Herz von mir?«
[20 Verse fehlen]
Utnapischtim sprach zu ihm, zu Gilgamesch:
»Warum sind abgezehrt deine Wangen, gebeugt dein Antlitz,
Ist unfroh dein Herz, verlebt deine Züge,
Ist Harm in deinem Gemüte da,
Gleicht einem Wanderer ferner Wege dein Antlitz,
Ist von Nässe und Sonnenglut dein Antlitz versengt,
[...] und läufst in die Steppe?«

Gilgamesch sprach zu ihm, zu Utnapischtim:
»Utnapischtim, sollen meine Wangen nicht abgezehrt sein, nicht
    gebeugt mein Antlitz?
Nicht unfroh mein Herz sein, nicht verlebt meine Züge,
[...]
Enkidu, mein Freund, der flüchtige Maulesel, der Wildesel des
    Gebirges, der Panther der Steppe!
Nachdem wir, alles gemeinsam verrichtend, den Berg erstiegen,
Die Stadt [...] einnahmen, den Himmelsstier töteten,
[...]
Enkidu, mein Freund, den ich liebte, ist zu Erde geworden!
Werd ich nicht auch wie er mich betten
Und nicht aufstehn in der Dauer der Ewigkeit?«
Gilgamesch sprach zu ihm, zu Utnapischtim:
»Auf daß ich käme zu Utnapischtim,
Den sie den Fernen nennen, sehen möge –
Durchirrte ich wandernd all die Lande,
Überschritt ich viele beschwerliche Berge,
Fuhr ich hin über alle die Meere,
Erlabte sich mein Antlitz nicht an süßem Schlummer,
Kränkte ich durch Nicht-Schlafen mich selber,
Erfüllte ich meine Adern mit Harm; doch was gewann ich zum
    Leben?
Da zum Haus der Schenkin ich noch nicht gelangt war,
War meine Kleidung schon abgenützt.
Ich tötete Bär, Hyäne, Löwe, Panther, Tiger,
Hirsch, Steinbock, das Wild und der Steppe Getier;
Ich aß ihr Fleisch, zog an ihre Felle.
Verriegeln möge man endlich das Tor zur Wehklage;
Mit Pech und Asphalt soll man es verschließen!
Weil mich mit Freudenspiel nicht [...],
Reißt mich Armen ab [...]«
Utnapischtim sprach zu ihm, zu Gilgamesch:
»Warum, Gilgamesch, vermehrst du die Klage,
Der du aus Fleisch der Götter und Menschen herrlich gestaltet
    bist,
Der wie dein Vater und deine Mutter [...] tat?
Wurdest du irgendwann, Gilgamesch, einem Tölpel [...]?
Einen Thron in der Versammlung stellen sie hin, [...]

Dem Tölpel jedoch wurde Biersatz statt Butter gegeben,
Kleie und altes Mehl, das wie [...] ist.
Angetan ist er nur mit einer Leibbinde statt [...]
Und ihn statt eines Gürtels [...]
Weil er nicht [...] hat [...],
Ein Wort des Rates nicht annimmt [...]
Kümmere dich um ihn, Gilgamesch, [...]
[3 Verse fehlen]
Eine Mondfinsternis [...]
Wach sind die Götter [...]
Sind ruhelos bemüht [...]
Seit jeher ist vorhanden [...]
Du bemüh dich und [...]!
Deine Hilfe gewähre [...]
[5 Verse fehlen]
[...] nahmen sie zu seinem Schicksal.
Du wurdest nun schlaflos, doch was hattest du davon?
Da du nicht schläfst, seufzt du [...]
Deine Adern füllst du mit Harm [...]
Deine Tage, die schon ferngerückt waren, bringst du dir wieder
    heran.
Die Menschen, deren Nachkommen wie Rohr abgeknickt sind,
Den guten Mann, das gute Mädchen
[...] nimmt weg der Tod.
Möchte da etwa jemand den Tod sehen, jemand des Todes
    Angesicht,
Jemand des Todes Ruf hören?
Und doch ist es der grimme Tod, der die Menschen abknickt!
Irgendwann errichten wir ein Haus!
Irgendwann siegeln wir ein Testament!
Irgendwann teilen die Brüder!
Irgendwann herrscht Haß im Lande!
Irgendwann führte das Hochwasser des angeschwollenen
    Flusses (etwas) davon,
Libellen treiben flußab!
Ein Antlitz, das in die Sonne sehen könnte,
Gibt es seit jeher nicht.
Der Verschleppte und der Tote, wie gleichen sie einander!
Das Bild des Todes zeichnen sie nicht!

Ja, du Mensch, Mann! Seit Enlil[13] segnete,
Sind die Anunnaki[14], die großen Götter, versammelt,
Mammetum[15], des Schicksals Erzeugerin,
Bestimmt mit ihnen die Schicksale
Sie haben Tod oder Leben zugeteilt,
Des Todes Tage aber nicht bekannt gemacht.«

Elfte Tafel

Gilgamesch sprach zu ihm, zum fernen Utnapischtim:
»Schau ich auf dich, Utnapischtim,
So sind deine Maße nicht anders – wie ich bist du,
Ja, du bist nicht anders – wie ich bist du!
Mein Herz ist ganz darauf gerichtet, mit dir zu kämpfen,
Und doch ist mein Arm untätig gegen dich!
Daher sage mir: wie tratst du in die Schar der Götter und gingst
    dem Leben nach?«
Utnapischtim sprach zu ihm, zu Gilgamesch:
»Ein Verborgenes, Gilgamesch, will ich dir eröffnen,
Und der Götter Geheimnis will ich dir sagen.
Schuruppak[16] – eine Stadt, die du kennst,
Die am Ufer des Euphrat liegt –,
Diese Stadt war schon alt, und die Götter waren ihr nah.
Eine Sintflut zu machen, entbrannte das Herz den großen
    Göttern.
Den Eid leistete ihr Vater Anu[17],
Enlil, der Held, der sie berät,
Ihr Minister Ninurta[18], ihr Deichgraf Ennugi[19].
Ninschiku-Ea[20] hatte mit ihnen geschworen;
Ihre Rede jedoch gab er einem Rohrhaus wieder:
‚Rohrhaus, Rohrhaus! Wand, Wand!
Rohrhaus, höre, Wand, begreife!
Mann von Schuruppak, Sohn Ubara-Tutus!
Reiß ab das Haus, erbau ein Schiff,
Laß fahren Reichtum, dem Leben jag nach!
Besitz gib auf, dafür erhalt das Leben!
Heb hinein allerlei beseelten Samen ins Schiff!‘
[…]

Da hat Enlil das Schiff bestiegen,
Meine Hand gefaßt, mich einsteigen lassen,
Lassen einsteigen, knien mein Weib neben mir,
Hat berührt unsre Stirn, zwischen uns stehend, uns segnend:
»Ein Menschenkind war zuvor Utnapischtim;
Uns Göttern gleiche fortan Utnapischtim und sein Weib!
Wohnen soll Utnapischtim fern an der Ströme Mündung!‹
Da nahmen sie mich und ließen mich fern an der Ströme
    Mündung wohnen. –
Wer aber wird nun zu dir die Götter versammeln,
Daß du findest das Leben, welches du suchst?
Auf, begib des Schlafs dich sechs Tage und sieben Nächte !
Als er sich nun zu Boden gesetzt –
Wie ein Nebel haucht der Schlaf ihn an.
Utnapischtim sprach zu ihr, zu seiner Gattin:
»Sieh den Mann, der Leben verlangte!
Wie ein Nebel haucht der Schlaf ihn an!«
Seine Gattin sprach zu ihm, zu Utnapischtim:
»Faß ihn an, daß der Mensch erwache!
Den Weg, den er kam, kehr' er in Frieden,
Durchs Tor, da er auszog, kehr' er zur Heimat!«
Utnapischtim sprach zu ihr, zu seiner Gattin:
»Trügerisch sind die Menschen; er wird auch dich betrügen!
Auf, back ihm Brote, leg sie ihm zu Häupten,
Und die Tage, die er schlief, vermerk an der Wand!«
Sie buk ihm Brote, legte sie ihm zu Häupten,
Und die Tage, die er schlief, bezeichnet' sie ihm an der Wand.
Sein Brot ist ganz trocken, sein erstes,
Das zweite kaum genießbar, das dritte noch feucht,
Das vierte ward weiß – sein Röstbrot!
Leicht grau geworden ist das fünfte, das sechste schon gar
    gebacken,
Das siebente – gleichzeitig rührt' er ihn an,
Da erwachte der Mensch.
Gilgamesch sprach zu ihm, zum fernen Utnapischtim:
»Sowie der Schlaf auf mich niederquoll,
Hast du alsbald mich angerührt und mich aufgestört!«
Utnapischtim sprach zu ihm, zu Gilgamesch:
»Auf, zähle, Gilgamesch, zähl deine Brote!

Was auf der Wand eingezeichnet ist, möge dir kund werden!
Dein Brot ist ganz trocken, dein erstes,
Das zweite kaum noch genießbar, das dritte noch feucht,
Das vierte ward weiß – dein Röstbrot,
Leicht grau geworden ist das fünfte, das sechste schon gar
    gebacken,
Das siebente – gleichzeitig wachtest du auf!«
Gilgamesch sprach zu ihm, zu Utnapischtim:
»Ach, wie soll ich handeln, wo soll ich hingehn?
Da der Raffer das Innere mir schon gepackt hat!
In meinem Schlafgemach sitzt der Tod,
Selbst wenn ich den Fuß an einen Ort des Lebens setzen will:
    auch da ist der Tod!«
Utnapischtim sprach zu ihm, zum Schiffer Urschanabi:
»Urschanabi, der Landeplatz mißachte dich,
Die Übergangsstelle verschmähe dich!
Der du einhergingst an seiner Küste,
Entbehre nun seiner Küste!
Der Mensch, den du hergeführt –
Von Schmutz ist befangen sein Leib,
Die Schönheit seiner Glieder haben Felle entstellt.
Nimm ihn, Urschanabi, bring ihn zum Waschort,
Daß er wasche mit Wasser seinen Schmutz – wie Schnee!
Seine Felle werf' er ab, daß das Meer sie entführe!
Sein schöner Leib werde überspült!
Seines Hauptes Binde werde erneuert!
Ein Gewand zieh' er an, das seiner Würde gemäß ist!
Bis daß er kommt zu seiner Stadt,
Bis er gelangt auf seinen Weg,
Werde nicht grau sein Gewand, neu bleib' es, neu!«
Es nahm ihn Urschanabi, bracht' ihn zum Waschort,
Er wusch mit Wasser seinen Schmutz – wie Schnee!
Seine Felle warf er ab, daß das Meer sie entführte,
Sein schöner Leib wurde überspült.
Seines Hauptes Binde wurde erneuert,
Ein Gewand zog er an, das seiner Würde gemäß war.
Bis daß er komme zu seiner Stadt,
Bis daß er gelange auf seinen Weg,
Sollt' es nicht grau werden, neu sollt' es bleiben, neu!

Gilgamesch und Urschanabi stiegen ins Schiff,
Das Schiff setzten sie ein, und sie fuhren dahin.
Seine Gattin sprach zu ihm, zum fernen Utnapischtim:
»Gilgamesch kam, hat sich abgemüht, abgeschleppt –
Was solltest du ihm geben, daß er kehrt in die Heimat?«
Er aber, Gilgamesch, hob die Schiffsstange,
Brachte das Schiff ans Ufer heran.
Utnapischtim sprach zu ihm, zu Gilgamesch:
»Du, Gilgamesch, kamst, hast dich abgemüht, abgeschleppt –
Was soll ich dir geben, daß du kehrst in die Heimat?
Ein Verborgenes, Gilgamesch, will ich dir enthüllen,
Und ein Unbekanntes will ich dir sagen:
Es ist ein Gewächs, dem Stechdorn ähnlich,
Wie die Rose sticht dich sein Dorn in die Hand.
Wenn dies Gewächs deine Hände erlangen,
Findest du das Leben!«
Kaum hatte Gilgamesch dieses gehört, grub er einen Schacht.
Da band er schwere Steine an die Füße,
Und als zum Apsū[21] sie ihn niederzogen,
Da nahm er's Gewächs, ob's auch stach in die Hand,
Schnitt ab von den Füßen die schweren Steine,
Daß ihn die Flut ans Ufer warf.
Gilgamesch sprach zu ihm, zum Schiffer Urschanabi:
»Urschanabi, dies Gewächs ist das Gewächs gegen die Unruhe,
Durch welches der Mensch sein Leben erlangt!
Ich will's bringen nach Uruk-Gart, es dort zu essen geben und dadurch das
Gewächs erproben!
Sein Name ist ›Jung wird der Mensch als Greis‹;
Ich will davon essen, daß mir wiederkehre die Jugend.« –
Nach zwanzig Doppelstunden nahmen sie einen Imbiß ein,
Nach dreißig Doppelstunden schickten sie sich zur Abendrast.
Da Gilgamesch einen Brunnen sah, dessen Wasser kalt war,
Stieg er hinunter, sich mit dem Wasser zu waschen.
Eine Schlange roch den Duft des Gewächses.
Verstohlen kam sie herauf und nahm das Gewächs;
Bei ihrer Rückkehr warf sie die Haut ab!
Zu der Frist setzte Gilgamesch weinend sich nieder,
Über sein Antlitz flossen die Tränen:

»Ach, rate mir doch, Schiffer Urschanabi!
Für wen, Urschanabi, mühten sich meine Arme?
Für wen verströmt mein Herzblut?
Nicht schafft' ich Gutes mir selbst –
Für den Erdlöwen wirkte ich Gutes!
Jetzt steigt zwanzig Doppelstunden weit die Flut,
Und ich ließ, als den Schacht ich grub, das Werkzeug fallen!
Welches könnte ich finden, das an meine Seite ich legte?
Wäre ich doch zurückgewichen und hätte das Schiff am Ufer
    gelassen!«
Nach zwanzig Doppelstunden nahmen sie einen Imbiß ein,
Nach dreißig Doppelstunden schickten sie sich zur Abendrast.
Als sie hinein nach Uruk-Gart[22] kamen,
Sprach Gilgamesch zu ihm, zum Schiffer Urschanabi:
»Steig einmal, Urschanabi, auf die Mauer von Uruk, geh fürbaß,
Prüfe die Gründung, besieh das Ziegelwerk,
Ob ihr Ziegelwerk nicht aus Backsteinen ist,
Ihren Grund nicht legten die sieben Weisen!
Ein Sar[23] die Stadt, ein Sar die Palmgärten,
Ein Sar die Flußniederung, dazu der heilige Bereich des
    Ischtartempels[24]:
Drei Sar und den heiligen Bereich von Uruk umschließt sie!«

Zoroastrismus – Mithraismus

Auf dem Gebiet des heutigen Iran hat der Prophet Zoroaster (Zarathustra, nach neueren Forschungen um 1000 v. Chr. datiert) eine monotheistische Religion begründet, die seinen Namen erhielt: Zoroastrismus (Zarathustrismus, auch: Mazdaismus oder Parsismus). Die dualistisch geprägte Religion nimmt einen Schöpfergott, Ahura Mazda, an, der für die rechte Ordnung der Welt sorgt. Ihm steht gegenüber ein zerstörerisches Prinzip, aus dem das Böse, Unheil und Tod entspringen, verkörpert durch Ahriman. Sowohl die kosmischen Geschehnisse als auch das Schicksal des Menschen werden bestimmt durch das Aufeinanderprallen dieser Gegensätze. Die grundlegende zoroastrische Religionsreform ist die Aufforderung an den Menschen zur imitatio dei: Der Mensch soll dem Beispiel Ahura Mazdas folgen, er soll das Gute denken, sprechen und handeln. In der Entscheidung darüber aber ist der Mensch frei und keineswegs einer übergeordneten Macht untergeordnet (anders als die Gläubigen Varuṇas, Jahwes oder Allahs). Ahura Mazda, der die Welt durch das Denken, in einer creatio ex nihilo erschaffen hat, ebenfalls »durch das Denken als den Ersten und Letzten erkannt zu haben«, als Anfang und Ende hat Zarathustra als seine eigentliche Aufgabe angesehen. Ursprünglich nicht dualistisch im strengen Sinn, lehrt der Zoroastrismus, daß sowohl das Heilige als auch das Böse uranfänglich aus Ahura Mazda hervorgegangen sind, der zwar wußte, welche Macht das Böse erlangen kann, gleichwohl dem Menschen die Freiheit geben wollte, sich zwischen den Gegensätzen zu entscheiden. Die Existenz des Bösen ist geradezu Voraussetzung für die Freiheit des Menschen. Daran, daß die bösen Geister vernichtet werden und das Gute siegen wird, besteht für Zarathustra allerdings kein Zweifel. Der ethische Grundgedanke der Religion besagt, daß der Mensch durch gutes Denken, Reden und Handeln imstande ist, das Böse zu besiegen. Die heilige Schrift des Zoroastrismus ist das *Avestā* (»Die Aufforderung [des Zarathustra]«). Seinen Abschluß findet das *Avestā* mit dem großen religionsgesetzlichen Text des *Vendidad* (*Vidēv-dāt* »Gesetz gegen die Dämonen«). Hier werden unter anderem Kenntnisse über Dämonologie und Aberglauben sowie Vorstellungen über das Jenseits und das Kommen des künftigen Erlösers (*Saošyant*) vermittelt. Das *Bundahishn* (»Schöpfung«) aus dem 9. Jahrhundert enthält eine Schöpfungslehre, priesterliche Kultanweisungen und eine Schilderung des Jüngsten Gerichts. Nach den *Gāthās*[1], den 17 Hymnen des Zarathustra, »wird das Ende der Welt gekennzeichnet sein durch die Reinigung im Feuer und durch die Verklärung des Lebens [...]. Ein Feuerstrom wird die Gerechten von den Bösen trennen. Die Toten werden wieder auferstehen in unzerstörbaren Körpern nach einem Opfer, das der Erlöser dargebracht hat. Aus dem in einem See des Orients aufbewahrten Samen des Zarathustra wird der Erlöser geboren werden. [...] Das individuelle Seelengericht ist ein sehr altes Motiv, doch die Einzelheiten treten erst in dem jüngeren *Avestā* [...] deutlich hervor. Drei Tage nach der Loslösung vom Körper erreichen die Seelen die Tschinvatbrücke, wo ihnen die Verwirklichung der guten Religion erscheinen wird in der Gestalt ihrer Daena [der Personifikation des zoroastrischen Religionskonzepts], einer fünfzehnjährigen Jungfrau für die guten Mazdaisten, und einer entsetzlichen Megäre für die Bösen. Nach dem Urteilsspruch der beiden Mithragötter[2] Sraosha und Rashnu gehen die guten Anhänger der Religion über die Brücke, die Bösen dagegen werden in die Hölle hinabgeworfen, und die ›Lauen‹, jene, die weder gut noch böse gewesen sind, kommen ins Fegefeuer Hamestagan. [...] Die Seele steigt in drei Etappen zum Himmel empor: Da gibt es die Sterne, die dem ›guten Denken‹ (*humata*) entsprechen, den Mond, der den guten Worten (*hukhta*) entspricht, und die Sonne, die dem ›guten Wirken‹ (*hvašta*) entspricht, bis die Seele zuletzt in das Königreich des unsterblichen Lichts (*Anagra raosha*) eingeht.«[3] Der Zoroastrismus ist zu verstehen als eine neue religiöse, spirituelle Botschaft, die Erkenntnis und Weisheit, die Bedeutung der Wissenschaft und die Wahrheit über Gut und Böse verkündet.

Der Mithra-(Mithras-)Kult stammt aus dem Gebiet des Iran und erstreckte sich sowohl nach Indien als auch nach Westen. Bis 1000 v. Chr. wurde der Gott Mithras (altindisch: Mitra) als Gott des Rechts und der Ordnung verehrt, dann durch den Zoroastrismus zurückgedrängt und später wieder anerkannt. Im Mittelpunkt dieses Mysterienkults stand die Tötung eines Stiers. Im römischen Reich erlangte Mithras als mit der Sonne verbundener Erlösergott große Bedeutung. Seit dem 2. Jahrhundert n. Chr. gab es hier zahlreiche unterirdische Kultstätten (Mithräen). Schriftliche Quelle zum Mithraskult ist die sogenannte Mithrasliturgie, die unter ägyptischen Zauberpapyri aufgefunden wurde. Sie stellt eine Reise des Novizen zum Mittelpunkt des Universums und schließlich zum Gott Mithras dar. Unterwegs begegnet er dem Sonnengott Helios und wird von ihm »neu gezeugt«. Zum Schluß sieht er »herabkommen Gott, übergewaltig, mit leuchtendem Antlitz, jung, mit goldenem Haupthaar, in weißem Gewand [...], haltend in der rechten Hand eines Rindes goldene Schulter, die da ist das Bärengestirn (Großer Bär), das bewegt und zurückwendet den Himmel [...]« Bei der Begrüßung des Gottes wird dessen Eigenschaft als Pantheos sehr deutlich: »Herr, sei gegrüßt, Herrscher des Wassers, sei gegrüßt, Begründer der Erde, sei gegrüßt, Gewalthaber des Geistes. Herr, wiedergeboren verscheide ich [...]; und da ich erhöht bin, sterbe ich [...] und gehe den Weg, wie du gestiftet hast [...] und geschaffen hast das Sakrament.«[4] Das Initiationsritual des Mithraskultes wird meistens durch drei Bilder dargestellt, die sich entweder direkt neben oder unter dem Hauptaltarbild befinden. Das erste zeigt, wie der Novize von Mithras mit einem ähnlichen Objekt wie einer Rinderschulter auf den Kopf geschlagen wird (der Tod). In der zweiten Szene gibt der Novize, »ausstaffiert wie ein Sonnengott«, dem Mithras die Hand (die Wiedergeburt). Auf dem dritten Bild wird der Novize von Mithras im Sonnenwagen inthronisiert. Dann feiert der Novize ein heiliges Mahl mit Mithras (»Mystengeburtstag«). Ähnlich wie im Isis- und Osiriskult begeht auch hier der als Sonnengott wiedergeborene Novize Heilige Hochzeit (Hierogamie) mit der Mondgöttin.

Avestā
Vendīdād[5]

Tod und Bestattung

»Schöpfer! Wohin sollen wir den Körper der toten Menschen tragen, Ahura Mazda, wo niederlegen?« Darauf sprach Ahura Mazda: »Auf die höchsten Stellen, Spitama Zarathustra, daß ihn am ehesten die aasfressenden Hunde oder aasfressenden Vögel gewahren. Dort sollen die Mazdaanbeter den Toten befestigen an seinen Füßen und seinem Haar mittelst Eisen oder Stein oder Rohr, auf daß nicht die aasfressenden Hunde oder aasfressenden Vögel von seinen Knochen welche zu Gewässern oder Pflanzen verschleppen.«

»Schöpfer! Wenn sie ihn nicht befestigen und dann die aasfressenden Hunde oder aasfressenden Vögel von seinen Knochen welche zu Gewässern und Pflanzen verschleppen, was ist die Strafe dafür?« Darauf sprach Ahura Mazda: »Man soll dafür dem Verdammten zweihundert Geißelhiebe mit der Pferdepeitsche, zweihundert mit der Zuchtrute geben.«

»Schöpfer! Wohin sollen wir die Knochen der toten Menschen tragen, Ahura Mazda, wo sie niederlegen?« Darauf sprach Ahura Mazda: »Man soll alsdann für sie ein erhöhtes Grab machen, höher als ein Hund, höher als ein Fuchs, höher als ein Wolf reicht, in das es nicht hineinregnet und höher als das Regenwasser steigt. Wenn die Mazdaanbeter es können, auf Stein oder Mörtel oder auf […]. Wenn die Mazdaanbeter es nicht können, so soll man sie auf ihre eigene Decke und ihr eigenes Kissen unter dem Himmelslicht angesichts der Sonne auf die Erde niederlegen.«

Hā dōkht Nask[6]

Die Seele nach dem Tod

Es fragte Zarathustra den Ahura Mazda: »Ahura Mazda, heiligster Geist, Schöpfer der körperlichen Wesen, Rechtgläubiger! Wenn ein Rechtgläubiger stirbt, wo verweilt während dieser Nacht seine Seele?«

Darauf sprach Ahura Mazda: »Nahe bei seinem Haupte sitzt sie ruhig, indem sie die Gāthā Ushtavaiti[7] aufsagt und sich Glück wünscht [...]. Während dieser Nacht sieht die Seele ebenso viele Freude wie in der ganzen Zeit des Lebens.«

»Wo weilt während der zweiten Nacht seine Seele?« Darauf sprach Ahura Mazda: »In der Nähe usw.«

»Wo weilt während der dritten Nacht seine Seele?« Darauf sprach Ahura Mazda: In der Nähe usw.

Im Ausgang der dritten Nacht, wenn der Morgen graut, glaubt die Seele des rechtgläubigen Mannes unter Bäumen zu sein, und sie glaubt Wohlgerüche zu unterscheiden. Ein Wind scheint sie anzuwehen von der südlichen Seite, von den südlichen Seiten, ein duftender, duftiger als die anderen Winde.

Und die Seele des rechtgläubigen Mannes meint diesen Wind mit der Nase einzuziehen: »Woher weht dieser Wind, der wohlriechendste, den ich jemals mit der Nase gerochen habe?«

Im Nahen dieses Windes erscheint ihm sein eigenes religiöses Gewissen in Gestalt eines schönen Mädchens, eines vornehmen, mit weißen Armen, eines kräftigen, mit schönem Antlitz, eines freudig erregten, hochbusigen, von edlem Leib, eines hochgeborenen aus reicher Familie, eines fünfzehnjährigen von Antlitz, am Körper von so großer Schönheit wie die Schönsten der Geschöpfe.

Und die Seele des rechtgläubigen Mannes redet sie fragend an: »Was für ein Mädchen bist du, die ich von allen Mädchen an Körper als die Schönste gesehen habe?«

Darauf gibt sein religiöses Gewissen zur Antwort: »Ich bin ja, o Jüngling von gutem Denken, gutem Reden, gutem Handeln, gutem Gewissen, dein eigenes persönliches Gewissen.« »Und wer hat dich geliebt in dieser Hoheit, Güte, Schönheit, Duftigkeit und siegreichen, Anfechtungen überwindenden Kraft, wie du mir da erscheinst?«

»Du hast mich geliebt, o Jüngling von gutem Denken, gutem Reden, gutem Handeln, gutem Gewissen in dieser Hoheit, Güte, Schönheit, Duftigkeit und siegreichen, Anfechtungen überwindenden Kraft, wie ich dir da erscheine. Wenn du einen anderen sahest, der Brandstiftung beging, und … und Bäume fällte, da pflegtest du stillzusitzen, die Gāthās aufsagend, die guten Wasser und das Feuer des Ahura Mazda verehrend und dem rechtgläubigen Mann, der von nah und fern kam, eine Freude machend.

Und da ich schon beliebt war, hast du mich noch beliebter gemacht, da ich schön war, hast du mich noch schöner gemacht, da ich geehrt war, hast du mich noch geehrter gemacht, da ich auf dem vorderen Platz saß, hast du mich auf den allervordersten Platz gesetzt.« (Ahura spricht:) »Hier sind deine guten Gedanken, hier deine guten Reden, hier deine guten Werke. Und hernach werden die Menschen mich, den Ahura Mazda, den lange Verehrten, um Rat Befragten, anbeten.«

Die Seele des rechtgläubigen Mannes tut den ersten Schritt und setzt ihren Fuß auf den guten Gedanken[8]; die Seele des rechtgläubigen Mannes tut den zweiten Schritt und setzt ihren Fuß auf die gute Rede; die Seele des rechtgläubigen Mannes tut den dritten Schritt und setzt ihren Fuß auf das gute Werk; die Seele des rechtgläubigen Mannes tut den vierten Schritt und setzt ihren Fuß in die anfangslosen Lichter[9].

Und ein früher verstorbener Rechtgläubiger redet ihn fragend an: »Wie bist du, Rechtgläubiger, verstorben, wie schiedest du, Rechtgläubiger, ab von den viehreichen Wohnsitzen, von den […], aus dem körperlichen Leben zu dem geistigen Leben, aus dem leidvollen Leben zu dem leidlosen Leben? Ist es dir lange gut ergangen?«

Darauf spricht Ahura Mazda: »Frage ihn nicht, denn du fragst, nach dem grausigen, elendigen Scheideweg, den er zurückgelegt hat, nach der Trennung von Leib und Bewußtsein.

Bringet ihm Speisen von der Frühlingsbutter; das ist für den Jüngling mit guten Gedanken, guten Worten, guten Werken, gutem Gewissen die Speise nach dem Tode, dies für eine Frau, die mehr gute Gedanken, mehr gute Worte, mehr gute Werke hat, für eine Züchtige, die dem Herrn untertan ist, eine Rechtgläubige, die Speise nach dem Tod!«

Es fragte Zarathustra: Wenn ein Falschgläubiger verendet, wo verweilt während dieser Nacht seine Seele?

Darauf sprach Ahura Mazda: »Dicht an seinem Schädel rennt sie da umher, o rechtgläubiger Zarathustra, indem sie die mit kām nemē[10] beginnende Gāthāstelle aufsagt. Während dieser Nacht sieht die Seele ebenso viele Traurigkeit wie in der ganzen Zeit des Lebens [...]

Im Ausgang der dritten Nacht, o rechtgläubiger Zarathustra, wann der Morgen graut, glaubt die Seele des falschgläubigen Mannes in einer Wüstenei zu sein und sie meint, Gestänker zu unterscheiden. Ein Wind scheint sie anzuwehen von der nördlichen Seite, von den nördlichen Seiten, ein stinkiger, stinkender als andere Winde.«

Und die Seele des falschgläubigen Mannes meint diesen Wind mit der Nase einzuziehen: »Woher weht dieser Wind, der stinkigste, den ich jemals mit der Nase gerochen habe?« [...] Die Seele des falschgläubigen Mannes tut den vierten Schritt und setzt ihren Fuß in die anfanglose Finsternis[11]. Und ein früher verendeter Falschgläubiger redet ihn fragend an: »Wie schiedest du Falschgläubiger ab von den viehreichen Wohnsitzen, von den ..., aus dem körperlichen Leben zu dem geistigen Leben, aus dem leidvollen Leben zu dem leidlosen Leben? Ist es dir lange schlecht ergangen?«

(Es spricht Ahriman): »Frage ihn nicht, den du fragst, nach dem grausigen elendigen Scheideweg, den er zurückgelegt hat, nach der Trennung von Leib und Bewußtsein.

Bringet ihm Speisen von Gift und Giftgestank; das ist für den Jüngling mit schlechten Gedanken, schlechten Worten, schlechten Werken, schlechtem Gewissen die Speise nach dem Verenden, das für ein Weibsbild, das mehr schlechte Gedanken, mehr schlechte Worte, mehr schlechte Werke hat, für eine unzüchtige, dem Herrn nicht untertan Falschgläubige, die Speise nach dem Tode.«

Avestā
Vendidād[12]

Wo sind die Werke

»Schöpfer! Wo sind die Werke[13], wohin gelangen die Werke, wo
verbleiben die Werke, wo werden die Werke zurückerstattet, die
der Mensch im körperlichen Leben für das Heil seiner Seele lei-
sten soll?«

Und es sprach Ahura Mazda: »Nachdem der Mensch gestorben
ist, nachdem des Menschen Zeit abgelaufen ist, schneiden hernach die falschen, bösen Devs[14] seinen Lebensfaden ab[15]. Wann
in der dritten Nacht der Morgen graut und die leuchtende Morgenröte aufgeht und der Mithra[16] mit den schönen Waffen über
den Bergen heraufkommt, auf denen die wahre Glückseligkeit
wohnt und die herrliche Sonne aufgeht, da führt der Dev namens
Vizaresha[17], o Spitama[18] Zarathustra, die Seele der falschgläubigen Devverehrer, der kurzlebigen Menschen, gebunden fort. Sie
geht den in der Urzeit gemachten Weg, der sowohl für den Falschgläubigen wie für den Rechtgläubigen ist, zur Richterbrücke, der
von Mazda gemachten, und sie fordern von dem Bewußtsein und
der Seele Rechenschaft über das Leben und Tun der Wesen in der
körperlichen Welt.«

Die schöne, wohlgeformte, tapfere Maid[19] mit schönem Antlitz
kommt mit einem Hund[20], mit einem Brusttuch und einer Krone
geschmückt, mit scharfen Sinnen und mit Anstand. (Sie schleppt
die böse Seele der Falschgläubigen in die Finsternis). Sie führt
die Seelen der Rechtgläubigen über die hohe Harā[21], sie hält sie
über der Brücke des Richters (daß sie nicht in den Höllenabgrund
stürzen), auf dem Steg der himmlischen Heiligen.

Es erhebt sich Vohu manō[22] von seinem goldenen Sitz. Es spricht
Vohu manō: »Wie bist du hierher gekommen, du Rechtgläubiger,
aus dem leidvollen Leben zu dem leidlosen Leben?« Für gut befunden gehen die Seelen der Rechtgläubigen weiter zu den goldenen Thronen des Ahura Mazda und der unsterblichen Heiligen,
zum Paradies, der Wohnung des Ahura Mazda, der Wohnung der
unsterblichen Heiligen, der Wohnung der anderen Rechtgläubigen. Rein befunden wird der Rechtgläubige nach dem Tod. Die

falschgläubigen, bösen Devs fürchten seinen Geruch wie ein Schaf, das die Witterung eines Wolfes bekommt, sich vor dem Wolf fürchtet.« –

Yasht[23]

Die letzten Dinge

Die gewaltige, königliche Glorie verehren wir, die auf den »Sieghaft« unter den künftigen Heilanden und die anderen Freunde übergehen wird, daß er die Welt vollkommen mache, nicht alternd noch sterbend, nicht verwesend noch verfaulend, ewig lebend, ewig gedeihend, frei; wann die Toten wieder auferstehen werden und den (noch) Lebenden die Unsterblichkeit zuteil wird und die Welt das tut, was nach seinem Willen vollkommen ist.

Die lebenden Wesen werden unsterblich, die das Lob des rechten Glaubens haben. Die Lüge wird dorthin wieder verschwinden, von wannen sie gekommen war, um den Rechtgläubigen zu verderben, ihn selbst und seinen Samen und seinen Anhang. Es wird verkommen die Böse, und es wird verschwinden das böse Oberhaupt (Ahriman).

Wann Asvatereta[24] hervorgehen wird aus dem Gewässer Kāsava, der Gehilfe des Ahura Mazda, der Sohn der Vīspataurvari, die sieghafte Waffe schwingend, die der tapfere Thraetaona[25] trug, als der Drache Dahāka erschlagen wurde; die der Turanier Franrasyan[26] trug, als der falschgläubige Zainigāu[27] erschlagen wurde; die König Haosravan[28] trug, als der Turanier Franrasyan erschlagen wurde; die König Vishtāspa[29] trug, als er die Feinde des rechten Glaubens strafen wollte. Damit wird er dann die Druj[30] vertreiben weg von den Kreaturen des rechten Glaubens.

Er wird mit den Augen der Weisheit blicken, auf alle Geschöpfe wird er schauen [...]. Er wird auf die ganze leibliche Welt mit den Augen des Segens schauen, und sein Blick wird unsterblich machen die ganze leibliche Wesenheit.

Die Freunde dieses sieghaften Asvatereta treten auf, die Gutes denken, Gutes reden, Gutes tun, ein gutes Gewissen haben und niemals falsch reden mit ihrer Zunge. Vor ihnen wird Aeshma[31] entweichen mit blutiger Keule, der Verblendete. Asha[32] wird die böse Druj überwinden, die aus schlechtem Samen, die aus Finsternis bestehende.

Akem manō[33] wird überwunden, Vohu manō überwindet sie. Die falschgesprochene Rede wird überwunden, die wahrgesprochene Rede überwindet sie. Es werden Haurvāt[34] und Ameretāt[35] beides, den Hunger und Durst, überwinden, Haurvāt und Ameretāt werden den bösen Hunger und Durst überwinden. Machtlos wird der Übeltäter Ahriman entweichen. –

Ägyptische Religion

Vor fünftausend Jahren entfaltete sich im Niltal eine der reichsten Kulturen und Religionen, entstanden in engem Zusammenhang mit dem pharaonischen Staatsgebilde. Religion, Staat und Gesellschaft wurden durchdrungen von der Vorstellung einer alles beherrschenden wahren und gerechten Ordnung (Ma'at), die sowohl im Diesseits als auch im Jenseits gelten sollte. Die Ma'at ist der fundamentale Begriff der altägyptischen Gesellschaft, auf ihr beruhen die Weisheit des Menschen ebenso wie die Würde des Staates: »Sage die Ma'at, tue die Ma'at, / denn sie ist groß und gewaltig; / sie ist beständig, ihre Macht ist bewährt, / sie allein geleitet zur Grabversorgtheit.«[1] Als Inkarnation der Ma'at gilt der Pharao. Das Ziel der Rituale ist die Aufrechterhaltung der Stabilität der Urschöpfung.

In der altägyptischen Kultur ist der Tod allgegenwärtig; Leben, so dachte man, werde aus dem Tod geboren. Daher war gerade für den Pharao der Tod Ausgangspunkt seiner Himmelsreise und seiner Immortalität. Der Aufenthaltsort der Toten wurde entweder unter der Erde oder im Himmel angenommen, im Gefilde der Sterne, zu denen die Seele gelangen könne, um Anteil an der Ewigkeit zu erringen. Der Himmel galt als Muttergöttin, der Tod war die neue Geburt, die Wiedergeburt in der Sternenwelt. Ursprünglich stellte man sich eine Einheit von Himmel und Erde vor, in der Gestalt des Luftgottes Schu, der, auf der Erde stehend, die Himmelsgöttin emporhebt. Als Himmel konnte, neben der Vorstellung eines ›Binsengefildes‹ oder ›Opfergefildes‹, aber auch der Sargraum oder der Sarg gedeutet werden.

Zahlreich sind die ägyptischen Texte, die sich mit der Ober- und der Unterwelt, dem Leben nach dem Tod, der Frage nach der Unsterblichkeit befassen. Traditionell galt Osiris als König über Ägypten. Sein Bruder Seth hatte ihm eine Falle gestellt und ihn getötet. Doch seiner Gattin Isis, einer großen Zauberin, war es gelungen, sich vom toten Osiris befruchten zu lassen. Daraufhin brachte sie Horus zur Welt. Seth riß ein Auge des Horus aus. Doch Horus gelang es, sein Auge wieder an sich zu nehmen und seinem Vater Osiris zu geben, der dadurch sein Leben wiedererhielt. Horus steigt danach ins Totenreich hinab und verkündet dort die Botschaft der Wiedergeburt. So wird der Tod als eine Art Überhöhung oder Umwandlung des diesseitigen Lebens verstanden. Der Tod stellt den Übergang dar aus dem Bereich des Unbedeutenden in den Bereich des Bedeutenden.

Die ägyptischen Totentexte sind in drei Kategorien überliefert: Die Pyramidentexte sprechen fast ausschließlich von den Vorstellungen über das Schicksal des Pharaos nach dem Tod. Die Sargtexte bestehen aus Sprüchen, die auf die Innenwände der Särge hoher Beamter geschrieben waren. Mit dem Beginn des Neuen Reichs (um 2050 v. Chr.) wurden den Verstorbenen Totenpapyri ins Grab gelegt. Aus ihnen entstand das sogenannte Totenbuch, das dem Verstorbenen mitgegeben wurde, um ihm den Weg ins Jenseits zu weisen. Das Totenbuch ist Ausdruck einer gewissen Demokratisierung des postmortalen Lebens und der Totenrituale, zu einer Zeit, als dem Pharao Schwäche und Unmoral vorgeworfen wurde.

Die Seele wurde in dreifacher Form, unter drei unterschiedlich gewichteten Aspekten gedacht: Der Verstorbene mußte danach streben, den unvergänglichen Teil seiner Seele, »Kā«, die Quelle der Lebenskraft, Garant der Kontinuität, an sich zu binden. Sie ist der soziale Teil des Selbst und vereinigt den einzelnen mit seinen Ahnen und der Gesellschaft. Der »Ach« (Lichtgeist) ist die Verklärungsseele eines Verstorbenen, die erst nach dessen Tod entsteht. Im Unterschied zum Kā ist er nicht ortsgebunden und kann auf die Welt der Lebenden einwirken. Nach dem Tod hat sich die Seele des Verstorbenen, genauer seine Körperseele »Bā«, vor einem Totengericht zu verantworten. Dieses Jenseitsgericht, dem sich jeder Verstorbene zu stellen hatte, entschied darüber, ob er ewig mit den Göttern leben konnte oder für immer ausgelöscht wurde. Zu Beginn des Totengerichts begibt sich der

Verstorbene in die Halle der Vollständigen Wahrheit, um dort vor den Totenrichtern Rechenschaft abzulegen. Nachdem er eine kurze Begrüßungsformel gesprochen hat, beginnt der Verstorbene einen Monolog darüber, welche schlechten Taten er nicht begangen habe, und liefert ein negatives (Sünden-)Bekenntnis ab. Der Reihe nach wendet er sich an die 42 Richter, die jeder einen Bezirk in Ägypten vertreten und für die Beurteilung einer spezifischen Sünde zuständig sind. (Von der 18. Dynastie an, ab 1550 v. Chr., leitet Osiris das Totengericht.) Der Verstorbene hat seine Beichte also gewissermaßen vor der Öffentlichkeit des Landes abzulegen. Am Schluß der Gerichtsverhandlung wird das Herz des Verstorbenen gegen eine Feder der Ma'at, der Göttin der Gerechtigkeit und Ordnung, gewogen. Senkt sich die Schale zuungunsten des Toten, so wird er einem schrecklichen Wesen,»der Fresserin« als personifiziertem Höllenrachen, übergeben, halten die Schalen aber das Gleichgewicht, so ist der Verstorbene gerettet und kann sein jenseitiges Leben beginnen.

Pyramidentexte

Der Fährmann

Mögest du in Frieden erwachen, Rückwärtsgesicht in Frieden, Hintersichschauer in Frieden, Himmelsfährmann in Frieden, Nutfährmann[2] in Frieden, Götterfährmann in Frieden!
Ich bin zu dir gekommen, daß du mich in deiner Fähre da, in der du die Götter übersetzt, übersetzt. Ich bin zu meiner Seite gekommen, wie der Gott zu seiner Seite kommt; ich bin zu meiner Schläfe gekommen, wie der Gott zu seiner Schläfe kommt.
Kein Lebender steht als Ankläger gegen mich, kein Toter steht als Ankläger gegen mich, keine Gans geht als Ankläger gegen mich, kein Stier steht als Ankläger gegen mich.
Wenn du aber mich nicht übersetzt, daß ich vorwärtskomme, dann setze ich mich auf die Schwinge des Thot[3]. Der, der setzt mich zu jener Seite über.[4]

Spruch am Himmelstor[5]

Du hohes, das niemand streifen kann, Außentor des Himmels.
Ich bin Schu[6], der aus Atum[7] hervorging.
O Nun[8], laß dieses mir geöffnet werden! Siehe, ich komme, indem
ich seelisch und göttlich bin.

Der Tote als Gefährte des Morgensterns[9]

Ich bin eine Seele, die zwischen euch, ihr Götter, vorbeigeht, die
den Kanal befahrbar macht und den Kanal mit Wasser füllt; und
das Binsengefilde ist überschwemmt und das Opfergefilde ist voll
Wassers.
Man geht ja zu jenen vier Jünglingen hin, die auf der Ostseite des
Himmels stehen: sie binden das Floß für Rē zusammen, auf dem
er zu seinem Lichtland geht, sie binden auch mir das Floß zusammen, auf dem ich zum Lichtland, zu Rē gehe.
Du morgendlicher Gott, Horus der Dat[10], göttlicher Falke, grün-
licher (Vogel), den der Himmel gebar, Gruß dir, mit deinen vier
gnädigen Gesichtern da, die sehen, was in Kenset[11] ist, und das
Unwetter vertreiben, so daß Ruhe herrscht; mögest du mir deine
beiden Finger da, die du der Schönen, der Tochter des großen
Gottes, gabst bei der Trennung des Himmels von der Erde, als
auch die Götter zum Himmel emporstiegen, geben.
Du bist seelisch und erscheinst vorn in dieser deiner Barke von
770 Ellen, die dir die Götter von Pe[12] zusammenbanden, die dir
die östlichen Götter verschnürten. Laß mich mit dir gehen auf
der Wanderung deiner Barke; ich bin der Sohn des Chepre[13], geboren in der Scheide, unter den Haarbüscheln der Jusas[14], der
nördlich von Heliopolis, die aus dem Scheitel des Geb[15] hervorging. Ich bin dies, was zwischen den Beinen des »Herrn der beiden Augen«[16] ist, in jener Nacht des Brotglättens, an jenem Tag
des Abschneidens der Köpfe der Buntschlangen[17].
Mögest du dir deinen Dreißigerspieß in die Hand nehmen ... und
deinen Schaft, der die Ströme beherrscht – seine Widerhaken
sind die Pfeilstrahlen der Sonne, seine Knochenspitzen die Kral-
len der Mafdet[18] – und schneide mir damit die Köpfe der Widersacher, die im Opfergefilde sind, ab!

104

Sargtexte

Spruch für das Gelangen zu Orion[19]

Ich strebe dahin, wo Orion aufsteigt. Ich treffe Orion auf dem Wege stehend, das Szepter in seiner Hand. Ich erhebe das Szepter, ich empfange es und bin mit ihm göttlich.
Er gibt mir das Szepter, das in seiner Hand ist. Da spricht er: »Komm zu mir, mein Sohn, komm zu mir, mein Sohn [...] Deine Stellung sei gemäß deiner zukommenden Stellung: Du bist mein Sohn, der Herr meines Hauses.«

Der Tote erscheint als zauberreicher Gott[20]

Schreien kommt aus dem Mund der Großen, der Herren der Schlachtopfer, und Verwunderung aus dem Mund der Bekleideten auf die Donnerstimme des Lichtlandbewohners, wenn sie ihn, der Schrecken in ihre Gesichter bringt, gesehen haben, wie sie ähnliches noch nie vorher gesehen, wenn sie diesen N N[21], den Westbewohner, gesehen haben, wie er auf den schönen Wegen des Westens schreitet in seiner Gestalt eines göttlichen Verklärten, nachdem er sich mit jeder Geisterkraft versehen hat, wie es die Großen an der Spitze des Lichtlandes schildern:
»Da kommt doch ein verjüngter Gott [...], der heute aus dem Lebensland kam, nachdem er seinen Schmutz vertrieben und seinen Leib mit Zauber gefüllt hat[22], nachdem er damit seinen Durst hat vergehen lassen und seine Großen wie Vögel hingestreckt hat«, so sagen sie zu ihm.

Wunsch nach der Wandelbarkeit der Gestalt[23]

Ein Opfer, das der König gibt, ... und Osiris, daß N N[24] in sein Haus eintrete[25], daß er seine Sprößlinge nachzähle, daß er geschlechtliche Lust ausübe und Zuneigung empfange zusammen mit denen auf Erden ewiglich, daß er alle Verwandlungen mache, die er wünscht, daß ihm die Alterswürde des ehrwürdigen Gottes, der in seinem Ei ist[26], zuteil werde, daß er Luft atme am Tage der großen Gestaltung.

Totenklage aus einem ramessidischen Grab[27]

Wie traurig ist doch das Hinabsteigen in das Land der Stille! Der Wachsame ist im Schlaf und der des Nachts nicht schlief, er liegt alle Tage regungslos da.

Die Tadler sagen: »Das Haus der Westlandsbewohner, es ist tief und dunkel, keine Tür, kein Fenster ist daran, kein Licht zur Erleuchtung, kein Nordwind das Herz zu erquicken. Dort geht die Sonne nicht auf, sondern sie liegen alle Tage im Dunkel da.«

Der Hüter ist dahingerafft zum Lande der Unendlichkeit, dem Gebiet der Ewigkeit.

Abgeschieden sind die im Westland, und elend ist ihr Dasein. Man zögert, zu ihnen hinzugehen! Einer kann nicht von seinem [Ergehen] erzählen, sondern er ruht an seinem einen Platze ewiglich in Finsternis.

Ägyptisches Totenbuch[28]

Vom Heraustreten der Seele in das Tageslicht

Ich bin das Heute.
Ich bin das Gestern.
Ich bin das Morgen.
Meine wiederholten Geburten durchschreitend
Bleibe ich kraftvoll und jung;
Ich bin dem Geheimnis verwobene göttliche Seele,
Die einstmals, in frühester Zeit,
Die Göttergeschlechter erschuf
Und deren verborgenes Wesen ernähret
Im Himmel, im Duat[29], in Amenti[30] die Götter.
Rechtsmäßig des Ostens Steuerruder,
Der beiden Göttergesichter Gebieter bin ich.

Meine Strahlen erleuchten jedes auferstandene Wesen,
Das im finsteren Reiche der Toten
Durch verschiedene Wandlungen schreitet
Und suchet mühsam den Weg,
Tappend im Dunklen.
Ihr, Geister mit Geiergesichtern,
Die auf den Stangen hoch oben ihr hockt,
Starr glotzend das Auge,
Aufmerksam höret die magischen Sprüche
Von jenen skandiert, die meine irdische Hülle
Zum verborgenen Wohnsitz im Westen begleiten.
Und ihr, o Götter, vor Ra[31] herschreitend,
Und all ihr anderen seines Gefolgs,
Die ihr mit ihm aufsteigt zur Höhe des Himmels,
Während Ra selbst, der Gebieter des Tempels,
Aufrecht stehend im göttlichen Boot,
Durch seiner Strahlen Licht das Leben erweckt,
Das Keimen bewirkt und das Reifen der Früchte,
Ihr alle, erfahret:
Ra bin ich, wahrlich!
Er dagegen, der Gott, bin ich!
Ich war es, der aus Kristall den Ptah-Himmel[32] formte!
Höre denn, Ra!
Dein Geist ist befriedigt, dein Herz findet Ruhe,
Wenn du des Tages hehre Ordnung betrachtest,
Wenn du zur schönen Stadt von Khemenu[33] gelangst,
Die durch die Pforte des Ostens dann du verläßt [...]
Die dir vorangehn, die Erstgebornen der Götter,
Schreiten entgegen nun dir und grüßen dich freudig.

Judentum

Das Bekenntnis zu dem einen Gott ist die Grundlage der jüdischen Religion (»Ich bin der Erste, und ich bin der Letzte, und außer mir ist kein Gott.« Jesaja 44,6). Die Welt wird als gute Schöpfung Gottes verstanden. Sie hat der Mensch »zu bebauen und bewahren« (Genesis 2,15). Indem er Gottes Gesetze befolgt, kann der Mensch ihm unmittelbar gegenübertreten. Grundlage des jüdischen Glaubens sind neben dem *Tanakh*, der hebräischen Bibel als heiliger Schrift, *Midrasch* (»Bibelauslegung«), *Mischna* (die Sammlung religionsgesetzlicher Überlieferungen) und *Talmud* (»Lehre, Studium [der Tora]«).

Im biblischen Verständnis stellt der Himmel das Reich Gottes über der Erde dar. Er war bis zum Ende der biblischen Zeit kein Ort der Belohnung. Das – verlorene und wiederzuerlangende – Paradies repräsentierte der Garten Eden. Die Sterblichkeit des Menschen, so nahm man im frühen Judentum an, ist die Folge der Ursünde, des Vergehens Adams, Gott gleich werden zu wollen. Aus Staub geboren, geht der Mensch zum Staub zurück, daher gilt ein langes Leben als hohes Gut, ebenso das Weiterleben in den Nachkommen, der Tod dagegen als Erniedrigung.

Vor der babylonischen Gefangenschaft (587–538 v. Chr.) gab es nur wenige Hinweise auf die Auferstehung der Toten. Die Wohnstätte der Toten (Sheol) galt als abschreckende Schattenwelt (so noch in den Psalmen und bei Hiob), und jede Verbindung zu Gott und den Lebenden war unterbunden. Der Tote war also jeder Beziehung zu Gott beraubt. Doch Jahwe ist stärker als der Tod: Er hätte die Macht, den Menschen dem Grab zu entreißen. Einige Psalmen spielen auf dieses Wunder an: »Meine Seele hast du geholt aus dem Sheol, du hast mich bewahrt, hinabzusteigen zur Grube.« (Psalm 30,4) »Ich werde nicht sterben, ich, ich lebe ..., geschlagen hat mich Jahwe, ja geschlagen, doch er gab mich dem Tode nicht preis.« (Psalm 118,17) Aber eine unio mystica der Seele mit dem Schöpfer ist für die Theologie des Alten Testaments unvorstellbar. In der nachbiblischen Epoche bezeichnet der Begriff Gehinnom (auch: Gehenna, Tal von Hinnom) den Ort für die Frevler nach dem Gericht am Ende der Zeiten. Grundsätzlich kontrovers wurde die Frage beantwortet, ob sich die Seele nach dem Tod des Menschen bei der Auferstehung mit dem Körper erneut vereinigt oder allein als unsterbliche ein ewiges Leben führt. Eine der frühesten Himmelsvisionen ist die des Propheten Ezechiel[1]. In Verbindung mit einem jenseitigen Ort der Rechtsprechung, der Strafe und der Erlösung entstanden später, in der Zeit des Hellenismus, beeinflußt durch die Begegnung mit vorderasiatischen Erlösungsreligionen, zahlreiche Endzeitvisionen, Apokalypsen, ›Offenbarungen‹, die das Jenseits detailliert und anschaulich beschreiben. Im Buch Daniel, einem der jüngsten Bücher des *Tanakh* (auf die Zeit vor 164 v. Chr. datiert), finden sich Hinweise auf ein »ewiges Leben« bei Gott: »Du wirst dich erheben zu deinem Lose am Ende der Tage.« (Daniel 12,13) Oder: »Viele, die unter der Erde schlafend liegen, werden aufwachen, die einen zum ewigen Leben, die andern zu ewiger Schmach und Schande.« (12,2). Die geschichtlichen Ereignisse spiegeln nicht mehr den unaufhörlichen Rhythmus des kosmischen Zyklus wider und sind nicht mehr von den Sternen abhängig (anders als in der babylonischen Astrologie); sie entwickeln sich nach dem Plan Gottes. In diesem im voraus erstellten Plan spielt Israel die zentrale Rolle.

Die Verfasser der Apokalypsen haben die Vorstellung der Weisheit, die im Himmel verborgen und dem Menschen unzugänglich ist, breit entfaltet. Das Bild des Allerhöchsten auf dem Thron des Gerichts taucht in den Büchern Esra und Daniel auf: Die Sünder sind »für den Glutofen der Gehenna« bestimmt, und die Tugendhaften werden im »Paradies der Seligkeit« belohnt. Als Folge des Gerichts wird das Übel für immer ausgelöscht und die Verderbnis überwunden sein, und überall wird sich die Wahrheit durchsetzen (4 Esra 6).

Unter den apokryphen Texten ragt die Henoch-Apokalypse (überliefert in drei Fassungen, die älteste aus dem 3. Jahrhundert

v. Chr.) in der Tradition der Merkavah-Mystik heraus. »Die Mystik des Throns oder des himmlischen Thronwagens (Merkavah) [...] stellt eine besondere Form visionärer Literatur dar, deren wesentliche Bestandteile schon gegen Ende des 2. Jahrhunderts v. Chr. sichtbar werden. Im allgemeinen wird die Merkavah am Ende einer Reise durch sieben von himmlischen Wesen bewohnte Paläste (Hekhalot) geschildert. Hier begegnen wir dann auch manchmal dem berühmten Engel Metatron, der kein anderer ist als die biblische in den Rang eines Engels erhobene Gestalt von Henoch (Genesis 5,18-14).«[2] In seinem ekstatischen Traum hatte Henoch den Herrn auf dem Thron sitzen und die versiegelten Bücher gesehen und war beim Gericht über die gefallenen Engel und die Abtrünnigen anwesend, die zum Sturz in einen Abgrund voll Feuer verurteilt wurden. Gershom Scholem sah die Merkavah-Mystik als jüdischen Zweig der Gnosis an.[3]

In der Kabbala (›Tradition‹, ›Überlieferung‹) dachte man die Seele als göttlichen Funken, der aus den Sefirot, den göttlichen Potenzen, in die Welt herabgekommen sei. Gottes Emanationen schufen eine Reihe von Himmeln, die Gegenstand von Visionen und Ziel von Himmelsreisen wurden. So ist die Kabbala auch auf die Merkavah-Mystik bezogen, dies bereits in dem frühen *Sefer Jezirah*, das als Grundlagenwerk der Kabbala angesehen werden kann. Im zentralen Werk der Kabbala, dem *Sohar*, wird die Frage der Seele, ihrer Weiterexistenz nach dem Tod ausgeführt. Insbesondere in der von Isaak Luria (1534–1572) begründeten Ausprägung der Kabbala spielt die Seelenwanderung (*gilgul*) eine wichtige Rolle. Er betont damit die Bedeutung des Menschen im Universum, da jede Seele ihre Individualität wiedererlangen kann. Die Seelenwanderung stellt ein Element bei der Wiederherstellung des Kosmos (*tikkun*) dar. Bestimmte religiöse Handlungen, wie Ritus, Buße, Gebet, Meditation, können die Dauer dieser Restitution verkürzen.

Toten- und Ahnenkult[4]

Als Rahel gestorben war, wurde sie auf dem Wege nach Ephrath (das ist Bethlehem) begraben, und Jakob errichtete auf ihrem

Grabe einen heiligen Stein. Das ist der heilige Stein des Rahel-grabes bis auf den heutigen Tag.[5]

Als Debora, die Amme der Rebekka, gestorben war, wurde sie unterhalb Bethels unter der Klageeiche begraben, und man nannte ihren Namen Klageeiche [...] . Da errichtete Jakob einen heiligen Stein, ein steinernes Mal, und goß eine Trankspende drüber aus (und schüttete Öl darüber aus).[6]

Sie waren eben noch unterwegs, als David die Kunde erreichte: Absalom hat alle königlichen Prinzen erschlagen und keiner von ihnen ist am Leben geblieben. Da stand der König auf, zerriß seine Kleider und legte sich auf den Boden, und all seine Hof-leute, die ihn umstanden, zerrissen sich die Kleider.[7]

Es erging das Wort Jahves an mich folgendermaßen: Menschen-sohn, siehe, ich nehme deiner Augen Lust (*seine Frau*) durch ge-waltsamen Tod von dir. Da sollst du nicht klagen noch weinen noch soll dir eine Träne fließen.
Seufze still, halte keine ›Totenklage‹, binde dir deinen Turban auf, ziehe deine Sandalen an deine Füße[8], verhülle deinen Lip-penbart nicht und iß kein ›Trauerbrot‹.[9]

Söhne seid ihr Jahves eures Gottes. Als solche dürft ihr euch um eines Toten willen nicht Hauteinritzungen machen noch euch zwischen den Augen kahlscheren.[10]

Als sie (Joseph und die Seinen) nach Goren ha-Atad, das jenseits des Jordans liegt, gekommen waren, veranstalteten sie eine große und sehr feierliche Totenklage, und er hielt seinem Vater eine siebentägige Trauerfeier.[11]

Weil ihr (Volksführer) sagt: einen Bund haben wir mit dem Tod geschlossen / und sind mit Scheol einen; / ›Vertrag‹ eingegangen; / die sausende Geißel wird, wenn sie daher fährt, uns nicht errei-chen, / denn wir haben Lüge zu unserer Zuflucht gemacht / und in Trug uns geborgen.[12]

Als am Tage nach Neumond der Platz Davids leer blieb, fragte Saul seinen Sohn Jonathan: Warum ist der Sohn Isais weder gestern noch heute zum Essen gekommen? Jonathan antwortete Saul: David hat sich von mir Urlaub erbeten nach Bethlehem, indem er sagte : gib mich doch frei; denn ein Geschlechtsopfer haben wir in der Vaterstadt, ›zu dem mich meine Verwandten geladen haben‹; habe ich nun in deinen Augen Gnade gefunden, so möge ich mich doch frei machen dürfen, um meine Verwandten zu besuchen. Darum ist er nicht zu des Königs Tisch gekommen.[13]

Als Saul das Lager der Philister erblickte, überkam ihn Angst und große Bestürzung, und Saul fragte Jahve an; aber Jahve antwortete ihm nicht weder durch Träume noch durch das Urimorakel[14] noch durch Prophetenspruch. Da sprach Saul zu seinen Knechten: sucht mir ein Weib, das über einen Totengeist Macht hat, daß ich zu ihr hingehe und sie befrage. Seine Knechte antworteten ihm: Siehe ein Weib, das über einen Totengeist Macht hat, gibt es zu Endor. Da machte sich Saul unkenntlich, indem er andere Kleider anzog, und begab sich in Begleitung von zwei Männern auf den Weg. Sie kamen nachts zu dem Weibe und er sprach: Wahrsage mir doch durch einen Totengeist und beschwöre mir den herauf, den ich dir nennen werde. Da sprach das Weib zu ihm: Aber du weißt doch wohl, was Saul getan hat, daß er die Totenbeschwörer und Wahrsager aus dem Lande ausgerottet hat. Warum willst du mir eine Falle legen, um mich zu töten? Aber Saul leistete ihr bei Jahve einen Schwur: So wahr Jahve lebt, dich soll in dieser Angelegenheit keine Schuld treffen. Da sprach das Weib: Wen soll ich dir heraufbeschwören? Er antwortete: Samuel beschwöre mir herauf. Aber als das Weib Samuels ansichtig wurde, schrie sie laut auf, und das Weib sprach zu Saul: Warum hast du mich betrogen? du bist ja selber Saul! Da sprach der König zu ihr: Fürchte dich nicht. Was siehst du denn? Das Weib sprach zu Saul: Einen Geist sehe ich aus der Erde aufsteigen. Er sprach zu ihr: Wie sieht er aus? Sie sprach: ein alter Mann ist's, der aufsteigt, in einen Mantel[15] gehüllt. Da erkannte Saul, daß es Samuel sei, und er verneigte sich mit dem Gesicht zur Erde und huldigte. Da sprach Samuel zu Saul: Warum hast du mich aufgestört, mich heraufbeschwören zu lassen? Saul

sprach: In großer Bedrängnis bin ich, wo die Philister mich be-
kriegen und Gott von mir gewichen ist und mir nicht antworten
wollte weder durch Prophetenspruch noch durch Träume. Da
habe ich dich rufen lassen, daß du mir kundtust, was ich anfan-
gen soll. Samuel sprach: Warum hast du mich befragt, wo doch
Jahve von dir gewichen und sich dir zum ›Feind‹ gewandelt hat?
So hat ›dir‹ Jahve getan, wie er durch mich gesprochen hat, und
Jahve hat das Königtum aus deiner Hand gerissen und es deinem
Nebenbuhler David gegeben … und morgen wirst du samt deinen
Söhnen bei mir sein; zudem wird Jahve das Lager Israels in die
Gewalt der Philister geben.[16]

Nicht finde sich unter dir einer, der […] Wahrsagerei Zeichendeu-
terei, Schlangenbeschwörung, Zauberei treibt, der Bannungen
vornimmt, der Totengeist oder Beschwörer fragt und an Tote sich
wendet; denn ein Greuel ist Jahve jeder, der solches tut.[17]

Die individuelle Zukunftserwartung[18]

Mein Fleisch umkleidet sich mit Gewürm und Kruste, meine
Haut verharscht und zerfließt, meine Tage sind flüchtiger als ein
Weberschiff und schwinden ohne Hoffnung dahin. Bedenke, daß
mein Leben ein Hauch ist, daß mein Auge nicht wieder Glück
schauen wird, das Auge meines Behüters mich nicht ansieht; suchen mich deine Augen, ich bin nicht mehr. Die Wolke schwindet
und geht dahin: so kommt nicht wieder herauf, der zu Scheol
hinabstieg, nicht kehrt er zurück zu seinem Hause, noch kennt
ihn mehr seine Stätte.[19]

Miktam Hiskias, des Königs von Juda, als er krank war und von
seiner Krankheit genas. Ich dachte: gehen muß ich auf der Höhe
meines Lebens, bin zu den Toren der Unterwelt befohlen den
Rest meiner Jahre. Ich dachte: nicht mehr werde ich ›Jahve‹ sehen
im Lande der Lebendigen, nicht mehr erblicken einen Menschen
bei den Bewohnern der ›Welt‹. Meine Hütte ist abgebrochen und
abgedeckt von mir wie ein ›Hirtenzelt‹. Wie ein Weber rollt er
mein Leben auf, schneidet mich vom Trumm.[20]

Scheol von unten gerät über dich[21] in Erregung deiner Ankunft entgegen, stört deinetwegen die Schatten auf, alle Führer der Erde, läßt aufstehen von ihren Thronen alle Völkerkönige[22]. Sie alle heben an und sprechen zu dir: Auch du bist erlegen wie wir, bist uns gleich geworden. Hinabgefahren zu Scheol ist dein Stolz, das Rauschen deiner Harfen. Unter dir ist Verwesung gebettet, und was dich deckt, ist Gewürm.[23]

Der Himmel ist Himmel für Jahve, und die Erde gab er den Menschenkindern. Nicht preisen die Toten Jahve und keine, die zur Stille fuhren.[24]

Das Völkergericht[25]

Daß du doch den Himmel zerrissest, herabführest, Berge vor dir schwankten, wie Feuer Reisig anzündet und Feuer Wasser überwallen läßt, deinen Namen kundzutun deinen Feinden, daß vor dir Völker erbebten![26]

Harret mein, ist der Spruch Jahves, auf den Tag, da ich mich zum ›Zeugen‹ erhebe! Denn darin übe ich mein Recht, daß ich Völker zusammenbringe, Königreiche ›versammle‹, über sie meinen Grimm auszugießen, meine volle Zornglut; denn vom Feuer meines Eifers soll die ganze Erde verzehrt werden.[27]

So spricht Jahve Zebaoth über die Völker, die euch plünderten: Wer euch antastet, tastet ›meinen‹ Augapfel an! Denn siehe, ich schwinge meine Hand über sie, daß sie ihren Untertanen als Beute anheimfallen![28]

Aufmachen mögen sich Völker und hinaufziehen in das Tal Josaphat[29]; denn dort will ich mich zu Gericht setzen über alle Völker ringsum. Legt die Sichel an, denn die Ernte ist reif; kommt, tretet, denn die Kelter ist voll, die Kufen strömen über, denn groß ist ihre Bosheit. Scharen an Scharen sind im Tal der Entscheidung, denn nah ist der Tag Jahves im Tale der Entscheidung. … Ägypten wird zur Wüste und Edom zur Wüstentrift werden wegen des

Frevels an den Judäern. Juda aber wird auf immer bewohnt sein und Jerusalem auf ferne Geschlechter, und Jahve wohnt auf Zion.[30]

Voll Grimm ist Jahve gegen alle Völker und voller Zorn gegen ihr ganzes Heer. Er bannt sie, gibt sie der Schlachtung preis, ihre Erschlagenen sind hingeworfen. Ihrer Leichname Gestank steigt empor, und die Berge zerfließen von ihrem Blut. Es rollt sich wie ein Buch der Himmel zusammen und all sein Heer verwelkt wie die Blätter vom Weinstock verwelken! wie welkes Laub vom Feigenbaum. Denn am Himmel trinkt sich satte Jahves Schwert, daß zerfließt das ganze Himmelsheer. Siehe, auf Edom fällt es nieder und auf das von ›ihm‹ gebannte Volk zum Gericht. Das Schwert Jahves ist voll von Blut, von Fett getränkt, von Blut der Lämmer und Böcke, vom Nierenfett der Widder. Denn ein Opfer hält Jahve zu Bozra und ein großes Schlachten im Lande Edom, und Wildochsen fallen neben ›Mastkälbern‹ und Farren neben Stieren, und satt trinkt sich ihr Land an Blut und ihr Boden wird mit Fett getränkt, denn einen Tag der Rache hat Jahve, ein Jahr der Vergeltung ›der Bekämpfer‹ Zions.[31]

Leer geleert wird die Erde und ganz ausgeplündert, denn Jahve hat dies Wort gesprochen: Es trauert die Erde, verwelkt der Boden, verschmachtet der Himmel ›mitsamt‹ der Erde. Denn entweiht ward die Erde unter ihren Bewohnern, weil sie die Gebote übertraten, die Satzungen überschritten, den ewigen Bund brachen. Darum fraß ein Fluch die Erde, und es büßen die drauf wohnen; darum brennen die Bewohner der Erde, und übrig bleiben nur wenig Menschen.[32]

Auf, mein Volk, geh in deine ›Kammer‹ und schließ deine ›Türe‹ hinter dir zu; verbirg dich eine kleine Weile, bis vorüber ist der Grimm; denn siehe Jahve geht aus von seinem Ort, heimzusuchen die Schuld der Erdbewohner, und es macht offenbar die Erde ihr Blut und deckt nicht länger über ihren Ermordeten.[33]

Das künftige Heil[34]

Wer ist ein Gott wie du, der Schuld vergibt, und an Vergehen
vorübergeht, der nicht ewig an seinem Zorn festhält, sondern an
Gnade Gefallen hat? ›Du‹ wirst dich unser wieder erbarmen, unsere Schulden niedertreten und in Meerestiefen werfen
all ›unsere‹ Vergehen. Du erweisest Jakob Treue, an Abraham
Gnade, die du unsern Vätern geschworen seit den Tagen der Vor-
zeit.[35]

Und darnach soll's geschehen, daß ich ausgieße meinen Geist
über alles Fleisch: da werden eure Söhne und Töchter zu Wahr-
sagern, eure Ältesten werden Träume haben, eure Jünglinge Gesichte schauen, und auch über Knechte und Mägde will ich in
jenen Tagen meinen Geist ausgießen, und ich schaffe Wunder am
Himmel und auf Erden, Blut und Feuer und Rauchsäulen. Die
Sonne wandelt sich zu Finsternis und der Mond zu Blut, ehe der
Tag Jahves kommt, der große und schreckliche. Aber der Jahves
Namen anruft, soll gerettet werden; denn auf dem Berge Zion
und zu Jerusalem wird Rettung sein, wie Jahve verheißen hat,
und zu den Entronnenen gehört, wen Jahve beruft.[36]

Geschehen wird's an jenem Tage, da wird der Herr wiederum
seine Hand ›erheben‹, um den Rest seines Volkes loszukaufen,
der übrig ist aus Assur und Ägypten, aus Patros, Kusch, Elam,
Sinear, Hamath und den Gestaden des Meeres. Er wird den
Völkern ein Panier erheben und sammeln die Zersprengten
Israels und die zerstreuten Judäerinnen vereinen aus den vier
Säumen der Erde.[37]

Jesaja[38]

Die neue Weltordnung

Siehe, ich schaffe einen neuen Himmel und eine neue Erde, und
nicht mehr wird man der früheren gedenken, noch werden sie
einem in den Sinn kommen.

Ezechiel 1

Da tat sich der Himmel auf[39]

1 Im dreißigsten Jahr, am fünften Tage des vierten Monats, da ich
war unter den Gefangenen am Wasser Chebar[40], tat sich der Himmel auf, und Gott zeigte mir Gesichte. 2 Derselbe fünfte Tag des
Monats war eben im fünften Jahr, nachdem Jojachin, der König
Judas, war gefangen weggeführt. 3 Da geschah das Wort des
HERRN zu Ezechiel, dem Sohn Busis, dem Priester, im Lande
der Chaldäer, am Wasser Chebar; daselbst kam die Hand des
HERRN über ihn. 4 Und ich sah, und siehe, es kam ein ungestü-
mer Wind von Mitternacht her mit einer großen Wolke voll
Feuer, das allenthalben umher glänzte; und mitten in dem Feuer
war es lichthell. 5 Und darin war es gestaltet wie vier Tiere, und
dieselben waren anzusehen wie Menschen. 6 Und ein jegliches
hatte vier Angesichter und vier Flügel. 7 Und ihre Beine standen
gerade, und ihre Füße waren gleich wie Rinderfüße und glänzten
wie helles glattes Erz. 8 Und sie hatten Menschenhände unter
ihren Flügeln an ihren vier Seiten; denn sie hatten alle vier ihre
Angesichter und ihre Flügel. 9 Und je einer der Flügel rührte an
den andern; und wenn sie gingen, mußten sie nicht herumlenken,
sondern wo sie hin gingen, gingen sie stracks vor sich. 10 Ihre
Angesichter waren vorn gleich einem Menschen, und zur rechten
Seite gleich einem Löwen bei allen vieren, und zur linken Seite
gleich einem Ochsen bei allen vieren, und hinten gleich einem
Adler bei allen vieren. 11 Und ihre Angesichter und Flügel waren
obenher zerteilt, daß je zwei Flügel zusammenschlugen, und mit
zwei Flügeln bedeckten sie ihren Leib. 12 Wo sie hin gingen, da
gingen sie stracks vor sich, sie gingen aber, wo der sie hin trieb,
und mußten nicht herumlenken, wenn sie gingen. 13 Und die
Tiere waren anzusehen wie feurige Kohlen, die da brennen, und
wie Fackeln; und das Feuer fuhr hin zwischen den Tieren und
gab einen Glanz von sich, und aus dem Feuer gingen Blitze.
14 Die Tiere aber liefen hin und her wie der Blitz. 15 Als ich die
Tiere so sah, siehe, da stand ein Rad auf der Erde bei den vier
Tieren und war anzusehen wie vier Räder. 16 Und die Räder
waren wie Türkis und waren alle vier eins wie das andere, und

sie waren anzusehen, als wäre ein Rad im andern. 17 Wenn sie gehen wollten, konnten sie nach allen ihren vier Seiten gehen und sie mußten nicht herumlenken, wenn sie gingen. 18 Ihre Felgen und Höhe waren schrecklich; und ihre Felgen waren voller Augen um und um an allen vier Rädern. 19 Auch wenn die vier Tiere gingen, so gingen die Räder auch neben ihnen; und wenn die Tiere sich von der Erde emporhoben, so hoben sich die Räder auch empor. 20 Wo der Geist sie hin trieb, da gingen sie hin, und die Räder hoben sich neben ihnen empor; denn es war der Geist der Tiere in den Rädern. 21 Wenn sie gingen, so gingen diese auch; wenn sie standen, so standen diese auch; und wenn sie sich emporhoben von der Erde, so hoben sich auch die Räder neben ihnen empor; denn es war der Geist der Tiere in den Rädern. 22 Oben aber über den Tieren war es gestaltet wie ein Himmel, wie ein Kristall, schrecklich, gerade oben über ihnen ausgebreitet, 23 daß unter dem Himmel ihre Flügel einer stracks gegen den andern standen, und eines jeglichen Leib bedeckten zwei Flügel. 24 Und ich hörte die Flügel rauschen wie große Wasser und wie ein Getön des Allmächtigen, wenn sie gingen, und wie ein Getümmel in einem Heer. Wenn sie aber still standen, so ließen sie die Flügel nieder. 25 Und wenn sie stillstanden und die Flügel niederließen, so donnerte es in dem Himmel oben über ihnen. 26 Und über dem Himmel, so oben über ihnen war, war es gestaltet wie ein Saphir, gleichwie ein Stuhl; und auf dem Stuhl saß einer gleichwie ein Mensch gestaltet. 27 Und ich sah, und es war lichthell, und inwendig war es gestaltet wie ein Feuer um und um. Von seinen Lenden überwärts und unterwärts sah ich's wie Feuer glänzen um und um. 28 Gleichwie der Regenbogen sieht in den Wolken, wenn es geregnet hat, also glänzte es um und um. Dies war das Ansehen der Herrlichkeit des HERRN. Und da ich's gesehen hatte, fiel ich auf mein Angesicht und hörte einen reden.

Maleachi 4

Denn siehe, es kommt ein Tag[41]

1 Denn siehe, es kommt ein Tag, der brennen soll wie ein Ofen; da werden alle Verächter und Gottlosen Stroh sein, und der künftige Tag wird sie anzünden, spricht der HERR Zebaoth, und wird ihnen weder Wurzel noch Zweige lassen. 2 Euch aber, die ihr meinen Namen fürchtet, soll aufgehen die Sonne der Gerechtigkeit und Heil unter ihren Flügeln; und ihr sollt aus und eingehen und hüpfen wie die Mastkälber. 3 Ihr werdet die Gottlosen zertreten; denn sie sollen Asche unter euren Füßen werden des Tages, den ich machen will, spricht der HERR Zebaoth. 4 Gedenkt des Gesetzes Mose's, meines Knechtes, das ich ihm befohlen habe auf dem Berge Horeb an das ganze Israel samt den Geboten und Rechten. 5 Siehe, ich will euch senden den Propheten Elia, ehe denn da komme der große und schreckliche Tag des HERRN. Der soll das Herz der Väter bekehren zu den Kindern und das Herz der Kinder zu ihren Vätern, daß ich nicht komme und das Erdreich mit dem Bann schlage.

Äthiopischer Henoch

Die Himmels- und Unterweltreisen[42]

Der vorläufige und endgültige Strafort der gefallenen Engel
18: [...] 11 Ich sah einen tiefen Abgrund mit Säulen himmlischen Feuers, und ich sah unter ihnen Feuersäulen herabfallen; sie waren weder nach Tiefe noch nach Höhe zu messen. 12 Hinter diesem Abgrund sah ich einen Ort, wo weder die Himmelsfeste darüber, noch die festgefügte Erde darunter, noch Wasser unter ihm war, noch gab es dort Vögel. Sondern ein Ort war es, wüste und grausig. 13 Ich sah dort sieben Sterne wie große brennende Berge. Als ich mich danach erkundigte, sagte der Engel: »Dies ist der Ort, wo Himmel und Erde zu Ende sind; ein Gefängnis ist

dies für die Sterne und für das Heer des Himmels. 16 Die Sterne, die über dem Feuer dahinrollen, das sind die, welche beim Beginn ihres Aufgangs den Befehl Gottes übertreten hatten; denn sie kamen nicht zu ihrer Zeit hervor. 16 Da wurde er zornig über sie und band sie 10000 Jahre bis zu der Zeit, da ihre Sünde vollendet ist.

19: 1 Da sagte zu mir Uriel: »Hier werden die Engel stehen, die sich mit den Weibern vermischt hatten; und ihre Geister verunreinigen, vielerlei Gestalten annehmend, die Menschen und verführen sie, den Dämonen wie Göttern zu opfern; sie werden hier stehen bis zum Tage des großen Gerichts, an dem sie bis zu ihrer völligen Vernichtung gerichtet werden. 2 Aber die Weiber der abgefallenen Engel werden zu Sirenen, werden. 3 Ich, Henoch, habe allein das Geschaute, den Anblick der Enden von allen Dingen, gesehen, und kein Mensch hat sie so gesehen, wie ich sie gesehen habe.

[...]

22: Die vierteilige Unterwelt im Westen

1 Von hier ging ich weiter an einen anderen Ort, und er zeigte mir im Westen ein großes und hohes Gebirge und starre Felsen. 2 Vier geräumige Plätze befanden sich in ihm (dem Gebirge), in die Tiefe und Breite sich erstreckend und sehr glatt; drei von ihnen waren dunkel und einer hell, und eine Wasserquelle befand sich in seiner Mitte. Da sagte ich: »Wie glatt sind diese Hohlräume, wie tief und dunkel für den Anblick!« 3 Da antwortete mir Raphael, einer von den heiligen Engeln, der bei mir war, und sagte zu mir: »Diese hohlen Räume sind dazu bestimmt, daß sich zu ihnen die Geister der Seelen der Verstorbenen versammeln. Dafür sind sie geschaffen, damit sich hier alle Seelen der Menschenkinder versammeln. 4 Diese Plätze hat man zu Aufenthaltsorten für sie gemacht bis zum Tag ihres Gerichts, bis zu einer gewissen Frist und festgesetzten Zeit, der das große Gericht über sie stattfinden wird.« 5 Ich sah den Geist eines verstorbenen Menschenkindes klagen, und keine Stimme drang bis zum Himmel und klagte. 6 Da fragte ich den Engel Raphael, der bei mir war, und sagte zu ihm »Wem gehört dieser klagende Geist an? Wessen ist die Stimme da, die bis zum Himmel dringt und klagt?« 7 Da antwortete er mir und sagte: »Dieser Geist ist der, der von Abel ausging, den sein Bruder Kain erschlug, und er (Abel) klagt

über ihn, bis seine Nachkommenschaft von der Oberfläche der Erde hinweggetilgt ist, und seine Nachkommen unter den Nachkommen der Menschen verschwunden sind.« 8 Da fragte ich den Engel in betreff der Hohlräume, und sagte: »Weshalb ist einer vom andern getrennt?« 9 Er antwortete mir und sagte: »Diese drei Räume sind gemacht, um die Geister der Toten zu trennen; und so ist eine besondere Abteilung gemacht für die Geister der Gerechten da, wo eine helle Wasserquelle ist. 10 Ebenso ist ein besonderer Raum für die Sünder geschaffen, wenn sie sterben und in die Erde begraben werden, und ein Gericht bei ihren Lebzeiten über sie eingetroffen ist. 11 Hier werden ihre Geister für diese große Pein abgesondert bis zum großen Tage des Gerichts, der Strafen und der Pein für die bis in Ewigkeit Verdammten, und der Vergeltung für ihre Geister; dort bindet er sie bis in Ewigkeit. 12 Ebenso ist eine besondere Abteilung für die Geister der Klagenden, die über ihren Untergang Kunde geben, da sie in den Tagen der Sünder umgebracht wurden. 13 Diese Abteilung ist so geschaffen für die Geister der Menschen, die nicht gerecht, sondern Sünder, oder ganz und gar gottlos und Genossen der Bösen waren; ihre Geister, werden am Tage des Gerichts nicht bestraft werden, aber sie werden auch nicht von hier mit auferweckt werden.« 14 Da pries ich den Herrn der Herrlichkeit und sagte: »Gepriesen bis du, o Herr, du gerechter Herrscher der Welt!«

[23-25: Fortsetzung der Reise nach Westen]

26 und 27: Die Reise nach der Mitte der Erde

26: 1 Von hier ging ich nach der Mitte der Erde und sah einen gesegneten Ort, wo sich Bäume befanden mit Zweigen, die aus einem abgehauenen Baume hervortrieben und sproßten. 2 Dort schaute ich einen heiligen Berg und unterhalb des Bergs ein Wasser, das östlich davon in der Richtung nach Süden floß. 3 Gegen Osten sah ich einen anderen Berg, höher als diesen, und zwischen beiden eine tiefe, aber nicht breite Schlucht; auch durch sie strömte ein Wasser unterhalb des Bergs. 4 Westlich von diesem war ein anderer Berg, niedriger als jener und nicht hoch; zwischen ihnen war eine tiefe und trockene Schlucht und eine andere tiefe und trockene Schlucht befand sich am Ende von den drei Bergen. 5 Alle Schluchten sind tief und aus starrem Felsgestein; kein Baum ist in ihnen gepflanzt. 6 Ich wunderte mich über die Felsen, staunte über die Schlucht und verwunderte mich sehr.

27: 1 Da sagte ich: »Wozu ist dieses gesegnete Land, das ganz voll von Bäumen ist, und wozu ist diese verfluchte Schlucht dazwischen?« 2 Da antwortete mir Uriel, einer von den heiligen Engeln, der bei mir war, und sagte zu mir: »Diese verfluchte Schlucht ist für die bis in Ewigkeit Verfluchten bestimmt; hier werden versammelt alle die, welche mit ihrem Mund unziemliche Reden gegen Gott führen und über seine Herrlichkeit frech sprechen. Hier werden sie gesammelt, und hier ist ihr Aufenthaltsort. 3 In der letzten Zeit werden sie zum Schauspiel eines gerechten Gerichts vor den Gerechten dienen bis in alle Ewigkeit; hier werden die, welche Erbarmung fanden, den Herrn der Herrlichkeit, den König der Ewigkeit, preisen. 4 In den Tagen des Gerichts über sie (die Gottlosen) werden sie (die Gerechten) ihn preisen wegen der Barmherzigkeit, die er ihnen erwiesen hat. 5 Da pries ich den Herrn der Herrlichkeit und verkündete seinen Ruhm und stimmte einen geziemenden Lobgesang an.

[Es folgen die Reisen nach Osten, 28 – 33, und nach Norden, 34 – 35.]

II. Der zweite Teil: Das messiologische Buch
Die Bilderreden

37: Einleitungsrede. 1 Das Gesicht, das schaute, das zweite Gesicht der Weisheit, das schaute Henoch, der Sohn Jareds, des Sohnes Mahalalels, des Sohnes Kainans, des Sohnes Enos', des Sohnes Seths, des Sohnes Adams. 2 Dies aber ist der Anfang der Weisheitsreden, die ich die Stimme erhebend den Bewohnern des Festlandes mitteilen und erzählen will. Hört, ihr Urväter, und vernehmt, ihr Nachkommen, die heiligen Reden, die ich vor dem Herrn der Geister vortragen werde. 3 Es wäre besser, sie nur den Urvätern zu erzählen; aber auch den Nachkommen wollen wir die wahre Weisheit nicht vorenthalten. 4 Bis jetzt ist niemals von dem Herrn der Geister solche Weisheit einem Menschen verliehen worden, wie ich Sie nach meiner Einsicht und nach dem Wohlgefallen des Herrn der Geister empfangen habe, von dem mir das Los des ewigen Lebens beschieden worden ist. 5 Drei Bilderreden wurden mir zuteil, und ich habe meine Stimme erhoben sie den Bewohnern des Festlandes zu erzählen.

38-44: Die erste Bilderrede. Das zukünftige Gottesreich. Die Wohnstätten der Seligen Gerechten. Tätigkeiten und Seligkeiten der Engelwelt

38: 1 Die erste Bilderrede. Wann die Gemeinde der Gerechten sichtbar werden wird, und die Sünder für ihre Sünden gestraft und von der Oberfläche des Festlandes vertrieben werden, 2 und wann der Gerechte vor den auserwählten Gerechten erscheinen wird, deren Werke von dem Herrn der Geister aufbewahrt sind, und das Licht den auf dem Festlande wohnenden auserwählten Gerechten leuchten wird, wo wird dann die Wohnung der Sünder und wo die Ruhestätte derer sein, die den Herrn der Geister verleugnet haben? Es wäre ihnen besser, sie wären nie geboren worden. 3 Wenn die Geheimnisse der Gerechten offenbar werden, dann werden die Sünder gestraft und die Bösen vor den auserwählten Gerechten hinweggetrieben werden. 4 Von nun an werden die, welche die Erde besitzen, nicht mehr mächtig, noch erhaben sein und Sie werden das Antlitz der Heiligen nicht anzuschauen vermögen, wen der Herr der Geister sein Licht auf das Angesicht der Heiligen und auserwählten Gerechten strahlen läßt. 5 Die Könige und Machthaber werden in jener Zeit vernichtet und in die Hand der Gerechten und Heiligen übergeben werden. 6 Von da an wird keiner von den Bösen bei dem Herrn der Geister um Gnade bitten können, wenn ihr Leben zu Ende ist.

39: 1 In diesen Tagen werden etliche von den auserwählten und heiligen Kindern der hohen Himmel herabsteigen, und ihr Same wird sich mit den Menschenkindern vereinigen. 2 In jenen Tagen empfing Henoch Schriften des Eifers und Zorns und Schriften der Unruhe und Bestürzung. »Barmherzigkeit wird ihnen nicht zuteil werden«, sprach der Herr der Geister. 3 In jener Zeit rafften mich eine Wolke und ein Wirbelwind von der Erde hinweg und setzten mich an dem Ende der Himmel nieder. 4 Hier schaute ich ein anderes Gesicht: Die Wohnungen der Gerechten und die Lagerstätten der Heiligen. 5 Hier schauten meine Augen ihre Wohnungen bei den Engeln und ihre Lagerstätten bei den Heiligen; Sie baten, legten Fürsprache ein und beteten für die Menschenkinder. Gerechtigkeit floß wie Wasser vor ihnen, und Barmherzigkeit wie Tau auf der Erde: also ist es unter ihnen von Ewigkeit zu Ewigkeit. 6 An jenem Orte schauten meine Augen den Auserwählten der Gerechtigkeit und der Treue; Gerechtigkeit wird in seinen Tagen walten und unzählige auserwählte Gerechte werden für immer vor ihm sein. 7 Ich sah seine Wohnung unter den Fittichen des Herrn der Geister. Alle Gerechten und

Auserwählten vor ihm glänzen wie Feuerschein; ihr Mund ist voll von Segensworten, ihre Lippen preisen den Namen des Herrn der Geister, und Gerechtigkeit hört nimmer vor ihm auf. 8 Hier wünschte ich zu wohnen, und meine Seele hatte verlangen nach jener Wohnung. Hier ist mein Erbteil schon früher gewesen, denn also ist es vor dem Herrn der Geister über mich beschlossen worden. 9 In jenen Tagen lobte und erhob ich den Namen des Herrn der Geister mit Segensworten und Lobliedern, wenn er das Segnen und Rühmen nach dem Wohlgefallen des Herrn der Geister für mich bestimmt hat. 10 Geraume Zeit betrachteten meine Augen jenen Ort, und ich segnete und erhob ihn, indem ich sagte: »Gesegnet und gepriesen sei er von Anfang und bis in Ewigkeit! 11 Vor ihm gibt es kein Aufhören. Er weiß, was die Welt ist, bevor sie geschaffen wurde, und was sein wird von Geschlecht zu Geschlecht. 12 Dich preisen die nie Schlafenden; sie stehen vor deiner Herrlichkeit, preisen, rühmen und erheben dich, indem sie sprechen: »Heilig, heilig, heilig ist der Herr der Geister; er erfüllt die Erde mit Geistern.« 13 Hier sahen meine Augen, [wie] alle die nie Schlafenden vor ihm stehen, preisen und sprechen: »Gepriesen Geist du und gesegnet sei der Name des Herrn bis in alle Ewigkeit!« 14 Da verwandelte sich mein Angesicht, bis ich nicht mehr zu sehen vermochte.

40: Die vier Angesichtsengel. 1 Darnach sah ich tausendmal Tausende und zehntausendmal Zehntausende, eine unzählige und unberechenbare Menge, vor dem Herrn der Geister stehen. 2 Ich sah und erblickte zu den vier Seiten des Herrn der Geister vier Gesichter, die von den nie Schlafenden verschieden sind. Ich erfuhr ihre Namen; denn der Engel, der mit mir ging, teilte mir ihre Namen mit und zeigte mir alle verborgenen Dinge. 3 Ich hörte die Stimme jener vier Angesichtsengel, wie sie vor dem Herrn der Herrlichkeit lobsangen. 4 Die erste Stimme preist den Herrn der Geister immerdar. 5 Die zweite Stimme hörte ich preisenden Auserwählten und die Auserwählten, die bei dem Herrn der Geister aufbewahrt sind. 6 Die dritte Stimme hörte ich Bitten und beten für die Bewohner des Festlandes und Fürbitte einlegen im Namen des Herrn der Geister. 7 Die vierte Stimme hörte ich, wie sie die Satane abwehrte und ihnen nicht gestattete vor den Herrn der Geister zu treten, um die Bewohner des Festlandes anzuklagen. 8 Darauf fragte ich den Engel des Friedens der mit mir ging und mir alles Verborgene zeigte, und ich sagte zu ihm: »Wer sind diese vier Gesichter, die ich gesehen, deren Worte ich gehört und aufgeschrieben habe?« 9 Da sagte er zu mir: »Der erste da ist der barmherzige und langmütige Michael; der zweite, der über alle Krankheiten und über alte Wunden der Menschenkinder gesetzt ist, ist Raphael; der dritte, der allen Kräften vorsteht, ist Gabriel, und der vierte, der über die Buße und die Hoffnung derer gesetzt ist, die das ewige Leben ererben, heißt Phanuel.«

41: 1 Dies sind die vier Engel des Herrn der Geister, und die vier Stimmen habe ich in jenen Tagen gehört. Darnach sah ich alle Geheimnisse der Himmel, wie das zukünftige Reich verteilt wird, und wie die Handlungen der Menschen auf der Waage gewogen werden. 2 Dort sah ich die Wohnungen der zukünftigen Auserwählten und die Wohnungen der Heiligen. Dort schauten meine Augen, wie alle Sünder von dort vertrieben werden, die den Namen des Herrn verleugneten, und wie man sie wegschleppt. Sie können dort infolge der Strafe nicht bleiben, die von dem Herrn der Geister ausgeht.

[...]

46: 1 Ich sah dort den, der ein betagtes Haupt hat, und sein Haupt war weiß wie Wolle; bei ihm war ein anderer, dessen Antlitz wie das Aussehen eines Menschen war, und sein Antlitz war voll Anmut gleichwie eines von den heiligen Engeln. 2 Ich fragte den Engel, der mit mir ging und mir alle Geheimnisse zeigte, über jenen Menschensohn, wer er sei, woher er stamme, und weshalb er mit dem betagten Haupte gehe. 8 Er antwortete mir und sagte zu mir: »Dies ist der Menschensohn, der die Gerechtigkeit hat, bei dem die Gerechtigkeit wohnt, und der alle Schätze dessen, was verborgen ist, offenbart; denn der Herr der Geister hat ihn auserwählt, und sein Los hat vor dem Herrn der Geister dies durch Rechtschaffenheit in Ewigkeit übertroffen. 4 Dieser Menschensohn, den du gesehen hast, wird die Könige und die Mächtigen von ihren Lagern und die Starken von ihren Thronen sich erheben machen; er wird die Zügel der Starken lösen und die Zähne der Sünder zermalmen. 6 Er wird die Könige von ihren Thronen und aus ihren Königreichen verstoßen, weil sie ihn nicht erheben, noch preisen, oder dankbar anerkennen, woher ihnen das Königtum verliehen worden ist. 6 Er wird das Angesicht der Starken verstoßen, und Schamröte wird sie erfüllen. Finsternis wird ihre Wohnung und Gewürm ihre Lagerstätte sein; sie dürfen nicht hoffen, daß sie sich von ihren Lagerstätten erheben werden, weil sie den Namen des Herrn der Geister nicht erheben. 7 Dies sind jene, die die Sterne des Himmels richten und ihre Hände gegen den Höchsten erheben, die Erde niedertreten und auf ihr wohnen, alle, deren Taten Ungerechtigkeit offenbaren, und alle, deren Taten Ungerechtigkeit ist, deren Macht sich auf ihren Reichtum stützt, und deren Glaube sich Göttern zuwendet, die sie mit ihren Händen verfertigt hatten, während sie den Namen des Herrn der Geister verleugnet haben. 8 Sie werden aus den Häusern seiner Versammlungen und der Gläubigen vertrieben werden, die da aufbewahrt sind bei dem Namen des Herrn der Geister.«

[...]

48: 1 An jenem Orte sah ich einen Brunnen der Gerechtigkeit, der unerschöpflich war. Rings umgaben ihn viele Brunnen der Weisheit; alle Durstigen tranken daraus und wurden voll von Weisheit, und sie hatten ihre Wohnungen bei den Gerechten, Heiligen und Auserwählten. 2 Zu jener Stunde wurde jener Menschensohn bei dem Herrn der Geister und sein Name vor dem Betagten genannt. 3 Bevor die Sonne und die Tierkreiszeichen geschaffen, und bevor die Sterne des Himmels gemacht wurden, wurde sein Name vor dem Herrn der Geister genannt. 4 Er wird ein Stab für die Gerechten und Heiligen sein, damit sie sich auf ihn stützen und nicht fallen; er wird das Licht der Völker und die Hoffnung derer sein, die in ihrem Herzen betrübt sind. 5 Alle, die auf dem Festlande wohnen, werden vor ihm niederfallen und anbeten und preisen, loben und lobsingen dem Namen des Herrn der Geister. 6 Zu diesem Zwecke war er auserwählt und verborgen vor ihm (Gott), bevor die Welt geschaffen wurde, und [er wird] bis in Ewigkeit vor ihm sein. 7 Die Weisheit des Herrn der Geister hat ihn den Heiligen und Gerechten geoffenbart; denn er bewahrt das Los der Gerechten, wenn sie diese Welt der Ungerechtigkeit gehaßt und verachtet und alle ihre Taten und Wege im Namen des Herrn der Geister gehaßt hatten; denn in seinem Namen werden sie gerettet, und er ist der Rächer ihres Lebens. 8 In jenen Tagen werden die Könige der Erde und die Starken, die das Festland besitzen, wegen der Taten ihrer Hände niedergeschlagenen Antlitzes sein; denn am Tage ihrer Angst und Not werden sie ihre Seele nicht retten. Ich werde sie in die Hände meiner Auserwählten übergeben; wie Stroh im Feuer und wie Blei im Wasser, so werden sie vor dem Angesichte der Gerechten brennen und vor dem Angesichten der Heiligen untersinken, so daß keine Spur von ihnen gefunden werden wird. 10 Am Tage ihrer Not wird Ruhe auf Erden werden; sie werden vor ihm niederfallen und nicht mehr aufstehen. Niemand wird da sein, der sie in seine Hände nähme und aufrichtete, wenn sie den Herrn der Geister und seinen Gesalbten verleugnet hatten. Der Name des Herrn der Geister sei gepriesen!

49: 1 Denn Weisheit ist wie Wasser ausgegossen, und Herrlichkeit hört nimmer vor ihm auf von Ewigkeit zu Ewigkeit. 2 Denn er ist mächtig über alle Geheimnisse der Gerechtigkeit, und Ungerechtigkeit wird wie ein Schatten vergehen und keine Dauer haben. Denn der Auserwählte steht vor dem Herrn der Geister, und seine Herrlichkeit ist von Ewigkeit zu Ewigkeit, und seine Macht von Geschlecht zu Geschlecht. 3 In ihm wohnt der Geist der Weisheit und der Geist dessen, der Einsicht gibt, und der Geist der Lehre und Kraft und der Geist derer, die in Gerechtigkeit entschlafen sind. 4 Er wird die verborgenen Dinge richten, und niemand wird eine nichtige Rede vor ihm führen können; denn auserwählt ist er vor dem Herrn der Geister nach seinem Wohlgefallen.

50: 1 In jenen Tagen wird eine Umwandlung für die Heiligen und Auserwählten stattfinden; das Tageslicht wird über ihnen wohnen, und Herrlichkeit und Ehre werden sich den Heiligen zukehren. 2 Am Tage der Not wird sich das Unheil über den Sündern sammeln, und die Gerechten werden siegreich sein im Namen des Herrn der Geister, und er wird es die anderen sehen lassen, damit sie übel tun und von dem Tun ihrer Hände ablassen. 3 Sie werden keine Ehre vor dem Herrn der Geister erlangen, jedoch durch seinen Namen gerettet werden. Und der Herr der Geister wird sich ihrer erbarmen, denn seine Barmherzigkeit ist groß. 4 Er ist gerettet in seinem Gericht, und vor seiner Herrlichkeit und in seinem Gerichte wird keine Ungerechtigkeit Bestand haben: Wer aber keine Buße vor ihm tut, der wird untergehen. 5 »Von nun an aber will ich mich ihrer nicht mehr erbarmen,« spricht der Herr der Geister.

51: Die Totenauferstehung. 1 An jenen Tagen wird die Erde die, welche in ihr angesammelt sind, umgeben und auch, die Scheol wird wiedergeben, was sie empfangen hat und die Hölle wird, was sie schuldet, herausgeben. 2 Er wird die Gerechten und Heiligen unter ihnen auswählen, denn der Tag ihrer Erlösung ist nahebei. Der Auserwählte wird in jenen Tagen auf meinem Throne sitzen und alle Geheimnisse der Weisheit werden aus den Gedanken seines Mundes hervorkommen, denn der Herr der Geister hat es ihm verliehen und hat ihn verherrlicht. 4 An jenen Tagen werden die Tiere wie Widder springen und die Hügel wie Lämmer hüpfen, die mit Milch gesättigt sind. Alle werden Engel im Himmel werden. 5 Ihr Antlitz wird vor Freude leuchten, weil in jenen Tagen der Auserwählte sich erhoben hat, die Erde wird sich freuen, die Gerechten werden auf ihr wohnen und die Auserwählten werden auf ihr gehen und wandeln.

52: 1 Nach jenen Tagen, an jenem Orte, wo ich alle Gesichte über das Verborgene gesehen hatte – ich war nämlich durch einen Wirbelwind entrückt und nach Westen geführt worden –, 2 dort sahen meine Augen alle die verborgenen Dinge des Himmels, die da geschehen sollen auf der Erde: einen eisernen Berg, einen von Kupfer, einen von Silber, einen von Gold, einen von weichem Metall und einen von Blei. Da fragte ich den Engel, der mit mir ging, indem ich sagte: »Was sind das für Dinge, die ich im Verborgenen gesehen habe?« 4 Er sprach zu mir: »Alles dies, was du gesehen hast, dient dem Erweis der Herrschaft seines Gesalbten, damit er mächtig und stark auf Erden sei.« 5 Jener Engel des Friedens antwortete mir, indem er sprach »Warte ein wenig, und alles verborgene, was der Herr der Geister gepflanzt hat, wird dir geoffenbart werden. 6 Jene Berge, die deine Augen gesehen haben: der Berg von Eisen, der von Kupfer, der von Silber, der von Gold, der von weichem Metall und der von Blei, sie alle werden vor dem Auserwählten wie Wachs vor dem Feuer sein und wie Wasser, das von oben her über jene Berge herabfließt, sie werden schwach vor seinen Füßen sein. 7 In jenen Tagen wird keiner sich retten, weder mit Gold noch mit Silber noch wird einer entfliehen können. 8 Es wird kein Eisen für den Krieg geben noch einen Kleiderstoff zur Anfertigung für einen Brustpanzer. Erz wird nichts nütze sein, noch Zinn etwas frommen oder geschätzt sein, und Blei wird nicht begehrt werden. 9 Alle diese Dinge werden vernichtet und von der Oberfläche der Erde vertilgt werden, wenn der Auserwählte vor dem Angesichte des Herrn der Geister erscheint.«

53: 1 Dort schauten meine Augen ein tiefes Tal mit offenem Schlund, und alle, welche auf dem Festlande, dem Meer und den Inseln wohnen, werden ihm Gaben, Geschenke und Huldigungszeichen herbeibringen, aber jenes Tal wird davon nicht voll werden. 2 Sie begehen Verbrechen mit ihren Händen und allen Erwerb der Gerechten verschlingen die Sünder verbrecherischerweise, und so werden die Sünder vor dem Angesichte des Herrn der Geister umkommen und von der Oberfläche seiner Erde beständig in alle Ewigkeit fortgejagt werden. 8 Denn ich habe gesehen, wie die Plagengel sich dort aufhielten und allerlei Marterwerkzeuge dem Satan zurechtmachten. 4 Da fragte ich den Engel des Friedens, der mit mir ging: »Für wen bereiten sie jene Marterwerkzeuge?« 5 Er sagte zu mir: »Jene sind für die Könige und die Mächtigen der Erde, daß sie damit vernichtet werden. 6 Darnach wird der Gerechte und Auserwählte das Haus seiner Versammlung erscheinen lassen; von nun an wird sie nicht mehr gehindert werden im Namen des Herrn der Geister. 7 Diese Berge aber werden nicht so feststehen wie die Erde vor seiner Gerechtigkeit, und die Hügel werden wie eine Wasserquelle sein, und die Gerechten werden vor der Bedrückung der Sünder Ruhe haben.«

54: 1 Ich blickte auf und wandte mich einem anderen Teile der Erde zu. Dort sah ich ein tiefes Tal mit loderndem Feuer. 2 Sie brachten die Könige und Mächtigen und warfen sie in dieses tiefe Tal. 8 Dort sahen meine Augen, wie sie als Marterwerkzeuge für sie eiserne Ketten von unermeßlichem Gewichte machten. 4 Ich fragte den Engel des Friedens, der mit mir ging, indem ich sagte: »Für wen werden diese Marterwerkzeuge bereitet?« 5 Er sagte zu mir: »Diese werden für die Scharen des Asasel zubereitet, um sie zu ergreifen und in den Abgrund der vollkommenen Verdammnis zu werfen; mit rauhen Steinen werden Sie ihre Kinnbacken bedecken, so wie der Herr der Geister befohlen hat. 6 Michael, Gabriel, Raphael und Phanuel werden sie an jenem großen Tage packen und an jenem Tag in den brennenden Feuerofen werfen, damit der Herr der Geister Rache nehme für ihre Ungerechtigkeit, dafür, daß sie dem Satan untertan wurden und die Erdenbewohner verführten.«

[...]

70: Henochs Aufnahme in das Paradies. 1 Darnach wurde sein (Henochs) Name bei Lebzeiten hinweg von den Bewohnern des Festlandes zu jenem Menschensohn und zu dem Herrn der Geister erhöht. 2 Er wurde auf Wagen des Geistes erhoben, und sein Name verschwand unter ihnen (den Menschen). 3 Von jenem Tage an wurde ich nicht mehr unter ihnen gezählt, und er setzte mich zwischen zwei Himmelsgegenden, zwischen Norden und Westen, da, wo die Engel die Schnüre nahmen, um für mich den Ort für die Auserwählten und Gerechten zu messen. 4 Dort sah ich die Erzväter und die Gerechten, welche seit unendlicher Zeit an jenem Orte wohnen.

71: Henochs Himmelfahrt und Einsetzung zum Menschensohn. 1 Darnach war mein Geist verborgen und stieg in den Himmel auf. Ich sah die Söhne der heiligen Engel auf Feuerflammen treten; ihre Kleider waren weiß und ihr Gewand und Antlitz leuchtend wie Schnee. 2 Ich sah zwei Feuerströme, und das Licht jenes Feuers glänzte wie Hyazinth. Da fiel ich auf mein Angesicht vor dem Herrn der Geister. 3 Der Engel Michael aber, einer von den Erzengeln, ergriff mich bei der rechten Hand, richtete mich auf und führte mich hinaus zu allen Geheimnissen der Barmherzigkeit und Gerechtigkeit. 4 Er zeigte mir alle Geheimnisse der Enden des Himmels und alle Behälter aller Sterne und Lichter, von wo sie vor den Heiligen hervorkommen. 5 Da entrückte der Geist den Henoch in den Himmel der Himmel und ich sah dort in der Mitte jenes Lichts einen Bau aus Kristallsteinen und zwischen jenen Steinen Zungen lebendigen Feuers. 6 Mein Geist sah, wie ein Feuer rings um jenes Haus lief, an seinen vier Seiten Ströme voll lebendigen Feuers, die jenes Haus umgaben. 7 Ringsherum waren Seraphim, Kerubim und Ophanim; dies sind die nimmer Schlafenden, die den Thron seiner Herrlichkeit bewachen. 8 Ich sah unzählige Engel, tausendmal Tausende und zehntausendmal Zehntausende, jenes Haus umgeben; Michael, Gabriel, Raphael und Phanuel und die heiligen, oben in den Himmeln befindlichen Engel gehen in jenem Hause ein und aus. Aus jenem Hause traten heraus Michael, Gabriel, Raphael und Phanuel und viele unzählige heilige Engel. 10 Und mit ihnen kam der Betagte; sein Haupt war weiß und rein wie Wolle und sein Gewand unbeschreiblich. 11 Da fiel ich auf mein Angesicht; mein

ganzer Leib schmolz zusammen, und mein Geist verwandelte sich. Ich schrie mit lauter Stimme, mit dem Geiste der Kraft, und segnete, pries und erhob ihn. 12 Diese Lobpreisungen aber, die aus meinem Munde hervorkamen, waren wohlgefällig vor jenem Betagten. 13 Jenes betagte Haupt kam mit Michael, Gabriel, Raphael und Phanuel und tausendmal Tausenden und zehntausendmal Zehntausenden unzähliger Engel. 14 Er kam zu mir, grüßte mich mit seiner Stimme und sprach zu mir: »Du bist der Mannessohn, der zur Gerechtigkeit geboren wird; Gerechtigkeit wohnt über dir und die Gerechtigkeit des betagten Hauptes verläßt dich nicht.« 15 Dann sagte er zu mir: »Er ruft dir Frieden zu im Namen der zukünftigen Welt; denn von dort geht hervor der Friede seit der Schöpfung der Welt, und also wird dir geschehen in Ewigkeit und von Ewigkeit zu Ewigkeit. 16 Alle, die auf deinem Wege wandeln werden du, den die Gerechtigkeit nimmer verläßt, deren Wohnungen und Erbteil werden bei dir sein, und sie werden sich bis in alle Ewigkeit nicht von dir trennen. 17 So wird Länge der Tage bei jenem Menschensohne sein und die Gerechten werden Frieden haben und seinen geraden Weg wandeln im Namen des Herrn der Geister von Ewigkeit zu Ewigkeit.«
[...]
79: 1 Und nun, mein Sohn Methusalah, habe ich dir alles gezeigt, und das Gesetz aller, Sterne des Himmels ist nun zu Ende beschrieben. 2 Er zeigte mir alle ihre Gesetze für jeden Tag, für jede Herrschaftszeit, für jedes Jahr und seinen Ausgang nach seiner Vorschrift für jeden Monat und jede Woche; 3 ferner zeigte er mir die Abnahme des Monds, die im sechsten Tore stattfindet, denn in diesem sechsten Tore geht sein Licht zu Ende, und danach ist der Monatsanfang; 4 die Abnahme, die im ersten Tore zu seiner Zeit eintritt, bis 177 Tage zu Ende sind, nach Wochen gerechnet: 25 Wochen und zwei Tage; 5 und wie er hinter der Sonne und nach der Ordnung der Sterne genau fünf Tage in dem Verlauf einer Periode zurückbleibt, und wenn dieser Ort, den du siehst, durchmessen ist. 6 So beschaffen ist das Bild und Abbild von jedem Lichtkörper, wie mir ihr Führer, der große Engel Uriel, sie zeigte.

80: Die künftige Verkehrung der Natur und Himmelsordnung wegen der Sünder. 1 In jenen Tagen antwortete mir der Engel Uriel und sagte zu mir: »Siehe, ich habe dir alles, o Henoch, gezeigt und dir alles enthüllt, damit du es sehen möchtest: diese Sonne, diesen Mond, die Führer der Sterne des Himmels, alle die, die sie drehen, ihre Beschäftigung, ihre Seiten und Ausgänge. 2 In den Tagen der Sünder werden die Jahre verkürzt werden, ihre Saat wird sich in ihren Ländern und auf ihren Feldern verzögern, alle Dinge auf Erden werden sich ändern und zu ihrer Zeit nicht erscheinen; der Regen wird ausbleiben, und der Himmel ihn festhalten. 3 In jenen Zeiten werden die Früchte der Erde sich verzögern, zu ihrer Zeit nicht wachsen, und die Baumfrüchte werden in ihrer Zeit zurückgehalten werden. Der Mond wird seine Ordnung verändern und zu seiner festgesetzten Zeit nicht erscheinen. 5 In jenen Tagen wird man sehen, wie sich die Sonne am Abend in den letzten großen Wagen im Westen begibt und mehr leuchtet als nach der regelmäßigen Ordnung des Lichts geschieht. 6 Viele Oberste der Sterne werden ihrem Gebot abtrünnig werden und diese werden ihre Wege und Beschäftigungen ändern und nicht zu den ihnen vorgeschriebenen Zeiten erscheinen. 7 Die ganze Ordnung der Sterne wird vor den Sündern verschlossen sein, und die Gedanken der Erdenbewohner werden ihretwegen irregehen; sie werden von allen ihren Wegen abtrünnig werden, irren und sie für Götter halten. 8 Das Unheil wird über ihnen zunehmen, und Klagen werden über sie kommen, um sie alle zu vernichten.

Der Sohar[43]

Die drei Seelenglieder nach dem Tode

Drei Namen trägt die Seele des Menschen: Nefesch, Ruach, Neschama[44]. Alle sind sie ineinander enthalten, doch an drei Orten zeigt sich ihre Eigenart. Nefesch befindet sich im Grabe, wenn der Körper im Staube modert, und wälzt sich weiter in dieser Welt, um noch bei den Lebenden zu bleiben und ihren Schmerz kennen zu lernen und fleht, wenn es nottut, um Erbarmen für sie. Ruach tritt ein in den Garten der Erde, nimmt dort eine Gewandung an in jener Bildform des Körpers, die er in dieser Welt hatte, wie sie dort entsprechend ist, und genießt im Glanze des Gartens ihrer Wonne. An Sabbaten und Neumonden und Festzeiten aber steigt sie höher, erfreut sich höherer Wonne und kehrt wieder an ihre Stätte. Wovon gesagt wird: »Und der Geist (Ruach) kehrt zu Gott zurück, der ihn gegeben hat« (Kohelet 12,7) – eben genau in jenen Festzeiten. Neschama hingegen steigt sofort empor an jene Stätte, von der sie gekommen, und für sie wird die Leuchte entzündet, nach oben zu leuchten. Sie steigt niemals mehr nach unten. In ihr vollendet sich, was sich von allen Seiten, von oben und unten vollendet. Denn solange *sie* nicht aufgestiegen ist, um sich mit dem Throne zu verbinden, kann auch Ruach nicht im Garten der Erde verschönen und Nefesch nicht an ihrer Stelle Ruhe finden; erst wenn sie aufsteigt, findet alles Beruhigung. Und wenn die Menschen aus Not und Schmerz zur Gräberstätte wandern, dann erweckt sich Nefesch und steigt im Fluge auf zu Ruach, und Ruach erweckt die Väter und erweckt Neschama, dann erbarmt sich der Allheilige der Welt. Wenn also auch der Aufstieg von Neschama in anderer Weise sich vollzieht, so steigen doch alle in diesem Gleichgewichte auf.

Sobald aber Neschama ein Hindernis findet, an ihre Stätte aufzusteigen, dann bleibt auch Ruach vor dem Eingange des Gartens Eden stehen, denn man öffnet ihm nicht, und steigt und irrt und keiner achtet dessen. Nefesch aber schwebt in der Welt, erblickt den Körper und das Gericht des Grabes, wo Würmer an ihm nagen, und trauert über ihn. Wie geschrieben ist: »Nur sein Fleisch macht ihm Schmerz, und seine Seele trauert über ihn« (Hiob 14,22). Alles steht im Zeichen der Strafe. Erst wenn Neschama sich ihrer Region oben verbindet, verbinden sich alle ihren Regionen, da sie alle drei doch nur einen Zusammenhang bilden, nach dem Muster des Oberen.

Nefesch hat kein Licht aus sich selbst, sondern teilnehmend am Geheimnis des Körpers ist *sie* es, die ihn mit allem, was nottut, erquickt und ernährt – wovon gesagt ist: »Und sie gibt Nahrung ihrem Hause und Satzung ihren Dienerinnen« (Sprüche 31,15). »Das Haus«, das ist der Körper, den sie ernährt, »ihre Dienerinnen«, das sind die Organe ihres Körpers. Ruach ist über Nefesch gesetzt, herrscht über sie und erleuchtet sie mit allem, was nottut, und Nefesch ist sein Piedestal. Neschama hingegen läßt Ruach entspringen, herrscht über ihn und leuchtet ihm in jenem Lichte des Lebens. Ruach ist abhängig von Neschama und wird von ihr erleuchtet, Nefesch hingegen ist abhängig von Ruach und wird von ihm erleuchtet und ernährt, alles in einem Zusammenhange. Solange aber jene obere Neschama nicht aufsteigt in das Quellen des »Alten der Alten«, des »Verborgenen aller Verborgenen« und von ihm ohne Unterbrechung erfüllt wird, tritt auch Ruach nicht ein in den Garten Eden und kommt Nefesch nicht zur Ruhe an ihrer Stätte im Körper unten. Auf solche Art ist alles im Menschen gesondert, obgleich alles einen Zusammenhang bildet: Neschama aufsteigend in das Quellen des Bronnens, Ruach eintretend in den Garten Eden, Nefesch im Grabe zur Ruhe kommend. Du magst aber einwenden; wenn Nefesch zur Ruhe kommen konnte im Körper, der [jetzt] im Grabe liegt, was hat sie denn mit dem Grabe zu tun? Vielmehr ist gemeint – in jener starken »Schale«, und so verhält sich Nefesch nach des Unteren Weise.

Solange aber die Knochen im Grabe sind, ist auch Nefesch dort. Es ist das Geheimnis jener, welche den Pfad der Wahrheit wissen und die Sünde scheuen: In der Stunde, wenn Neschama oben sich schmückt mit der heiligen Krone und Ruach sich im oberen Lichte erhöht an Sabbaten, Neumonden und Festzeiten, und wenn Ruach vom oberen Lichte herabsteigt, um im Garten Eden zu wohnen, dann leuchtet und erblitzt auch Nefesch, erhebt sich im Grabe und formt sich eine Hülle in der Bildform, die sie vorher im Leibe gehabt, und in dieser Bildform steigen alle jene Gebeine auf, lobpreisen und singen dem Allheiligen, wie es heißt: »All meine Gebeine werden sprechen: JHWH, wer ist wie Du!« (Psalm 35,10). »Werden sprechen« ist gesagt, nicht »sprechen«. Und wäre es dem Auge gegeben zu schauen, dann würde es in den Nächten des Sabbats und der Neumonde und Feste sehen, wie die Bildformen über den Gräbern den Allheiligen loben und preisen. Aber die Torheit der Menschenkinder hindert dies, da sie nicht wissen und beachten, worauf ihr Bestand in dieser Welt gegründet ist, und denken nicht daran, die Herrlichkeit des oberen Königs wahrzunehmen in dieser Welt, um so weniger die Herrlichkeit jener Welt und was deren Bestand bildet.

Griechische Religion

Die griechische Mythologie beruht, ähnlich anderen antiken Mythologien und Religionen, auf einer strikten Dreigliederung der Welt: Über dem irdischen Bereich der Menschen steht das Reich der Götter, auf dem Olymp und im Elysion; darunter befindet sich das Schattenreich, der Hades, der Tartaros, die Unterwelt.

Die griechische Religion ist von einer pessimistischen Grundstimmung durchzogen. Der Tod galt als Übergang zum schattenhaften Dasein unter der Menschenerde. Die Verstorbenen haben mit der Welt der Lebenden nichts mehr zu schaffen, ihre Existenz ist indifferent. Das Gute, das der Mensch auf Erden getan hat, wird nicht belohnt und das Böse nicht bestraft. Lediglich Ixion, Tantalos und Sisyphos wurden zu ewigen Qualen verurteilt, weil sie Zeus persönlich beleidigt hatten.

Für die Eingeweihten gab es, wie es auch in dem vierten Buch von Homers *Odyssee* beschrieben ist, die Erwartung eines Paradieses, des »Landes der Götter«, in dem man endlos lange, ewig lebt. Tapfere Krieger, mythische Helden oder andere von den Göttern Geliebte konnten in die Elysischen Felder entrückt werden[1], wie beispielsweise Menelaos auf die Insel der Seligen, Achilles auf die mythische Insel Leuke oder Ganymed auf den Olymp. Die Mehrheit der Heroen freilich muß ihr nachtodliches Dasein in der Unterwelt fristen. Der Gott Hermes galt als Seelenführer, als Geleiter ins Totenreich. Die Beziehung des Hermes zu den Seelen der Toten erklärt sich auch durch seine spirituellen Fähigkeiten. Seine List und sein praktischer Verstand, seine Erfindungsgabe (er ist es, der das Feuer entdeckt), seine Fähigkeit, sich unsichtbar zu machen und augenblicklich überall hinzugelangen, verweisen schon auf die Beherrschung der okkulten Wissenschaften, die später, in hellenistischer Zeit, zu den spezifischen Eigenschaften des Hermes werden (Hermetismus). Er reflektiert letztlich besondere Qualitäten des Geistes: Verstand und List, Gnosis und Magie.

Im Lauf der Zeit entwickelte sich eine Topographie des Totenreiches, mit Unterweltflüssen wie Kokytos, Acheron, Lethe, dem Strom des Vergessens, mit dem Fährmann Charon, mit dem Höllenhund Kerberos, mit Totenrichtern, wie sie Sokrates in seiner *Apologie* nennt: Minos, Rhadamanthys, Aiakos, Triptolemos. Der Bereich ist von einer ehernen Mauer und dem flammenden Fluß Pyriphlegeton[2] umgeben und dient als Gefängnis für Missetäter und Gottesfrevler.

Ein besonderer Aspekt der griechischen Vorstellungen waren die Unterweltzugänge durch Grotten, Höhlen und Quellen. Einzelnen Heroen gelang es, bereits zu ihren Lebzeiten in die Unterwelt hinabzusteigen (Katabasis), um mit den Toten zu sprechen, so Odysseus in der Nekyia-Erzählung[3] des 11. Buches der *Odyssee*. Kirke, aus deren Bann Odysseus sich und seine Gefährten befreien konnte, rät ihm, bevor er die weitere Heimreise antritt, zuvor den toten Seher Teiresias im Hades nach seinem Schicksal zu befragen. An der Kluft, die in Hades' unterirdisches Reich hinabweist, bringt Odysseus Totenopfer dar, worauf sich die Geister aus der Tiefe dem Blut nähern und über ihr Schicksal klagen. Achill, dessen Geist Odysseus herbeirufen kann, erklärt, er wäre lieber auf Erden Sklave eines armen Mannes: »Lieber tät' ich's, als Herr sein bei allen verstorbenen Toten«[4]. Auch die Jenseitsschilderung in Hesiods *Theogonie* steht noch ganz im archaischen Rahmen. Die Unterwelt bleibt Thema: in der griechischen Tragödie ebenso wie in den Komödien des Aristophanes.

Die Mysterienkulte, entstanden unter anderem durch ägyptische Einflüsse, verstärkten mit ihren Initiationspraktiken bei den Eingeweihten die Hoffnung auf ein gutes Jenseits. Die Orphiker, Pythagoreer oder der von den Oprphikern beeinflußte Empedokles brachten die Unsterblichkeitslehre in Zusammenhang mit der Vorstellung der Seelenwanderung und verwarfen so die Annahme einer Bindung der Seele an einen bestimmten Körper. Der Seele wurde ein Dasein außerhalb des Körpers zugeschrieben.

Ein herausragendes Zeugnis für die Eleusinischen Mysterien stellt die anonyme ›homerische‹ Hymne an Demeter dar.

Die philosophischen Jenseitsvorstellungen entwickeltn, vor allem im Kontext der platonischen Ideenlehre, die Seelentheorie weiter und entwarfen neue Szenarien zur Seelenwanderung, zum Jenseitsschicksal der Seele und zur Unsterblichkeit. In mehreren Werken (in der *Apologie des Sokrates* im *Phaidon*, im *Phaidros*, im *Gorgias*, in der *Politeia*, hier unter anderem in der *Mythischen Erzählung des Pamphyliers Er*) befaßt sich Platon diskursiv oder in mythologischer Form mit diesen Fragen. Seine Lehre schließt, ebenso wie Plutarchs Darstellungen zum Thema[5], in gewisser Weise an die Mysterien an: Die Seele des Menschen ist mit dem Göttlichen verbunden, daher muß der Mensch nach dem Tod dort bei den Göttern (im Reich der Ideen) seine Heimat und Erlösung finden.

Die Diskussion um die Frage der Seele wurde im Anschluß an Aristoteles im hellenistischen Griechenland intensiv geführt. Die im späten 4. Jahrhundert v. Chr. entstandene Schule der Stoa vertrat die Ansicht, daß die Seele als Teil der Welt, die vom Pneuma, dem Geist, dem feurigen Lufthauch durchdrungen ist, eine feinstoffliche Natur hat. Sie trennt sich nach dem Tod vom Körper, ist aber nicht unsterblich. Ein Totenreich in der Unterwelt existiert nicht, durch ihre Leichtigkeit kann die Seele nur himmelwärts steigen. Der Neuplatonismus behauptete dagegen die Präexistenz und die Unsterblichkeit der Seele. Sie geht aus dem einen Nous, dem höchsten kosmischen Prinzip und der reinen Seinsweise Gottes hervor, ist Bestandteil der Weltseele, die das ganze Weltall in einer Harmonie zusammenhält. Besonders der Philosoph Plotin aus dem 3. Jahrhundert sah sich als Erbe der platonischen Ideenlehre und seiner Seelentheorie und übernahm auch das platonische Konzept der Weltseele. Plotins *Enneaden* befassen sich intensiv mit der Frage der Unsterblichkeit, des ewigen Lebens und der Seelenwanderung.

Homer

Odyssee 11. Buch[6]:
Die Nekyia

Ebendort landeten wir und brachten die Schafe ans Ufer,
schritten dann weiter entlang am Rand des Okeanosstromes,
bis wir die Stätte erreichten, die Kirke uns angezeigt hatte.
[...]
Nunmehr nahte die Seele meiner verstorbenen Mutter,
Antikleia, des tapferen Helden Autolykos Tochter,
die noch lebte, als ich zum heiligen Ilion aufbrach.
Tränen vergoß ich bei ihrem Anblick, mich rührte das Mitleid.
Trotzdem hielt ich, wie sehr es mich schmerzte, sie fern von
    dem Blute,
bis ich den Seher Teiresias um das Orakel gebeten.
›[...]
Schweigend verweilt sie nahe dem Blut, doch wagt sie dem
    eignen
Sohn nicht ins Antlitz zu schauen, noch wagt sie, ein Wort ihm
    zu sagen.
Wie vermag sie, Gebieter, in mir den Sohn zu erkennen?‹
Derart fragte ich. Gleich erteilte mir Antwort der Seher:
›Leicht zu befolgen ist der Ratschlag, den ich dir gebe.
Jegliche Seele der Toten, der du den Zutritt zum Blute
ruhig gestattest, wird dir untrügliche Wahrheit berichten.
Der du es aber verwehrst, die wird sich wieder entfernen.‹
Damit begab sich die Seele des Fürsten Teiresias eilig
in den Hades zurück, nachdem sie die Zukunft verkündet.
Sitzen blieb ich auf meinem Platz, bis die Mutter herankam
und von der düsteren Blutlache trank. Sie erkannte mich
    plötzlich
und sprach traurig zu mir die im Fluge enteilenden Worte:
›Warum, mein Sohn, besuchst du, noch lebend, den finsteren
    Hades?
Schwierig ist es für Lebende, diese Gebiete zu schauen.
Trennend ergießen dazwischen sich furchtbare Fluten und breite
Ströme, vor allen der Strom des Okeanos, den man zu Fuße

nie überquert, nein, bloß mit sicher gezimmertem Schiffe.
Kommst du von Ilion hierher, auf langer Irrfahrt, mit deinem
Schiffe und deinen Gefährten, erreichtest noch gar nicht die
     Heimat
Ithaka, sahest auch deine Gemahlin noch gar nicht im Hause?‹
Derart fragte sie mich. Ich gab ihr Antwort und sagte:
›Liebe Mutter, mich führte die Pflicht in den Hades, die Seele
des Thebaners Teiresias nach der Zukunft zu fragen.
Denn ich erreichte Achaia noch nicht, betrat nicht den Boden
unserer Heimat, nein, irre umher noch in ständigem Elend,
seit ich dem göttlichen Sohne des Atreus nach Ilion folgte,
nach dem Lande vorzüglicher Rosse, zum Kampf mit den
     Troern.
Aber so sprich und erteile mir, bitte, untrüglich die Auskunft:
Wie erlagst du dem Wüten des schmerzlichen Todes? Nach
     langer
Krankheit? Oder hat dich die göttliche Herrin des Bogens,
Artemis, jählings getroffen mit ihren schmerzlosen Pfeilen?
Gib mir Bericht auch vom Vater, vom Sohne, den ich
     zurückließ!
Führen mein Amt sie weiter, oder versieht es ein andrer,
während das Volk die Meinung vertritt, ich kehrte nicht wieder?
Gib mir auch Nachricht vom Wollen und Denken meiner
     Gemahlin!
Harrt bei dem Sohne sie aus und behütet sicher den Hausstand,
oder gewann ein Achaier, der tüchtigste Fürst, sie zur Gattin?‹
Derart sprach ich, und Antwort gab mir die würdige Mutter:
›Freilich, noch immer wartet in deinem Palaste geduldig
deine Gemahlin; in bitterem Elend, mit Strömen von Tränen,
schwinden ihr unaufhörlich dahin die Tage und Nächte.
Noch verwaltet kein andrer dein ruhmreiches Amt, und in Ruhe
kann dein Sohn das Krongut genießen, darf auch gebührend
teilnehmen an den Schmäusen, wie es dem Rechtswahrer
     zusteht.
Alle laden ihn ein. Dein Vater verweilt auf dem Lande,
niemals besucht er die Stadt. Kein Bettgestell dient ihm zur
     Ruhe,
keinerlei Decken und schimmernde Tücher, sondern er
     schlummert

während des Winters dort, wo die Knechte schlafen im Hause,
dicht am Feuer, im Staube, und trägt auch schäbige Kleidung;
doch wenn der Sommer heraufzieht, der Herbst auch mit
    prangenden Früchten,
schüttet er sich ein Lager zurecht aus gefallenen Blättern,
auf dem Boden, im Weingarten, in beliebiger Ecke.
Traurig liegt er darauf und nährt im Herzen den Kummer,
sehnt sich nach deiner Heimkehr; auch plagt ihn das leidige
    Alter.
Darum erlitt auch ich den Tod und erfüllte mein Schicksal.
Weder erlegte mich im Palaste die sichere Schützin
Artemis jählings mit ihren schmerzlosen Pfeilen noch drückte
eine gefährliche Krankheit mich nieder, wie sie ja meistens
unseren Gliedern das Leben entrafft in schmerzhaftem
    Siechtum.
Nein, mein Sehnen nach dir, mein Denken an dich und die Liebe,
edler Odysseus, zu dir, sie löschten mein wonniges Leben.‹
Derart sprach sie. Doch mich verlangte es, innig die Arme
um die Seele meiner verstorbenen Mutter zu schlingen.
Dreimal setzte ich an, es drängte mich, sie zu umfassen,
dreimal entglitt sie meinen Händen, ein Schatten, ein
    Traumbild.
Jedesmal entbrannte noch heißer mein schmerzliches Sehnen,
und ich sagte zu ihr die im Fluge enteilenden Worte:
›Warum erwartest du, liebe Mutter, nicht meine Umarmung?
Sollten wir beiden uns nicht, sogar im Hades, in trauter,
enger Umschlingung sättigen an der bitteren Klage?
Oder entsandte in dir die ruhmreiche Persephoneia
nur ein Trugbild zu mir, mich noch heftiger jammern zu
    lassen?‹
Derart sprach ich, und Antwort gab mir die würdige Mutter:
›Ach, mein geliebter Sohn, du ärmster sämtlicher Helden,
nein, dich betrügt nicht Persephoneia, das Kind des Kroniden,
sondern es ist das Los der Menschen im Falle des Todes:
Keinerlei Sehnen halten mehr Fleisch und Knochen zusammen,
sondern die Glut der lodernden Flammen vernichtet die Teile,
wenn die Kräfte des Lebens die weißen Gebeine verlassen
und, wie ein Traumbild, die Seele davonfliegt und wesenlos
    flattert.

Strebe aufs schnellste zurück jetzt zum Lichte und merke dir
    alles;
späterhin sollst du es deiner lieben Gemahlin erzählen!‹
Derart führten wir unser Gespräch. Da nahten sich Frauen –
abgesandt hatte sie alle die ruhmreiche Persephoneia –,
jene, die Töchter und Gattinnen edelster Helden gewesen.
Um die düstere Blutlache scharten sie eng sich zusammen;
ich überlegte jedoch, wie ich einzeln sie ausfragen könnte.
Von der kraftvollen Hüfte zog ich die schneidende Klinge
und verwehrte es ihnen, gemeinsam vom Blute zu trinken.
Hintereinander traten sie näher, und jede erzählte
einzeln von ihrer Nachkommenschaft; ich befragte sie alle.

Hesiod

Theogonie[7]

Dort sind drunten die Göttertitanen im düsteren Dunkel
nach dem Willen des Zeus, des Wolkensammlers, verborgen,
an dem modrigen Ort beim Rande der riesigen Erde.
Kein Entrinnen gibt es für sie, denn eherne Tore
setzte Poseidon davor, ringsum sind Mauern gezogen.
Und dort wohnen der stolze Briareos, Gyges und Kottos[8],
zuverlässige Wächter für Zeus, den Aigiserschütterrer[9].
Dort nun sind des düsteren Tartarosdunkels, der braunen
Erde, der öden See und des sternüberzogenen Himmels
aller nebeneinander, Quellen und Enden gelegen,
schrecklich und modrig, wovor die Götter selber sich scheuen;
riesiger Schlund, wo auch im Verlauf des sich endenden Jahres
keiner den Grund je erreicht, sobald durch die Tore er eintritt,
sondern ihn Sturm auf Sturm bald hierhin risse, bald dorthin,
voller Gewalt – ein Grauen selbst den ewigen Göttern.
Dies das schreckliche Bild; und verborgen in schwärzlichen
    Wolken
stehen dort auch der finsteren Nyx entsetzliche Häuser.
Davor hält Iapetos' Sohn den mächtigen Himmel,

aufrecht stehend, mit Haupt und nimmer ermüdenden Armen
ohne zu wanken, wo Nyx und Hemera[10] einander begegnen
und sich beide begrüßen, wenn sie beschreiten die große
Schwelle aus Erz; die eine tritt hinein und die andre
geht aus der Tür, und nie umschließt das Haus alle beide,
sondern stets ist die eine außer dem Hause und wandelt
über die Erde hinweg, die andere drinnen im Hause
wartet der Stunde ihres Weges, bis sie gekommen.
Diese bringt vielschauendes Licht den Erdenbewohnern;
jene trägt den Bruder des Thanatos, Hypnos, im Arme:
Nyx, die verderbliche, eingehüllt in schwärzlichen Wolken.
[...]
und ein schrecklicher Hund hält Wache am Eingang,
gnadenlos; er besitzt eine tückische List: Wer hereinkommt,
wird begrüßt, die Ohren gespitzt, mit wedelndem Schwanze;
aber er läßt ihn niemals wieder hinaus, und belauernd
frißt er, wen er gepackt beim Verlassen der Tore nach draußen.
Dort auch wohnt, von den Ewigen scheu gemieden, die Göttin
Styx, des in sich geschloßnen Okeanos älteste Tochter,
fürchterlich. Fern der Götter bewohnt sie berühmte Paläste,
überwölbt von ragendem Fels; und überall ringsum
reichen sie weit in den Himmel empor mit silbernen Säulen.
Selten eilt mit schnellen Füßen die Tochter des Thaumas[11],
Iris, als Botin dorthin auf dem breiten Rücken des Meeres,
wenn bei den Ewigen Hader und Zwietracht entstanden, weil
    unwahr
einer von denen sprach, die olympische Häuser bewohnen.
Zeus entsendet die große Eideszeugin der Götter,
Iris, von fern in goldenem Krug das Wasser zu bringen,
vielberufen und kalt; es stürzt aus ragenden Felsen
jählings herab. Und unter der wegüberzogenen Erde
fließt es heraus aus dem heiligen Strom durch nächtliches
    Dunkel;
Arm des Okeanos, bildet den zehnten Teil es von jenem.
Neun umfließen das Land und den breiten Rücken des Meeres,
bis in silberhellen Wirbeln ins Salzmeer sie münden;
einer, zum großen Leid für die Götter, stürzt von den Felsen.
Wer davon vergießt und schwört dabei einen Meineid
unter den Ewigen, die im verschneiten Olymp auf dem Gipfel

wohnen, der liegt atemlos da, bis das Jahr sich vollendet;
nicht vermag er, sich zu nähern dem Labsal des Nektars
noch der Ambrosia; sondern liegt ohne Atem und Stimme
auf dem gebreiteten Lager, umhüllt von schlimmer Betäubung.
Wenn nach langem Jahr die Krankheit ihr Ende gefunden,
schließt an dieses ein anderes Leiden sich an, das noch härter:
Neun volle Jahre verbannt aus dem Kreise der ewigen Götter,
ist er weder am Rate beteiligt noch an den Festen
alle die neun Jahr; erst im zehnten wieder beteiligt
unter den Göttern, die im Olymp die Paläste bewohnen.

Platon

Phaidon[12]:
Leben im Jenseits

[Sokrates:] [...] so lohnt es wohl, zu hören, wie das auf der Erde
unter dem Himmel Befindliche beschaffen ist.
Gewiß, sprach Simmias, werden wir diese Erzählung gern hören,
o Sokrates.
Man sagt also zuerst, o Freund, diese Erde sei so anzusehen,
wenn sie jemand von oben herab betrachtete, wie die zwölfteili-
gen ledernen Bälle, in so bunte Farben geteilt, von denen unsere
Farben hier gleichsam Proben sind, alle die, deren sich die Maler
bedienen. Dort aber bestehe die ganze Erde aus solchen und noch
weit glänzenderen und reineren als diese. Denn ein Teil sei pur-
purrot und wunderbar schön, ein anderer goldfarbig, ein anderer
weiß, aber viel weißer als Alabaster oder Schnee, und ebenso aus
jeder anderen Farbe bestehe einer und aus noch mehreren und
schöneren, als wir je gesehen haben. Denn selbst diese Höhlun-
gen der Erde, welche mit Wasser und Luft angefüllt sind, bilden
eine eigene Art von Farbe, welche in der Vermischung aller anderen Farben glänzt, so daß sie ganz und gar als ein ununterbro-
chenes Bunt erscheint. Auf dieser so beschaffenen nun wachsen
verhältnismäßig eben solche Gewächse: Bäume, Blumen und
Früchte. Ebenso haben auch die Gebirge und die Steine nach

demselben Verhältnis ihre Vollendung und Durchsichtigkeit und schönere Farben, von denen aber auch unsere so sehr gesuchten Steinchen hier Teile sind, die Karneole und Jaspisse und Smaragden und alle dergleichen; dort aber sei nichts, was nicht so wäre und noch schöner als diese. Die Ursache hiervon aber sei, daß jene Steine rein sind und nicht angefressen noch verwittert wie die hiesigen von Fäulnis und Schärfe alles dessen, was hier zusammenfließt und Steinen und Erden und allen Gewächsen und Tieren Entstellungen und Krankheiten verursacht. Die Erde also sei mit alle diesem geschmückt und außerdem noch mit Gold und Silber und dem übrigen der Art, welches glänzend dort zu finden sei und in großer Menge wachse und überall auf der Erde, so daß sie zu schauen ein beseligendes Schauspiel sei. Lebewesen aber gebe es auf ihr vielerlei andere und auch Menschen, welche teils mitten im Lande wohnen, teils so um die Luft herum, wie wir um das Meer herum, teils auch auf luftumflossenen Inseln um das feste Land her. Und mit einem Worte, was uns Wasser und Meer ist für unsere Bedürfnisse, das sei jenen dort die Luft, und was uns die Luft, das sei jenen der Äther. Und die Witterung habe eine solche Mischung bei ihnen, daß sie ohne Krankheit wären und weit längere Zeit lebten als die hiesigen, und ihr Gesicht, Gehör, Geruch und dergleichen von dem unsrigen in demselben Maß abstände, wie die Luft vom Wasser absteht und der Äther von der Luft hinsichtlich der Reinheit. Auch haben sie weiter Tempel und Heiligtümer für die Götter, in denen aber die Götter wahrhaft wohnen, und Stimmen, Weissagungen, Erscheinungen der Götter und mehr dergleichen Verkehr mit ihnen; und Sonne, Mond und Sterne sähen sie, wie sie wirklich sind, und dem sei auch ihre übrige Glückseligkeit gemäß.

So demnach sei die ganze Erde geartet, und was sie umgibt; rund umher auf ihr aber gebe es nach Maßgabe ihrer Höhlung viele Orte, einige tiefer und weiter geöffnet als der, in welchem wir wohnen, andere wiederum tiefer, aber mit einer engeren Öffnung, als die unser Ort hat; und welche sind wohl auch flacher und dabei doch breiter als der hiesige. Alle diese nun wären unter der Erde vielfältig gegen einander durchgebohrt, enger und weiter, so daß sie Durchgänge haben unter sich, durch welche denn vieles Wasser aus einem in den andern fließt, wie in Becher, und daß es unversiegliche Ströme von unübersehbarer Größe unter der

Erde gebe von warmen Wassern und kalten und vieles Feuer und große Ströme von Feuer, viele auch von feuchtem Schlamm, teils reinerem, teils schmutzigerem, wie in Sizilien die vor dem Feuerstrome sich ergießenden Ströme von Schlamm und der Feuerstrom selbst, von denen denn alle Örter erfüllt werden, je nachdem jedesmal jeder seinen Umlauf nimmt. Und dieses alles bewege hinauf und hinunter gleichsam eine in der Erde befindliche Schaukel; diese Schaukel aber bestehe durch folgende Einrichtung ungefähr: Einer nämlich von diesen Erdspalten ist auch sonst der größte und quer durch die ganze Erde gebohrt. Dieser ist nun, wie Homeros davon singt,

Ferne, wo tief sich öffnet der Abgrund unter der Erde,

derselbe, den anderwärts er und auch sonst viele andere Dichter den Tartaros genannt haben. In diesen Spalt nun strömen alle diese Flüsse zusammen und strömen auch wieder von ihm aus; und alle werden so wie der Boden, durch welchen sie strömen. Die Ursache aber, warum alle Ströme von hier ausfließen und auch wieder hinein, ist, daß diese Flüssigkeit keinen Boden hat und keinen Grund. Daher schwebt sie und wogt immer auf und ab, und die Luft und der Hauch um sie her tut dasselbe. Denn dieser begleitet sie, sowohl wenn sie in die jenseitigen Gegenden der Erde strömt, als wenn sie in die diesseitigen strömt. Und so wie der Hauch der Atmenden in beständiger Bewegung immer einströmt und ausströmt, so bildet auch dort der mit der Flüssigkeit wogende Hauch heftige und gewaltige Winde sowohl im Hineingehen als im Herausgehen. Wenn nun strömend das Wasser nach der Gegend hin ausweicht, welche »unten« genannt wird, so fließt es in das Gebiet der dortigen Ströme und füllt es an wie beim Pumpen. Wenn es aber von dort wiederum sich wegzieht und hierher strömt, so erfüllt es dann die hiesigen. Diese, wenn sie erfüllt sind, strömen durch die Kanäle und durch die Erde; und wenn sie jeder in die Gegenden kommen, wohin sie jedesmal geleitet werden, so bilden sie Meere und Seen und Flüsse und Quellen. Von da tauchen sie nun wieder unter die Erde, und teils längere und mehrere Gegenden durchziehend, teils wenigere und kürzere, ergießen sie sich alle wieder in den Tartaros, einige viel weiter unten, als wo sie ausgepumpt wurden, andere nicht so viel; aber unterhalb ihres Ausflusses fließen sie alle ein; und einige strömen wieder aus, gerade gegenüber der

Stelle, wo sie eingeflossen sind, andere auf der nämlichen Seite. Ja, es gibt auch welche, die im Kreise herumziehen, ein oder mehrere Male sich um die Erde winden wie Schlangen und dann möglichst tief gesenkt sich wieder hinein ergießen. Möglich ist aber von beiden Seiten nur, sich bis zur Mitte herabzusenken, weiter nicht. Denn für beiderlei Ströme geht die Richtung nach jeder von beiden Seiten aufwärts.

So gibt es nun gar viele andere große und verschiedene Ströme; unter diesen vielen aber gibt es vorzüglich vier, von denen der größte und der am äußersten rundherum fließende der sogenannte Okeanos ist; diesem gegenüber und in entgegengesetzter Richtung fließend ist der Acheron, welcher durch viele andere wüste Gegenden fließt, vorzüglich aber auch unter der Erde fortfließend in den Acherusischen See kommt, wohin auch der meisten Verstorbenen Seelen gelangen, und nachdem sie gewisse bestimmte Zeiten dort geblieben, einige länger, andere kürzer, dann wieder ausgesendet werden zu den Erzeugungen der Lebendigen. Der dritte Fluß strömt aus zwischen diesen beiden und ergießt sich unweit seiner Quelle in eine weite, mit einem gewaltigen Feuer brennende Gegend, wo er einen See bildet, größer als unser Meer und siedend von Wasser und Schlamm. Von hier aus bewegt er sich dann im Kreise herum trübe und schlammig, und indem er sich um die Erde herumwälzt, kommt er nächst andern Orten auch an die Grenzen des Acherusischen Sees, jedoch ohne daß ihre Gewässer sich vermischten. Und nachdem er sich oftmals unter der Erde umhergewälzt, ergießt er sich zu allerunterst in den Tartaros. Dies ist der, den man Pyriphlegethon[13] nennt, von welchem auch die feuerspeienden Berge, wo sich deren auf der Erde finden, kleine Teilchen herauf blasen. Diesem wiederum gegenüber strömt der vierte aus, zuerst in eine furchtbare und wilde Gegend, wie man sagt, und die von Farbe ganz und gar dunkelblau ist, welche sie die Stygische nennen, und den See, welchen der Fluß bildet, den Styx. Nachdem sich dieser nun hier hineinbegeben und gewaltige Kräfte aufgenommen in sein Wasser, geht er unter die Erde, wälzt sich herum, kommt dem Pyriphlegethon gegenüber wieder hervor und trifft auf den Acherusischen See an der gegenüberliegenden Seite. Und auch dieser vermischt sein Wasser mit keinem andern, sondern geht ebenfalls im Kreise herum und ergießt sich wieder in den Tartaros gegenüber dem Pyriphlegethon. Sein Name aber heißt, wie die Dichter sagen, Kokytos.

Da nun dieses so ist, so werden, sobald die Verstorbenen an dem Orte angelangt sind, wohin der Dämon jeden bringt, zuerst diejenigen ausgesondert, welche schön und heilig gelebt haben, und welche nicht. Die nun dafür erkannt werden, einen mittelmäßigen Wandel geführt zu haben, begeben sich auf den Acheron, besteigen die Fahrzeuge, die es da für sie gibt, und gelangen auf diesen zu dem See. Hier wohnen sie und reinigen sich, büßen ihre Vergehungen ab, wenn einer sich irgendwie vergangen hat, und werden losgesprochen, wie sie auch ebenso für ihre guten Taten den Lohn erlangen, jeglicher nach Verdienst. Deren Zustand aber für unheilbar erkannt wird wegen der Größe ihrer Vergehungen, weil sie häufigen und bedeutenden Raub an den Heiligtümern begangen oder viele ungerechte und gesetzwidrige Mordtaten vollbracht oder anderes, was dem verwandt ist, – diese wirft ihr gebührendes Geschick in den Tartaros, aus dem sie nie wieder heraussteigen. Die hingegen heilbare zwar, aber doch große Vergehungen begangen zu haben erfunden werden, wie die gegen Vater oder Mutter im Zorn etwas Gewalttätiges ausgeübt, oder die auf diese oder andere Weise Mörder geworden sind, – diese müssen zwar auch in den Tartaros stürzen; aber wenn sie hineingestürzt und ein Jahr darin gewesen sind, wirft die Welle sie wieder aus, die Mörder auf der Seite des Kokytos, die aber gegen Vater und Mutter sich versündigt, auf der Seite des Pyriphlegethon. Wenn sie nun auf diesen fortgetrieben an den Acherusischen See kommen, so schreien sie da und rufen die, welche von ihnen getötet worden sind oder frevelhaft behandelt. Haben sie sie nun herbeigerufen, so heben sie und bitten, sie möchten sie in den See aussteigen lassen und sie dort aufnehmen. Wenn sie sie nun überreden, so steigen sie aus, und ihre Übel sind am Ende; wo nicht, so werden sie wieder in den Tartaros getrieben, und aus diesem wieder in die Flüsse, und so hört es nicht auf, ihnen zu ergehen, bis sie diejenigen überreden, welchen sie Unrecht getan haben; denn diese Strafe ist ihnen von den Richtern angeordnet. Die aber ausgezeichnete Fortschritte in heiligem Leben gemacht zu haben erscheinen, dies endlich sind diejenigen, welche, von allen diesen Orten im Innern der Erde befreit und losgesprochen von allem Gefängnis, hinauf in die reine Behausung gelangen und auf der Erde wohnhaft werden. Welche nun unter diesen durch Weisheitsliebe sich schon gehörig gereinigt haben, diese leben für alle künftigen Zeiten gänzlich ohne Leiber und kommen in noch schönere Wohnungen als diese, welche weder leicht wären zu beschreiben, noch würde die Zeit für diesmal zureichen. Aber schon um deswillen, was wir jetzt auseinandergesetzt haben, o Simmias, muß man ja wohl alles tun, um der Tugend und Vernunft im Leben teilhaftig zu werden. Denn schön ist der Preis und die Hoffnung groß.

Daß sich nun dies alles gerade so verhalte, wie ich es auseinandergesetzt, das ziemt wohl einem vernünftigen Mann nicht zu behaupten: daß es jedoch entweder diese oder eine ähnliche Bewandtnis haben muß mit unsern Seelen und ihren Wohnungen, wenn doch die Seele offenbar etwas Unsterbliches ist, dies, dünkt mich, zieme sich gar wohl und lohne auch, es darauf zu wagen, daß man glaube, es verhalte sich so.

Plutarch

Über die Seele

Themistios (schreibt) in seinem Werk »Über die Seele«
Nach diesen Ausführungen Timons ergriff Patrokleas das Wort: »Dein Standpunkt«, sagte er, »besitzt sowohl Überzeugungskraft wie auch ehrwürdiges Alter, dennoch gibt es dabei einige Probleme. Gesetzt den Fall, der Glaube an die Unsterblichkeit ist wirklich uralt, wieso gilt dann andererseits die Furcht vor dem Tod als die älteste aller Ängste, falls sie nicht sogar, beim Zeus, uns alle anderen Angstzustände erst eingejagt hat? Denn das ist doch bestimmt keine Neuerung, die kürzlich erst eingeführt worden wäre, daß man nämlich den Verstorbenen beweint oder daß man ihn mit jammervollen, düsteren Namen belegt: ›der Unglückselige‹, ›der Beklagenswerte‹.«

»Aber wer so argumentiert«, erwiderte Timon, »nimmt auch an, daß das Unvergängliche zugleich mit dem Vergänglichen dahinschwindet. Es liegt auf der Hand, daß Formulierungen wie: der

Tote sei ›hinübergegangen‹, er habe ›Abschied genommen‹ und uns ›verlassen‹, an sich nichts direkt Unangenehmes implizieren. Sie vermitteln nur den Eindruck von einer Veränderung oder Verwandlung. Wohin nun dieser Umschwung diejenigen, die ›hinübergehen‹, führt, ob sich dadurch etwas verbessert oder verschlimmert, dazu müssen wir die übrigen Bezeichnungen genauer betrachten.

Nehmen wir zuerst das Wort ›Tod‹ selbst. Es scheint doch anzudeuten, daß der Dahingegangene sich nicht hinab unter die Erde begibt, sondern hinaufgetragen wird und nach oben entschwebt. Deshalb hat folgende Annahme manches für sich: Wenn der Körper seinen letzten Atemzug tut, schießt die Seele – darin dem Emporschnellen einer gekrümmten Feder vergleichbar – sofort heraus und stürmt nach oben, wo sie selbst aufatmet und wieder auflebt. Betrachte aber auch das Gegenstück zum Tod, die ›Geburt‹, wie sie gerade umgekehrt (im Namen schon) ein Sinken nach unten demonstriert, eine Neigung zur Erde hin, und zwar hinsichtlich jenes Teils, der am Lebensende wieder nach oben eilt. Den ersten Lebenstag bezeichnet man ja auch als ›Geburtstag‹, weil er den Beginn von vielen Kämpfen und Mühen markiert.

Vielleicht ersehen wir den gleichen Sachverhalt noch besser und deutlicher aus einem anderen Wortpaar. Vom Sterbenden heißt es auch, daß er ›aufgelöst‹ wird, und vom Lebensende, es sei eine ›Ablösung‹. Gemeint ist, wenn man nachfragt, eine ›Erlösung‹ vom Körper. Den Körper nennen manche auch ›Gestalt‹, weil die Seele darin gegen die Natur von ihm gefangen gehalten wird. Denn nichts braucht mit Gewalt festgehalten zu werden an dem Ort, wo es sich natürlicherweise befindet. Durch eine Änderung (im Vokalbestand) hat man deshalb das Gebundensein und die dabei gebrauchte Gewalt ›Leben‹ genannt[14], so ähnlich, glaube ich, wie Homer den Abend mit ›Hesperos‹ bezeichnet anstelle von ›Hespera‹. Als Kontrastbildung zum Begriff ›Leben‹ versteht sich deshalb auch die Aussage, der Sterbende ›finde seine Ruhe‹, weil er von schwerem und unnatürlichem Zwang befreit wird.«[15]

Im selben Werk (schreibt ›Themistios‹):
»Diese Veränderung und Verwandlung in eine (neue) Ganzheit ist auch der Grund, warum wir sagen, die Seele, die nach dort

gelangt ist, sei ›gestorben‹. Im Diesseits weiß sie davon nichts, es sei denn, daß die Todesstunde sich schon eingestellt hat. Dann aber macht sie Erfahrungen durch, wie sie die kennen, die in die großen Mysterien eingeweiht werden. Deshalb ähneln sich die Vokabeln für das ›Sterben‹ und für das ›Eingeweihtwerden‹ nicht nur im Wortlaut, sondern auch hinsichtlich der damit bezeichneten Sache. Umherirren und ermüdendes Laufen im Kreis stehen am Anfang, dazu noch ängstliches Gehen im Dunkel ohne Ziel. Dann ›stellt sich unmittelbar vor dem Ende das große Grauen ein: Schaudern, Zittern, Schweißausbrüche, Entsetzen. Danach aber schimmert dem Wanderer ein wundervolles Licht entgegen, offenes Land und Wiesen nehmen ihn auf, voll von melodischen Stimmen, von Reigentänzen, von der Majestät sakraler Gesänge und heiliger Erscheinungen. Mitten unter ihnen wandelt der schon Vollendete, Eingeweihte umher, endlich frei geworden und aller Bande ledig. Mit einem Kranz auf dem Haupt vollzieht er die heiligen Riten und genießt den Umgang mit frommen und heiligen Menschen. Er blickt herab auf den uneingeweihten, unreinen Haufen hier unten, wo Menschen in tiefem Schlamm und Nebel sich gegenseitig niedertrampeln und sich zusammendrängen, weil sie aus Furcht vor dem Tod den Glücksverheißungen des Jenseits mißtrauen und in dieser elenden Lage verharren.

Daß die Verflechtung der Seele mit dem Körper und ihre enge Verbindung mit ihm wider die Natur sind, magst du auch daraus ersehen –« »Woraus denn bitte?«, fiel ihm Patrokleas ins Wort. »Daraus, daß der Schlaf zu unseren angenehmsten Erfahrungen gehört. Zunächst einmal löscht er durch die Freude, die er bereitet, jegliche Schmerzempfindung aus, weil dem Schmerz dadurch viel Bekömmliches beigemischt wird? Als nächstes überwältigt er alle die anderen Begierden, mögen sie auch noch so heftig sein. Selbst Wollüstlinge reagieren abwehrend auf die Sinnenlust, wenn der Schlummer sich ihnen naht: Beim Einschlafen lassen sie von der Umarmung der Geliebten ab. Aber wozu überhaupt so weit ausgreifen, wo doch der Schlaf, wenn er uns einmal packt, selbst die Freude am Lernen, am Diskutieren und am Philosophieren verdrängt; wie von einer sanften, tiefen Strömung wird die Seele davongetragen. Vielleicht bedeutet jede Freude ihrem Wesen und ihrer Natur nach tatsächlich nichts anderes als die Abwesenheit von Schmerz, sicher trifft das jedenfalls für die

Freude des Schlafes zu. Beim Einschlafen empfinden wir Vergnügen, ohne daß von außen etwas Angenehmes hinzukommt und einen bestimmten Impuls auslöst. Der Schlaf dürfte vielmehr der angenehmste innere Zustand überhaupt sein, weil er uns aus einer mühsamen, lästigen und rauhen Lage herausholt. Dabei handelt es sich um nichts anderes als um die Bindung der Seele an den Körper. Denn im Schlaf sondert die Seele sich (vom Körper) ab. Sie erhebt sich wieder und zieht sich in sich selbst zusammen, während sie zuvor im Körper ausgespannt und über die Sinnesorgane zerstreut war.

Zwar gibt es auch welche, die behaupten, der Schlaf sorge für eine noch engere Vermischung der Seele mit dem Körper, aber sie haben Unrecht. Dagegen spricht schon folgendes: Durch Fühllosigkeit, Kälte, Schwere und Bleichheit beweist der Körper selbst, daß die Seele ihn im Tode gänzlich verläßt, während des Schlafes aber sich zeitweilig zurückzieht. Und eben darin besteht das Erfreuliche beim Schlaf, in der Befreiung und Erholung der Seele, die gleichsam eine schwere Last ablegt, um sie später wieder aufzunehmen und zu tragen. Denn im Sterben scheint die Seele dem Körper gänzlich zu entfliehen, im Schlaf aber nur einen Ausreißversuch zu unternehmen. Deshalb wird das Sterben bei manchen von Mühsal begleitet, der Schlaf aber bei allen von Vergnügen. Im einen Fall wird die Fessel gänzlich zerrissen, im andern Fall gibt sie etwas nach, erschlafft und wird leichter, wenn sozusagen die Knoten aufgelöst werden, das heißt, wenn die Sinnesorgane ermatten und die straffe Bindung der Seele an den Körper lockern.«

»Wie kommt es denn«, warf Patrokleas ein, »daß wir, einmal aufgewacht, keine große Unlust und keinen Schmerz verspüren?« – »Wie kommt es«, gab Timon zurück, »daß der Kopf eine gewisse Leichtigkeit und Behaglichkeit verspürt, wenn die Haare geschnitten sind, vorher aber, als sie lang getragen wurden, überhaupt kein Gefühl der Schwere vermittelte? Und warum freuen sich Gefangene, die von den Banden befreit sind, fühlen aber keinen Schmerz, solange sie gefesselt sind? Und warum bewirkt Licht, das man plötzlich in einen Speisesaal hineinträgt, daß die Gesellschaft vor Freude lärmend Beifall klatscht, während zuvor die Düsternis niemanden gekümmert und betrübt zu haben scheint? Eine einzige Ursache, mein lieber Freund, gibt es für alle diese Vorgänge: Schrittweise Gewöhnung macht die Wahrnehmungsfähigkeit selbst mit widernatürlichen Zuständen vertraut, so daß sie sich gar nicht mehr über das entrüstet, was ihr widerfährt. Davon befreit und in natürliche Verhältnisse zurückversetzt, erkennt sie auf der Stelle, daß neben dem Eigenen auch Fremdes und neben dem Erfreulichen auch Betrübliches als belastender Faktor anwesend war. Ähnlich verhält es sich auch mit der Seele: Weil sie teilhat an sterblichen Affekten, Gliedern und Organen, scheint das Widernatürliche und Fremde sie aufgrund der langen Vertrautheit fast gar nicht zu belasten. Sie verspürt aber Leichtigkeit und Behaglichkeit, verbunden mit Freude, wenn sie befreit wird von den Betätigungen, die sie durch den Körper vollzieht. Durch jenen nämlich wird sie belästigt, mit jenem müht sie sich ab, von jenem muß sie sich in Muße und Ruhe erholen. Was sie in Einklang mit ihrer Natur aus eigenem Antrieb vollbringt, wie ständiges Forschen, Argumentieren, sich Erinnern und Betrachten, dabei zeigt sie sich unermüdlich und unersättlich. Denn Sättigung scheint gar nichts anderes zu sein als eine Ermüdung im Vergnügen, und diese entsteht, wenn die Seele unter der Bindung an den Körper leidet. Wo aber ihre eigenen Vergnügungen zur Diskussion stehen, sagt die Seele niemals nein.

Eng verflochten mit dem Körper, sieht sich die Seele, wie gesagt wurde, in derselben Lage wie Odysseus. Wie dieser sich fest an den wilden Feigenbaum klammerte und ihn umarmte, nicht etwa aus Sehnsucht und Liebesverlangen nach jenem, sondern nur aus Furcht vor der Charybdis unter ihm, so scheint sich auch die Seele am Körper festzuhalten und ihn zu umschlingen, nicht aus Zuneigung oder als Gunsterweis, sondern aus banger Scheu vor der Ungewißheit des Todes. ›Es haben nämlich die Götter das Leben vor den Menschen verborgen‹, wie der weise Hesiod bemerkt. Nicht mit Fesseln aus Fleisch haben sie die Seele am Körper festgebunden, sondern eine Fessel warfen sie ihr um und ein Gefängnis haben sie für sie ersonnen: die Ungewißheit über das, was nach dem Ende kommt, und das mangelnde Vertrauen in dieser Hinsicht. Wenn sich die Seele auf das verlassen würde, was die Menschen nach dem Lebensende – Heraklit zufolge – erwartet, dann könnte nichts mehr sie zurückhalten.«[16]

Plotin

Vierte Enneade[17]:
Über die Unsterblichkeit der Seele

Daß aber die Seele der göttlicheren und ewigen Natur verwandt ist, erhellt aus dem von uns geführten Nachweis, daß sie nicht Körper ist. Sie hat wirklich weder Gestalt noch Farbe noch ist sie tastbar. Doch läßt sich außerdem der Beweis noch mit andern Gründen führen. Da wir ja einig darüber sind, daß alles Göttliche und wahrhaft Seiende ein gutes und vernünftiges Leben genießt, so bleibt uns demnächst von *unserer* Seele ausgehend die Untersuchung, welcher Art sie ihrer Natur nach ist. Wir wollen hierfür nicht eine Seele annehmen, die im Körper unvernünftige Begierden und Regungen sich zugezogen und andere Leidenschaften angenommen hat, sondern diejenige, welche dergleichen abgestreift hat und soweit möglich in keiner Gemeinschaft, mehr mit dem Körper steht. Eine solche macht es denn auch klar, daß das Böse ein Zusatz zu der Seele ist und von außen herrührt, während ihr in ihrer Reinheit das Höchste und Beste, Weisheit und jede andere Tugend, eignet. Ist nun die Seele solcher Art, sobald sie sich auf sich selbst zurückgezogen, wie sollte sie nicht jener Natur angehören, welche nach unserer Überzeugung die alles Göttlichen und Ewigen ist? Denn Weisheit und wahre Tugend, die selber göttlich sind, könnten einem niedrigen und sterblichen Wesen nicht zu Teil werden, sondern notwendig muß ein so beschaffenes Wesen, eben weil ihm Göttliches innewohnt, göttlich sein wegen der Verwandtschaft und der Wesensgemeinschaft. Deshalb unterschiede sich auch, wer von uns ein solcher wäre, nur wenig von den höheren Mächten hinsichtlich der Seele an sich, indem er gerade nur soweit unter ihnen stände, als sie in einem Körper ist. Deshalb ferner würde niemand, wenn jeder Mensch ein solcher wäre oder doch sehr viele mit solchen Seelen begabt wären, so ungläubig sein, daß er nicht an die unbedingte Unsterblichkeit ihres Wesens, soweit es in der Seele besteht, glaubte. So aber, da man sieht, wie bei den meisten die Seele so vielfach befleckt ist, betrachtet man sie weder als ein göttliches noch als ein unsterbliches Wesen. Man muß aber, wenn man die

Natur eines Dinges untersucht, dasselbe jedesmal in seiner Reinheit betrachten, da ja das Hinzugesetzte immer ein Hindernis wird für die Erkenntnis dessen, dem es hinzugesetzt ist. Betrachte also abstrahierend, oder vielmehr der Abstrahierende betrachte sich selbst an und für sich, und er wird an seine Unsterblichkeit glauben, wenn er sich selbst als in der intelligiblen und reinen Welt weilend erschaut. Denn er wird einen Geist erblicken, der nichts Sinnliches und keins von diesen sterblichen Dingen sieht, sondern mit einem ewigen Vermögen das Ewige denkend erfaßt, nämlich alles in der intelligiblen Welt und die Welt selbst in ihrem intelligiblen und lichten Sein, wie sie strahlt in der vom Guten ausgehenden Wahrheit, welches über alles Intelligible das strahlende Licht der Wahrheit verbreitet. So wird es ihm oft scheinen als sei dies wahrlich ein schönes Wort: Lebt wohl, ich bin für euch ein unsterblicher Gott, wenn er sich zu dem Göttlichen erhoben und die Gleichheit mit ihm unverwandt anstrebt. Wenn aber die Reinigung uns zur Erkenntnis des Höchsten gelangen läßt, so ist es offenbar, daß auch die Erkenntnisse in uns liegen, die ja auch allein in Wahrheit Erkenntnisse sind. Denn nicht, indem sie irgendwie nach außen hin dringt, erschaut die Seele, Weisheit und Gerechtigkeit, sondern bei sich selbst in der denkenden Erfassung ihrer selbst, indem sie gleichsam in ihr selbst errichtete göttliche Bilder des Früheren schaut, welche von der Zeit mit Rost bedeckt sind und welche sie nun in ihrer Reinheit herstellt – wie wenn es ein beseeltes Stück Gold gäbe, das später alles Erdige von sich abstieße und das nun, während es zuvor über sich selbst in Unkenntnis war, weil es kein Gold sah, voll Verwunderung sich selbst anschaute in seiner Isolierung und inne würde, daß es gar keiner geliehenen Schönheit bedürfe, weil es am herrlichsten an und für sich sei, wenn man es allein für sich bleiben ließe.
Welcher vernünftige Mensch könnte über die Unsterblichkeit eines so beschaffenen Wesens noch in Zweifel sein? Eines Dinges, dem aus sich selbst ein unzerstörbares Leben innewohnt. Denn wie sollte es, da es ja nicht ein bloß hinzuerworbenes ist, noch auch so sich verhält wie dem Feuer die Wärme innewohnt. Ich meine indessen nicht, daß die Wärme dem Feuer nur akzidentiell zukomme, wohl aber, wenn auch nicht dem Feuer, so doch dem dem Feuer zu Grunde liegenden Stoff. Denn mit diesem

schwindet ja auch das Feuer dahin. Die Seele aber besitzt das Leben nicht in der Weise, daß sie zunächst als Materie zu Grunde läge und dann das Leben zu derselben hinzuträte und so die Seele herstellte. Denn *entweder* ist das Leben Substanz und die so beschaffene ist dann eine durch sich selbst lebende Substanz d. h. gerade das, was wir suchen, und dessen Unsterblichkeit werden sie zugeben, oder sie werden auch dieses wieder als ein Zusammengesetztes auflösen, bis sie auf ein Unsterbliches durch sich selbst Bewegtes kommen, welches dann nicht mehr von dem Lose des Todes betroffen werden darf – *oder* sie bezeichnen das Leben als eine der Materie akzidentiell zukommende Affektion und werden dann genötigt sein, eben jenes, von welchem aus immer diese Affektion in die Materie gekommen ist, als unsterblich anzuerkennen, da es das Gegenteil dessen von sich ausschließt, was es mitteilt. Aber freilich, es gibt nur *eine* der Wirklichkeit nach lebende Natur.

Keltische Religion

Die Kelten, deren Stammesbildung im südwestlichen Europa zur
Zeit der Urnenfeldkultur im 6./5. Jahrhundert v. Chr. erfolgte,
breiteten sich in der Folgezeit nahezu über den gesamten Konti-
nent aus. Im 3. Jahrhundert v. Chr. gelangten die Kelten über
Frankreich nach England, Schottland und Irland.

Nur wenige historische Zeugnisse zum Glauben der Kelten sind
überliefert. Hauptquelle sind die griechisch-römischen Autoren
und die Monumente, die meisten aus der römischen Zeit. Zudem
haben die antiken Autoren die Götter und Kulte der Kelten (Gallier genannt) auf die eigene Götterfiguration bezogen. So wurde
Teutates dem Merkur, Cernunnos dem Jupiter, Grannus dem
Apollo und Lenus dem Mars zugeordnet. Im Gegensatz zu den
Kelten, die auf dem Festland verblieben, haben die Kelten in
Schottland, in Wales und in Irland eine reiche epische Literatur
hervorgebracht. Auch in späterer Zeit, nach Einführung des
Christentums, zeigen sich hier noch vorchristliche mythologi-
sche Elemente deutlich. So soll die Theorie von der Seelenwanderung ein Kernstück der Geheimlehre der Druiden gewesen
sein. Nicht sicher ist freilich, ob man an eine unsterbliche Seele
glaubte. Christliche Autoren haben keltische Bräuche und religiöse Vorstellungen aufgeschrieben und gelegentlich mit christ-
lichem Gedankengut kombiniert. Alt und noch heute teilweise
lebendig ist der Glaube an übermenschliche, unsichtbare Wesen,
deren unterirdische Wohnsitze man in Hügeln annahm. Aus diesem Volksglauben entwickelten sich die mittelalterlichen Vorstellungen über Feen und andere dämonische Wesen.

Cäsar schreibt in *De bello Gallico* über die Feuerbestattung der

Kelten: »Die Leichenbegängnisse sind im Vergleich zur Lebensweise der Gallier prunkvoll und aufwendig. Alles, von dem sie glauben, daß es den Lebenden am Herzen lag, werfen sie ins Feuer, selbst Lebewesen, und noch vor nicht allzu langer Zeit wurden Diener und Hörige, [...] mit ihnen zusammen verbrannt.« Das Leben im Jenseits dachte man sich als Fortsetzung des diesseitigen Lebens. Die Stätte, auf der die Toten sich versammeln, nahm man auf einer fernen Insel der Seligen an. Der 887 gestorbene Dichter Máel Muire Othain hat über den altirischen Totengott Donn geschrieben, der die Kinder nach ihrem Tod zu sich auf seine Insel einlädt. In einem Gedicht aus dem 9. Jahrhundert sowie in anderen Textbruchstücken wird die Insel Teach Duinn als Aufenthaltsort der Toten genannt. Intram Bráin (8. Jahrhundert) schildert die Reise Bráns zur Insel der Seligen, wo die Helden unendlich lange Zeit weilen können. Wer die Insel aber verläßt, ist für immer gestorben. Das Hauptmotiv ist auch hier die Frage nach der Unsterblichkeit der Seele.

Máel Muire Othain

Nachrichten über den altirischen Totengott Donn[1]

Ein Steinhügel wurde von seiner Sippe aufgeführt
über dem weiten Meere,
eine alte Wohnstätte, eine selige Behausung,
und »Haus des Donn« wird sie daher genannt.
Und das war sein hehres Vermächtnis
für seine hundertfältige Nachkommenschaft:
»Zu mir in mein Haus sollt ihr kommen alle nach eurem Tod!«

Imram Bráin

Die Reise Bráns[2]

[...]
Es liegt eine Insel in weiter Ferne,
umflimmert von den Rossen der See;
eine glänzende Fahrt gegen weißflankige Wogen;
vier Pfeiler tragen sie.

Eine Augenweide, ein prangendes Band
ist das Feld, darauf die Scharen sich im Spiel messen.
Schiff streitet gegen Wagen
dort im südlichen Mag Findargat[3].

Füße von weißer Bronze unter ihr,
flimmernd durch Äonen von Glück.
Liebliches Land durch Weltäonen,
betropft von Blütenfülle.

Dort steht ein heiliger Baum mit Blüten bedeckt,
auf dem die Vögel die Stunden ausrufen.
Durch harmonischen Zusammenhang sind sie gewohnt,
vereint eine jegliche Stunde anzugeben.

Glanzlichter jeglicher Färbung flimmern
durch die sanft tönenden Gefilde.
Freude herrscht – eine Ranke um die Musik –
im südlichen Mag Argatnél[4].

Unbekannt ist Jammer und Verrat
in der bebauten, traulichen Flur.
dort liegt nicht Rauhes an Hartem,
nur wohllautende Musik trifft das Ohr.

Ohne Kummer, ohne Schmerz, ohne Tod;
ohne jede Krankheit, ohne Gebrechen:
Das ist das Kennzeichen von Emain[5],
ungewöhnlich ist solch ein Wunderland.

Schönheit eines hochberühmten Landes,
reizend anzusehen,
das Bild einer glänzenden Herrlichkeit,
unvergleichlich ist sein zarter Nebel.

Wenn dann Aircthech[6] dem Blick erscheint,
tropfen Edelsteine und Kristalle hernieder,
das Meer wäscht die Woge gegen den Strand,
Kristallflechten aus seiner Mähne.

Schätze, Kostbarkeiten jeder Farbe,
gibt es in Ciuin[7], unvergängliche Schönheit.
Lauschen auf wohllautende Musik,
Trinken edlen Nektars.

Güldene Streitwagen in Mag Réin[8]
heben sich mit der Flut der Sonne entgegen.
Silberne Wagen in Mag Mon[9],
und bronzene, ohne Makel.

Goldfarbene Rosse grasen dort,
wieder andere von purpurner Farbe,
andere Rosse mit Wolle auf dem Rücken,
ganz blau von der Farbe des Himmels.

Mit Sonnenaufgang naht
ein blonder Mann, der die Weiten erleuchtet.
Er fährt über die glänzende, meergepeitschte Ebene,
rührt die Meeresfläche auf, bis sie Blut ist.

Ein Heer naht über die schimmernde See,
es zeigt dem Land seine Ruderkunst,
dann rudert es hin zu dem leuchtenden Stein,
von dem hundertfältige Musik aufsteigt.

Er singt dem Heer eine Weise,
durch Äonen hin, eine kummerlose;
in hundert Chören schwillt die Musik,
nicht harrt ihrer Verfall noch Tod.

Vielgestaltiges Emain am Ozean,
bald nah, bald fern,
bewohnt von vielen Tausenden buntgekleideter Frauen,
umflossen von der schimmernden Flut.

Wenn er die Töne der Musik vernommen hat,
den Chor der Vöglein von Imchiuin[10],
dann naht der Reigen der Frauen von der Höhe
zu dem Spielplatz, wo er sich befindet.

Glück und Wohlbehagen kehren ein
in dem Land, das von Lachen widerhallt.
In Imchiuin kehrt jederzeit
beständige Freude ein.

Bei ewig schönem Wetter
tropft Silber auf das Land;
ein leuchtend weißer Fels am Gestade des Ozeans
empfängt heiße Glut von der Sonne.

Es wetteifert die Schar in Mag Mon,
ein prächtiges Spiel, nicht schwächlich!
In dem bunten Land, über der Fülle von Schönheit –
nicht harrt ihrer Verfall noch Tod.

Lauschen der Musik bei Nacht
und wandeln in Ildathach[11]
der bunten Flur, über einem Diadem von Schönheit,
über dem weiß leuchtende Wolken flimmern.

Dreiundfünfzig ferne Inseln liegen
im Ozean, westlich von uns:
Größer als Erin[12] um das Zweifache
ist eine jede von ihnen oder um das Dreifache.[13]

Laß dich nicht aufs Faulbett fallen
noch dich vom Rausch übermannen!
Wage die Fahrt übers schimmernde Meer,
ob du vielleicht das Land der Frauen erreichst.

Darauf ging die Frau von ihnen, ohne daß sie wußten, wohin.
Ihren Zweig aber nahm sie mit sich. Aus Bráns Hand sprang der
Zweig in die Hand der Frau, und Brán hatte nicht soviel Kraft in
seiner Hand, um den Zweig zu halten.

Am nächsten Morgen stach Brán in See. Dreimal neun Mann
stark war ihre Zahl. Jede der drei Abteilungen war von einem
seiner Ziehbrüder und Altersgenossen befehligt. Als er bereits
zwei Tage und zwei Nächte auf See war, sah er einen Mann in
einem Wagen über das Meer hin auf sich zukommen. Dieser
Mann sang vor ihnen alsdann dreißig weitere Strophen und gab
sich ihnen als Manannán mac Lir[14] zu erkennen. Er verkündete,
daß es ihm bevorstehen würde, einst in fernen Zeiten nach Irland
zu kommen und daß ihm dort ein Sohn geboren werden würde,
Mongan mac Fiachna[15]; diesen Namen würde er bekommen. Alsdann sang er ihnen die Strophen:

Wunderbar schön dünkt es Brán
in seinem Boot über der schimmernden See:
Für mich, in meinem Wagen aus weiter Ferne,
ist's ein blumiges Gefilde, über das er fährt.

Was schimmernde See ist
dem buggezierten Nachen Bráns,
das ist ein liebliches Gefilde mit Überfülle von Blumen
für mich von meinem zweirädrigen Wagen aus.

Brán sieht
die Schar der über die schimmernde See hinstürzenden Wogen
Ich selbst sehe in Mag Mon
rotköpfige Blumen ohne Makel.

Es zucken die Rosse des Ozeans im Sommer,
soweit Brán den Blick seines Auges schickt:
Bäche entsenden einen Honigstrom
im Reiche des Manannán mac Lir.

Der Glanz der See, auf der du weilst,
die Weiße des Meeres, auf dem du ruderst:
Gelb und blau dehnt es sich,
Erdboden ist es, nicht unsanft.

Scheckige Salme springen auf der Fläche
des weißen Meeres, über das du schaust:
Kälber sind es und bunte Lämmer
voll Zärtlichkeit, ohne gegenseitige Vernichtung.

Wiewohl man nur einen einzigen Wagenfahrer sieht
in Mag Mell[16] mit der Überfülle von Blumen,
so sind doch auf ihrer Fläche viele Rosse
ohne Rast, die du nicht siehst.

Gewaltige Ebenen, zahlloses Heer,
flimmernde Farben mit glänzendem Gepränge,
weiße Silberströme, Steige von Gold –
sie entsenden einen willkommenen Überfluß.

Ein liebliches, reizendes Spiel
treiben beim feurigen Wein
Männer und zarte Frauen unter Büschen,
ohne Sünde, ohne Schuld.

An Baumwipfeln entlang
hat dein Schifflein Furchen gezogen;
ein Wald mit herrlichen Früchten
ist unter dem Bug deines kleinen Bootes.

Ein Wald mit Blüten und Früchten
von dem starken Dufte des Weins,
ein Wald ohne Verfall, ohne Lichtung,
mit Blättern von der Farbe des Goldes.[17]

Diese Gestalt – er, den du hier siehst,
wird kommen in deine Gegenden (nach Irland)
Mir ist es beschieden, zu ihrem Hause zu wallen,
zu der Frau in Line-Mag[18].

Denn Moninnán mac Lir ist es
aus seinem Wagen in Gestalt eines Mannes.
Von seinem Stamme wird in kurzer Zeit
ein schöner Mann mit einem Körper weiß wie Kalk erstehen.

Liegen wird Monann[19], der Nachkomme des Ler[20],
ein kraftvoller Bettgenosse, neben Cáintigern[21].
Man wird ihn zu seinem Sohn rufen in der Welt der Schönheit;
Fiachna wird ihn als seinen eignen Sohn anerkennen.

Der wird das Volk jedes Síds[22] für sich gewinnen,
er wird der Liebling jedes guten Landes sein.
Er wird Geheimnisse verkünden – ein Weg der Wissenschaft! –
in der Welt, ohne gefürchtet zu werden.

Er wird die Gestalt jeglichen Getiers annehmen,
sowohl des blauen Meeres wie des Landes;
ein Drache wird er sein vor Heerscharen im Schauer,
ein Wolf in jedem Forst.

Er wird ein Hirsch mit silbernem Geweih sein,
in der Flur, da man auf Wagen dahinjagt;
er wird ein scheckiger Lachs in tiefem Weiher sein,
ein Seehund, ein glänzend weißer Schwan.[23]

Mag Brán nun entschlossen weiterrudern,
nicht fern ists mehr zum Land der Frauen.
Emain mit der bunten Farbe der Freigebigkeit
wird er noch vor Sonnenuntergang erreichen.

Danach verließ ihn Brán. Er erblickte eine Insel und ruderte
rings um sie herum. Eine große Schar Menschen war da mit weit-
geöffnetem Munde und lachend. Sie blickten auf Brán und seine
Begleiter, ließen sich aber auf kein Gespräch mit ihnen ein. Un-

aufhörlich brachen sie in Lachsalven gegen sie aus. Da schickte Brán einen seiner Leute auf die Insel. Der gesellte sich zu den anderen und sandte Lachsalven zu ihnen hin, gleich wie die Inselmenschen selbst. Er ruderte immer wieder um die Insel rund herum. Sooft der Mann an Brán vorbeikam, sprachen seine Gefährten ihn an. Er aber unterhielt sich nicht mit ihnen, sondern blickte sie nur immer an und schleuderte sein Lachen unter sie. Der Name dieser Insel ist Inis Subi »Freudeninsel«. Darauf ließen sie ihn dort zurück.

Nicht lange danach gelangten sie zu dem Land der Frauen und sahen die Führerin der Frauen in dem Hafen dort.
»O Brán mac Febail, gesegnet ist dein Kommen!« Aber Brán wagte es nicht, an Land zu gehen. Da schleudert die Frau einen Fadenknäuel auf Brán, gerade über sein Gesicht. Brán wirft seine Hand auf den Knäuel. Der aber blieb an seiner Handfläche kleben. Der Faden des Knäuels lag in der Hand der Frau, und sie zog das Boot hafenwärts. Darauf gingen sie in ein großes Haus. Man fand dort Betten für je ein Paar, und zwar dreimal neun Betten. Die Speise, die auf jeder Schüssel aufgetragen war, nahm vor ihnen nicht ab. Sie wähnten ein Jahr dort zu sein. In Wirklichkeit waren es viele Jahre. Nicht fehlte es ihnen an Gunstbezeugungen jeder Art.

Einen von ihnen, den Nechtan mac Collbrain[24], packte das Heimweh, und er und die Seinen baten Brán, mit ihnen nach Irland zurückzufahren. Da sagte die Frau, ihre Abreise würde sie reuen. Sie gingen trotzdem. Da sagte die Frau, niemand von ihnen würde das Land erreichen, und sie würden den Mann zu sich nehmen, der von seinen Gefährten auf der Freudeninsel zurückgelassen war.

Sie fuhren nun, bis sie auf eine Menschenansammlung in Srub Bráin stießen. Diese Leute fragten sie, wer da vom Meer her käme. Brán erwiderte: »Ich«, sagte er, »Brán mac Febail.« – »Wir haben seine Bekanntschaft noch nicht gemacht«, sagten die anderen, »nur daß wir die ›Reise Bráns‹ in unseren alten Sagen haben.«

Da stürzte sich jener Mann (Nechtan) von ihnen fort aus dem Boot. Sobald er aber den Boden Irlands berührte, war er ein Aschenhäuflein, so als hätte er schon Jahrhunderte hindurch in der Erde gelegen. Da sang Brán folgende Strophe:

Groß war die Torheit von Colbrains Sohn,
die Hand zu erheben gegen das Alter,
ohne jemand, der eine Welle reinen (Weih-)Wassers
über Nechtan mac Colbrain gösse.

Darauf teilt Brán den Versammelten alle seine Abenteuer von Anbeginn mit und schrieb diese Strophen in Ogom[25] nieder. Darauf wünschte er ihnen Lebewohl. Von Stund an erfuhr man nichts mehr von seinen Fahrten.

Römische Religion

Die Jenseitsvorstellungen der Römer zeigen in der Frühzeit ausgesprochen indoeuropäische Züge. Teile des Glaubenssystems der römischen Religion sind, wie die Gestalten der Götterwelt und die Idee der Unterwelt (Hades-Orkus) von den Griechen übernommen worden, in den ersten vorchristlichen Jahrhunderten vermittelt über die Etrusker und über die in Sizilien ansässigen Griechen. Insgesamt hat die römische Religion jedoch einen eher ametaphysischen Charakter und stark realistisch-pragmatische Züge. Das römische Imperium integrierte eine Vielzahl von Kulten; so bestanden neben dem offiziellen »Staatskult« zahlreiche lokale Kulte und Riten. Für fast jede Situation und Tätigkeit existierte ein besonderer Gott oder Schutzgeist. Jedem Menschen standen ein *genius*, ein persönlicher Beschützer, und die Manen, die Verstorbenen, die Ahnen zur Seite. Das Festhalten an der Tradition sollte den Bestand von Familie und Staat garantieren. Vor allem der ›Herd‹, als eine Art Altar, und Hausschreine waren die nichtöffentlichen Kultstätten, das Herdfeuer bildete den Mittelpunkt (wie im vedischen Glaubenssystem). Besonders verehrt wurden neben den Manen die Laren (Schutzgeister der Familie, der Feldflur und der Reisenden) und die Penaten (Gottheiten der Vorratskammer). Ihnen war mit Pietas, mit Frömmigkeit, zu begegnen. Zuständig für die Verrichtung der Zeremonien war der *pater familias* im römischen Familienverband, der geradezu sakralisiert wurde.

Das Grab des Verstorbenen war heilig. Man glaubte, daß die Seele nur nach einer den Riten entsprechenden Totenfeier befreit würde. Totenfeste bekräftigten die Bande mit den verstorbenen

Familienangehörigen, wie die Parentalia im Februar oder die Gespensterfurcht abwehrenden Lemuria im Mai; das Fest der Luperkalien diente der gemeinschaftlichen Reinigung und der universellen, Lebende und Tote umfassenden Erneuerung.

In der Kaiserzeit wurden Kulte und Riten mehr und mehr auf den Herrscher bezogen, der Imperator wurde religiös verehrt, bis er schließlich zum *sol invictus*, zum unbesiegten Sonnengott wurde. Im Gegensatz zur *religio*, zu den offiziellen Glaubensformen, stand die *superstitio*, der Aberglaube. So ist es nicht verwunderlich, daß Mysterien, wie die orphischen, der Dionysos- und der Mithras-Kult in Rom Eingang fanden und sogar Kaiser zu ihren Anhängern gehören.

Im 6. Gesang von Vergils Epos *Aeneis* findet sich eine konkrete Unterweltsbeschreibung: Aeneas' Abstieg in die Unterwelt, angelehnt an die Nekyia in der *Odyssee*. Elemente der platonischen sowie der stoischen Seelentheorie hat Cicero insbesondere in seinen *Tusculanischen Gesprächen* zusammengeführt.

Vergil

Aeneis 5./6. Gesang[1]*:*
Aeneas' Abstieg in die Unterwelt

[Sein Vater Anchises ermutigt Aeneas, seine Gefährten nach
    Italien zu führen:] Doch vorher
komm noch in Plutos Unterweltsreich, durch avernische[2] Tiefe
suche mich auf, mein Sohn. Ich hause ja nicht in dem
    schlimmen
Tartarus, bei den entsetzlichen Schatten, ich darf im Elysium
wohnen, im Kreis der Gerechten. Nach reichlichem Opfern des
    Blutes
schwarzer Tiere geleitet dorthin dich die keusche Sibylle[3]:
Über dein ganzes Geschlecht und die künftige Wohnstatt
    erhältst du
Auskunft.
[…]

Sechster Gesang

[...]

Gleich nach der Feier befolgte der Held das Geheiß der Sibylle.
Eine gewaltige Höhle gähnte in ragender, schroffer
Felswand, geschützt von dem düsteren See und schattigen
  Wäldern.
Vögel nicht einmal könnten sich ohne Gefährdung mit ihren
Schwingen darüber bewegen; so furchtbare Dunstmassen
  quollen
vor aus den finsteren Schlünden und stiegen zum
  Himmelsgewölbe.
Deshalb auch gaben die Griechen der Stätte den Namen »Aornos«.
Hierher führte die Priesterin gleich vier Stiere mit schwarzen
Rücken, begoß dann mit Wein die Stirnen der Tiere und zupfte
Haarspitzen mitten zwischen den Hörnern hervor. Als die ersten
Spenden des Opfers warf sie die Borsten ins heilige Feuer,
Hekate[4] rufend, die Herrin der Unterwelt wie auch des
  Himmels.
Diener durchschnitten die Kehlen der Tiere und ließen den
  warmen
Blutstrom in Schalen fließen. Aeneas erstach für die Mutter
der Eumeniden und ihre gewaltige Schwester ein schwarzes
Lamm und für dich, Proserpina[5], eine Kuh, die nicht kalbte.
Für den Gebieter der Unterwelt weihte er nächtliche Herde,
legte das Opferfleisch ungeschmälert hinein in die Flammen,
goß auch dickflüssiges Öl noch über die brennenden Teile.

Über die Schwellen des Lichtes lugte mit frühesten Strahlen
eben die Sonne. Da fing der Boden unter den Füßen
dumpf an zu dröhnen, begannen die waldigen Höhen zu
  wanken,
heulten, so schien es Aeneas, Hunde zum Zeichen der Ankunft
Hekates. »Haltet euch ferne, ihr nicht geweihten Gemeinen«,
warnte die Seherin, »wartet abseits des heiligen Haines!
Ziehe dein Schwert aus der Scheide, Aeneas, beginne den
  Abstieg:
Nunmehr bedarfst du der Kühnheit und eines nicht wankenden
  Mutes!«

Damit begab sie sich, wild wie berauscht, in das Innre der
      Grotte.
Neben der Führerin hielt sich Aeneas mit sicheren Schritten.

Götter im Reiche der Seelen, ihr ewig schweigenden Schatten,
Chaos, Phlegethon[6], ihr weiten, ihr nächtlich stillen Gefilde:
sei es vergönnt mir, zu sagen, was ich erfuhr, und mit eurer
Gunst zu enthüllen, was tief im Erdenschoß finster sich abspielt!

Dunkelumwallt, in einsamer Nacht, durchschritten sie Plutos
ödes, verfinstertes Reich, die Gefilde der nichtigen Schatten,
wie man bei spärlichem Schein des unsicher flimmernden
      Mondes
tief durch den Urwald zieht, wenn Jupiter düster den Himmel
einhüllt und schwarze Nacht die Farben der Dinge hinwegrafft.

Schon an der Vorhalle, vor dem Schlund, der zum Orkus
      hinabführt,
haben die Trauer, daneben das böse Gewissen ihr Lager,
hausen die bleichen Krankheiten, lauern das traurige Alter,
Furcht, der zum Unheil ratende Hunger, die schmachvolle
      Armut,
schreckliche Elendsgestalten, bei ihnen der Tod und die Mühsal,
weiter der Bruder des Todes, der Schlaf, und die sinnlichen
      Lüste,
Boten des Unglücks, und, grad auf der Schwelle, der tödliche
      Kriegsgott,
ragt die eiserne Zelle der Furien, hockt die verwirrte
Zwietracht, mit blutigen Binden im schlangenwimmelnden
      Haare.
Mitten im Vorhof breitete eine gewaltige Ulme
schattend die uralten Äste. Dort haben, erzählt man, die leeren
Träume in Schwärmen ihr Nest und hängen zwischen den
      Blättern.
Aber auch zahlreiche Ungetüme, verschieden gestaltet,
hausten am Eingang, Kentauren und Skyllen[7] mit zweierlei
      Körpern,
Briareus[8], wuchtig mit hundert Armen, die Schlange von
      Lerna[9],

grauenhaft zischend, Chimaera[10] mit züngelnden Flammen,
Gorgonen[11],
dann die Harpyien[12], Geryon[13] dazu mit seinen drei Leibern.
Jähes Entsetzen ergriff hier Aeneas, im Banne des Grauens
hielt er die blanke Klinge der nahenden Menge entgegen.
Hätte ihn nicht die Sibylle belehrt, daß hier hohle Gestalten,
körperlos, nichtig nur flatterten, hätte in plötzlichem Ansturm
er mit dem Schwerte ganz sinnlos die Schatten in Stücke
gehauen.

Weiter ging es von hier zum tartarischen Acheronstrome.
Schlammwirbelnd wallte sein Wasser in Strudeln von
gähnender Tiefe,
spie die Massen von treibendem Sand in das Bett des Kokytos.
Diese Gewässer und Flüsse bewachte der furchtbare Fährmann
Charon, entsetzlich verwahrlost. Graues Barthaar umwirrte,
niemals gepflegt, sein Kinn. Stier blickend, glühten die Augen.
Lässig verknotet, hing von den Schultern sein schmutziger
Mantel.
Selber bediente er sicher sein Fahrzeug mit Stange und Segel,
brachte im schwärzlichen Kahn die Toten über das Wasser,
alt schon, als Gottheit indessen noch rüstig, doch roh und
gefühllos.
Hin zu dem Fährmann drängte ans Ufer die wartende Menge,
Mütter und Gatten, vom Leben geschiedene tapfere Helden,
Knaben auch, Mädchen dazu, noch keinem Manne verbunden,
kraftvolle Männer, dem Holzstoß verfallen vor Augen der
Eltern:
Ebenso zahlreich wie Blätter im Wald, die beim herbstlichen
Froste
gleich auf den Erdboden wehen, wie Vögel auch, die sich in
Schwärmen
landwärts ziehen vom hohen Meere, sobald sie die kalte
Jahreszeit über die See hinwegscheucht in sonnige Länder.
Bittflehend standen sie da, zur Überfahrt vorwärts sich
drängelnd,
streckten die Arme voll Sehnsucht dem anderen Ufer entgegen.
Aber der mürrische Fährmann gewährte Bestimmten nur Zutritt;
andere hieß er zurücktreten, weit vom Sande des Ufers.

Voller Erstaunen, empört auch über das wilde Gedränge,
fragte Aeneas: »Was, Mädchen, bedeutet der Sturm auf das
    Ufer?
Was erflehen die Seelen? Welch Unterschied zwingt sie, zum
    Teile
hier zu verbleiben, teils über die tiefblauen Fluten zu rudern?«
Antwort erteilte in Kürze ihm gleich die langlebige Jungfrau:
»Sohn des Anchises, du echter Göttersproß, dir vor den Augen
liegt der Kokytos, träge und tief, und der stygische Sumpfstrom,
den die Unsterblichen auch als Rächer von Falscheiden
    fürchten.
Hilflos dort wimmelt die Menge der unbestatteten Seelen.
Charon ist der Fährmann, er setzt die Bestatteten über.
Durch die dumpf brausenden Fluten dürfen zum schrecklichen
    Strande
lediglich Seelen von schon begrabenen Leichnamen fahren.
Hundert Jahre lang flattern die anderen ziellos am Ufer;
dann erst bekommen sie die ersehnten Gewässer vor Augen.«

Reglos stehen blieb der Sohn des Anchises und dachte
mitleidig an das Los, das die Seelen unverdient quälte,
sah auch inmitten der Traurigen, die man im Tode nicht ehrte,
den Kommandanten der lykischen Flotte, Orontes, Leukaspis[14]
neben ihm; während der stürmischen Meerfahrt von Ilion
    packte
beide der Südsturm, riß in die Tiefe das Schiff und die
    Mannschaft.

Aber da irrte umher auch der Steuermann, Freund Palinuros[15],
der auf der Fahrt von Libyen kürzlich, die spähenden Blicke
fest auf die Sterne gerichtet, vom Heck in die Wogen gestürzt
    war.
Als Aeneas den Tiefbetrübten im Dunkel erkannte,
richtete er gleich die Worte an ihn: »Palinuros, erzähl mir,
welcher Himmlische dich uns entriß, in die Fluten auf hohem
Meere dich tauchte! Denn Phöbus, der vorher niemals mich
    täuschte,
hat mit dem einen Orakel mich sichtlich betrogen: Er sagte,
daß du gesund zu Wasser Ausoniens[16] Küste erreichen

würdest. Soll ich in dieser Auskunft die Wahrheit erkennen?«
[...]
Weiter verfolgten sie nunmehr den Weg und nahten dem Strome.
Schon von den stygischen Fluten aus sah sie der Fährmann den stillen
heiligen Hain durchschreiten und sich dem Uferrand nähern.
Ohne zu zögern, rief er sie an mit den scheltenden Worten:
»Wer du auch bist, der du unseren Strömen dich nahst, voll bewaffnet,
sage, weswegen du kommst, von drüben aus: Keinen Schritt weiter!
Schatten bewohnen das Land hier, der Schlaf und die Nacht als des Schlafes
Stunde. Lebende dürfen im stygischen Nachen nicht fahren.
Gar nicht zu meiner Freude setzte ich Herkules über,
als er mich aufsuchte, auch nicht Theseus, Peirithoos[17] mit ihm,
waren sie göttlichen Stamms auch und niemals an Kraft zu bezwingen.
Herkules packte und fesselte nämlich den Tartaruswachhund,
schleppte den Zitternden fort, direkt vom Thronsessel Plutos;
diese versuchten die Herrin aus Plutos Palast zu entführen!«

Kurz nur erteilte ihm die amphrysische Seherin Antwort:
»Keine derartige Hinterlist droht hier, die Waffen verschmähen
jede Gewalt. Du kannst dich beruhigen. Schrecke aus seiner
Höhle auf ewig der Wachhund bellend die blutleeren Schatten,
hüte Proserpina unbelästigt die Schwelle des Onkels!
Der Trojaner Aeneas, berühmt durch Kampfkraft und Treue,
steigt zu dem Vater hinab in die finstere Erebustiefe[18].
Wenn dich so innige Sohnesliebe allein nicht beeindruckt,
sieh hier den Zweig!« Und sie brachte ihn aus dem Gewande zum Vorschein.

Charons Erregung legte sich gleich, und man wechselte keine
Worte mehr. Staunend sah er die heilige Gabe, des Schicksals
goldenen Zweig, den er lange schon nicht zu Gesicht mehr bekommen,
wandte den schwarzblauen Nachen und kehrte zurück an das Ufer,

scheuchte von Bord die Seelen, die schon auf den Schiffsbänken
    saßen,
räumte das Fahrzeug gänzlich und ließ den Helden Aeneas
einsteigen. Knackend bogen sich unter der Last die geflochtnen
Binsen, und moddriges Wasser in Strömen drang durch die
    Ritzen.
Schließlich setzte er jenseits die Seherin samt dem Begleiter
sicher an Land, in häßlichem Schlamm und graugrünem
    Schilfgras.

Zerberus lag hier, entsetzlich, vorn in der Höhle und dröhnte,
bellend mit seinen drei Rachen, grauenhaft weit durch das
    Dunkel.
Aufzüngeln sah die Prophetin bereits den schlangenumzischten
Nacken und warf dem Untier zum Einschläfern einen aus
    starken
Zauberkräutern und Honig gemengten Bissen vor. Gierig
schnappten danach die drei Mäuler. Da dehnte der mächtige
    Körper
matt sich zu Boden und füllte, entspannt, gewaltig die Höhle.
Schlaf übermannte den Wächter. Aeneas erreichte den
    Eingang;
eilig verließ er den Strom, der keinem die Rückkehr ermöglicht.

Gleich nach dem Eintreten hörte er Stimmengewirr und
    Gewimmer,
weinende Seelen von Kindern, die an der Schwelle des Daseins
düster der Todestag fort von der Mutterbrust, fort von des
    Lebens
Freuden raffte und tief in das grausame Grab schon versenkte.

Neben den Kindern weilen die schuldlos zum Tode
    Verdammten;
freilich, hier finden sie rechtlich vom Lose bezeichnete Richter:
Minos, als Hauptrichter, schüttelt die Urne; aus schweigenden
    Scharen
wählt er den Rat der Geschworenen, prüft dann Leben und
    Taten.

Anschließend hausen voll Wehmut die Elenden, die sich mit
  eignen
Händen, ganz unschuldig, töteten, die, aus Abscheu vor diesem
Dasein, ihr Leben fortwarfen. Heute würden sie unter
freiem Himmel gern Armut und lastende Mühsal ertragen!
Götterrecht hemmt sie, der Sumpf, der verhaßte, bannt sie mit
  eklem
Schlamm, und die neunmal gewundene Styx hält fest sie
  umschlossen.

Cicero[19]

Tusculanische Gespräche

Wir wollen also alle Albernheiten verachten – welche mildere Bezeichnung könnte ich dieser Leichtfertigkeit geben? – und die
ganze Kraft eines guten Lebens wollen wir auf die Stärke und
Größe der Seele, die Verachtung und Geringschätzung aller
menschlichen Dinge und auf die Tugend überhaupt verwenden.
Denn jetzt lassen wir uns jedenfalls noch durch sehr schwächliche
Gedanken verweichlichen, so daß wir uns, wenn der Tod kommen
sollte, ehe wir erreicht haben, was uns die Chaldäer[20] versprochen
haben, gewisser großer Güter beraubt, verspottet und betrogen
vorkommen. Wenn wir aber in Erwartung und Verlangen hangen
und bangen, uns quälen und ängstigen, wie angenehm, bei den
unsterblichen Göttern, muß dann jener Weg sein, nach dessen
Vollendung es keine Sorge und keinen Kummer mehr geben wird!
Welche Freude macht mir doch Theramenes[21]! Von welch erhabe-
ner Gesinnung ist er! Denn auch wenn wir weinen, wenn wir es
lesen, so stirbt doch dieser berühmte Mann nicht beklagenswert:
Als dieser auf Befehl der dreißig Tyrannen in den Kerker geworfen worden war und das Gift wie ein Dürstender geschlürft hatte,
schüttete er den Rest so aus dem Becher, daß es klatschte; als
dieses Geräusch erklang, sagte er lachend: »Ich trinke dies auf das
Wohl des schönen Kritias.« Dieser war gegen ihn nämlich der
Schlimmste gewesen. Denn beim Gastmahl pflegen die Griechen

den zu nennen, dem sie den Becher weiterreichen wollen. So scherzte dieser hervorragende Mann beim letzten Atemzug, als er schon den Tod in seinem Innern aufgenommen hatte, und sagte wirklich dem, dem er mit dem Gift zugetrunken hatte, den Tod voraus, der dann auch bald darauf eintrat.

Wer würde mit dieser Gelassenheit eines glänzenden Geistes im Angesicht des Todes scherzen, wenn er den Tod für ein Übel hielte? In denselben Kerker und zu demselben Giftbecher schreitet wenige Jahre später Sokrates durch dasselbe Verbrechen der Richter wie Theramenes durch das der Tyrannen. Wie lautet nun seine Rede, die ihn Platon vor den Richtern gleich nach seiner Verurteilung zum Tod halten läßt?

»Ich habe große Hoffnung, ihr Richter«, sagte er, »daß es für mich gut ist, in den Tod geschickt zu werden. Denn er ist notwendigerweise eines von zwei Dingen; entweder nimmt der Tod uns alle Sinneswahrnehmungen völlig, oder man wandert durch den Tod von hier aus zu einem anderen Ort. Darum, sei es daß die Empfindung erlischt und der Tod dem Schlaf ähnlich ist, der manchmal sogar ohne Traumbilder eine sehr friedliche Ruhe bringt, was ist es dann für ein Gewinn zu sterben, ihr guten Götter! Oder wie viele Tage kann man finden, die man einer solchen Nacht vorziehen könnte. Wenn ihr die Ewigkeit der ganzen folgenden Zeit ähnlich ist, wer ist dann glücklicher als ich? Wenn aber wahr ist, was man sagt, daß der Tod in einer Wanderung in die Gefilde besteht, die die Toten bewohnen, dann ist das noch viel beglückender. Daß man, wenn man denen, die unter die Richter gezählt werden wollen, entronnen ist, zu denen gelangt, die wirklich den Namen Richter verdienen, zu Minos, Rhadamanthys, Aiakos und Triptolemos[22], und mit denen zusammenkommt, die gerecht und gewissenhaft gelebt haben – kann eine solche Wanderung euch gering erscheinen? Wenn man sich sogar mit Orpheus, Musaios[23], Homer und Hesiod unterhalten darf, wie hoch schätzt ihr das erst? Ich jedenfalls möchte, wenn es möglich wäre, oft sterben, um das Genannte erfahren zu können. Welche Freude aber würde ich empfinden, wenn ich mit Palamedes, mit Aias[24] und mit anderen, die durch ein ungerechtes Urteil hintergangen wurden, zusammenkäme! Ich würde auch die Klugheit des erhabensten Königs[25], der das riesige Heer gegen Troja führte, und die des Odysseus und des Sisyphus auf die Probe stellen und würde deswegen nicht, wenn ich diese Fragen stellte, die ich hier zu stellen pflegte, zum Tode verurteilt werden. – Auch ihr, die Richter, die ihr mich freigesprochen habt, fürchtet den Tod nicht! Denn keinem Gutgesinnten kann etwas Schlechtes widerfahren, weder im Leben noch im Tod, und niemals werden seine Dinge von den unsterblichen Göttern vernachlässigt werden, und auch mir widerfährt dies hier nicht aus Zufall. Ich habe aber auch keinen anderen Grund, denen, die mich angeklagt oder verurteilt haben, zu zürnen, außer deswegen, weil sie glaubten, mir zu schaden.« Das also waren seine Worte; nichts aber ist besser als der Schlußsatz: »Aber es ist Zeit«, sagte er, »jetzt von hier wegzugehen, für mich, um zu sterben, für euch aber, um euer Leben zu führen. Was von beidem aber besser ist, wissen die unsterblichen Götter; denn von den Menschen, glaube ich, weiß es niemand.«

Ich hätte viel lieber diese Gesinnung als das Vermögen all derjenigen, die über ihn geurteilt haben. Wenn er auch das, wovon er sagt, niemand außer den Göttern wisse es, selbst wohl weiß, nämlich was von beidem besser ist – denn er hat es ja vorher gesagt –, so hält er doch bis zu seinem Lebensende fest an seinem Grundsatz, nichts als sicher zu behaupten. Wir aber wollen daran festhalten, daß wir nichts als ein Übel ansehen, was von der Natur allen gegeben ist, und wir wollen einsehen, daß der Tod, wenn er denn ein Übel sein sollte, ein ewiges Übel ist. Denn der Tod ist offenbar das Ende eines beklagenswerten Lebens; wenn der Tod beklagenswert ist, kann es dafür kein Ende geben.

Aber wozu erwähne ich Sokrates und Theramenes, durch den Ruhm ihrer Tüchtigkeit und Weisheit herausragende Männer, da doch ein Spartaner, dessen Namen nicht einmal überliefert ist, den Tod so sehr verachtete, daß er, als er nach seiner Verurteilung durch die Ephoren[26] auf dem Weg zur Hinrichtung eine heitere und frohe Miene zeigte und ihn ein Feind fragte: »Verachtest du die Gesetze des Lykurg?«, antwortete: »Ich bin ihm vielmehr zu höchstem Dank verpflichtet, weil er mich mit der Strafe belegt hat, die ich bezahlen kann, ohne Geld zu leihen und ohne Zins zu zahlen.« Ein Mann, Spartas würdig! Mir jedenfalls scheint jemand, der eine solche Geistesgröße zeigte, unschuldig verurteilt worden zu sein. Unser Staat hatte unzählige Männer mit einer solchen Gesinnung. Aber wozu soll ich Heerführer und Staatsmänner erwähnen, da doch Cato[27] schreibt, die Legionen seien oft fröhlich dorthin gezogen, von wo es nach ihrer Überzeugung für sie keine Rückkehr mehr geben konnte? Mit gleicher Gesinnung sind in den Thermopylen die Lakedaimonier gefallen, auf die Simonides[28] dichtete: »Wanderer, kommst du nach Sparta, verkündige dorten, du habest uns hier liegen gesehen, wie das Gesetz es befahl.« Was sagt jener Feldherr Leonidas? »Vorwärts mit tapferem Mut, Lakedaimonier, vielleicht werden wir heute noch in der Unterwelt speisen.« Dieses Volk war tapfer, solange die Gesetze des Lykurg Bestand hatten. Als ein persischer Feind in einer Unterredung prahlerisch gesagt hatte: »Ihr werdet wegen der Menge der Speere und Pfeile die Sonne nicht sehen«, sagte einer von ihnen: »Also werden wir im Schatten kämpfen.«[29] Ich rede von Männern: Welche Haltung zeigte eine Spartanerin? Als sie ihren Sohn in den Kampf geschickt und gehört hatte, er sei gefallen, sagte sie: »Dazu habe ich ihn geboren, daß er bereit sei, ohne Zögern für das Vaterland den Tod zu erleiden.«

Mag sein: die Spartaner sind tapfer und hart, eine große Bedeutung hat die Zucht des Staates. Aber nun? Bewundern wir Theodoros aus Kyrene, einen hoch angesehenen Philosophen, etwa nicht? Als der König Lysimachos ihm mit dem Tod am Kreuz drohte, sagte er: »Bitte, drohe dieses schreckliche Schicksal doch deinen Purpurträgern an. Für Theodoros jedenfalls hat es keine Bedeutung, ob er auf der Erde oder in der Luft verwest.«

Dessen Ausspruch bringt mich darauf, daß ich glaube, noch etwas sagen zu müssen über Beerdigung und Bestattung, ein leichtes Problem, besonders wenn man das eingesehen hat, was kurz zuvor über die Empfindungslosigkeit gesagt worden ist. Was Sokrates darüber dachte, wird deutlich in dem Buch[30], in dem von seinem Tod berichtet wird und über das wir schon so viel gesagt haben. Als er nämlich über die Unsterblichkeit der Seelen gesprochen hatte und die Todesstunde kurz bevorstand, fragte ihn Kriton, wie er bestattet werden wolle. Er antwortete: »Viel Mühe, Freunde, habe ich in der Tat vergeblich aufgewandt; denn unseren Freund Kriton habe ich nicht davon überzeugen können, daß ich von hier wegfliegen und nichts von mir hier zurücklassen werde. Wenn du mich aber, mein Kriton, einholen kannst oder irgendwo erreichst, dann bestatte mich, wie du willst. Aber glaube mir, niemand von euch wird mich, wenn ich von hier weggegangen bin, einholen.« Ausgezeichnet hat er das gesagt, weil er sich sowohl dem Freund gegenüber nachgiebig zeigte als auch bewies, daß er sich um diese ganze Angelegenheit keine Sorgen mache. Derber war Diogenes, und das, obwohl er dasselbe dachte, aber er sprach eben bissiger, weil er ja ein Kyniker war: Er befahl, man solle ihn unbeerdigt einfach hinwerfen. Da fragten seine Freunde: »Den Vögeln und den wilden Tieren?« Er antwortete: »Keineswegs, sondern legt neben mich einen Stock, mit dem ich sie vertreiben kann.« »Wie wirst du das können?« sagten darauf jene, »denn du wirst keine Empfindung mehr haben.« »Was also wird es mir ausmachen, von wilden Tieren zerfleischt zu werden, wenn ich keine Empfindung mehr habe?« Treffend sprach auch Anaxagoras[31], der, als er in Lampsakos[32] im Sterben lag, auf die Frage seiner Freunde, ob er in seine Heimat Klazomenai[33] gebracht werden wolle, wenn ihm etwas zustoße, sagte: »Es ist nicht nötig, denn von überall her ist der Weg in die Unterwelt gleich weit.« Bei dieser ganzen Frage der Bestattung muß man eines festhalten, daß sie sich nur auf den Körper bezieht, gleichgültig ob die Seele nun zugrunde gegangen ist oder weiter besteht. Es ist aber klar, daß im Körper, sei es, daß die Seele erloschen oder entwichen ist, keine Empfindung zurückbleibt. Aber alles ist voll von Irrtümern. Achill schleift den an seinen Wagen gebundenen Hektor hinter sich her: Er glaubt, wie ich meine, daß er zerfleischt werde und es auch empfinde. Also rächt er sich, wie er jedenfalls meint. Jene[34] aber trauert wie über das schlimmste Unglück: »Ich sah, was zu sehen ich nur unter schweren Qualen ertrug, daß Hektor von einem Viergespann dahingeschleift wurde.« Welchen Hektor, oder wie lange wird jener noch Hektor sein? Besser sagen es Accius[35] und Achill, der manchmal weise ist: »Ja wahrhaftig, dem Priamos gab ich die Leiche nur, den Hektor nahm ich weg.« Du hast also nicht Hektor dahingeschleift, sondern nur den Körper, der Hektor gehört hatte. Siehe, ein anderer erhebt sich aus der Erde, der seine Mutter nicht schlafen läßt: »Mutter, ich rufe dich an, die du die bange Sorge durch Schlaf linderst und mit mir kein Mitleid hast, erhebe dich und bestatte deinen Sohn.«[36] Wenn diese Worte zu verhaltenen und klagenden Weisen, die das ganze Theater mit Schmerz erfüllen, gesungen werden, ist es schwierig, diejenigen, die nicht bestattet sind, nicht für unglücklich zu halten. »Ehe die wilden Tiere und die Vögel –«, er fürchtet, die zerfleischten Glieder weniger gebrauchen zu können; bei verbrannten fürchtet er das nicht. »Laß nicht zu, daß meine halbzerfressenen Reste mit entblößten Knochen, besudelt mit Eiter, scheußlich über die Erde hin und her gezerrt werden.« Ich verstehe nicht, was er fürchtet, wenn er so gute Septenare[37] zur Flöte von sich gibt. Man muß also daran festhalten, daß man sich nach dem Tod um nichts Sorgen machen muß, auch wenn viele ihre Feinde noch nach dem Tod bestrafen. In wirklich beeindruckenden Versen stößt Thyest bei Ennius[38] Verwünschungen aus, zunächst, Atreus[39] solle durch einen Schiffbruch untergehen: Hart ist dies freilich; denn ein solcher Tod geschieht nicht ohne schlimme Qual; folgendes aber ist unsinnig: »Er selbst aber soll mit seinem Körper an rauhen Felsspitzen aufgespießt hängen, mit herausquellenden Eingeweiden, die Felsen mit Jauche, Eiter und schwarzem Blut besprengend.« Die Felsen selbst werden eben sowenig eine Empfindung haben wie jener »mit dem Körper Hängende«, dem dieser glaubt, die Qual wünschen zu sollen. Das wäre hart, wenn er Empfindung hätte, so aber bedeutet es nichts, da ja die Empfindung fehlt. Folgendes jedoch ist völlig unsinnig: »Und er soll kein Grab, wo er sich bergen könnte, haben, einen Hafen für den Körper, wo der Körper, wenn das menschliche Leben zu Ende ist, sich von seinen Leiden ausruhen kann.« Du siehst, auf welch großem Irrtum diese Worte beruhen: Er glaubt, es gebe einen Hafen für den Körper, und der Tote finde Ruhe im Grab; hierin liegt eine große Schuld des Pelops, weil er seinen Sohn nicht unterwies und nicht belehrte, wie weit man sich um alles Sorgen machen muß.

Aber wozu soll ich die Meinungen von Einzelpersonen rügen, da man doch mannigfache Irrtümer ganzer Völker betrachten kann? Die Ägypter balsamieren ihre Toten ein und bewahren sie zu Hause auf; die Perser setzen sie bei, nachdem sie sie sogar mit Wachs überzogen haben, damit die Leichen möglichst lange erhalten bleiben. Die Magier[40] haben die Sitte, die Leichen ihrer Angehörigen erst dann zu beerdigen, wenn sie zuvor von wilden Tieren zerfleischt wurden. In Hyrkanien[41] hält das Volk auf Staatskosten Hunde, die Vornehmen auf eigene Kosten zu Hause: wir wissen aber, daß es sich um eine edle Hunderasse handelt, doch ein jeder zieht nach seinen Vermögensverhältnissen welche, um sich von ihnen zerreißen zu lassen, und sie glauben, dies sei die beste Art der Bestattung.

Sehr vieles andere noch sammelt Chrysipp[42], da er ja in seiner ganzen Forschung um Neues bemüht ist, aber manches ist so ekelerregend, daß meine Rede es meidet und davor zurückschreckt. Also dieses ganze Problem ist, soweit es unsere eigene Person angeht, ohne Bedeutung, soweit es unsere Angehörigen angeht, darf man es nicht vernachlässigen, doch so, daß wir als Lebende uns bewußt sind, daß die Körper der Toten keine Empfindung haben. Wie viele Zugeständnisse man aber der Tradition und der öffentlichen Meinung machen muß, darum sollen sich die Lebenden kümmern, aber so, daß sie einsehen, daß dies die Toten nichts angeht.

Jedoch stirbt man in der Tat dann mit dem größten Gleichmut, wenn man sich am Ende des Lebens mit seinen Verdiensten trösten kann. Niemand hat zu kurz gelebt, der die Aufgabe sittlicher Vollkommenheit voll erfüllt hat. Es gab für mich manche Umstände, da mir der Tod gelegen gekommen wäre. Hätte ich doch sterben können! Denn nichts ließ sich mehr erreichen[43]; die Aufgaben des Lebens waren in höchstem Maß erfüllt; nur noch Kämpfe mit dem Schicksal blieben übrig. Darum, wenn die Vernunftgründe allein nicht erreichen, daß wir den Tod verachten können, dürfte doch das verbrachte Leben erreichen, daß wir den Eindruck haben, mehr als genug gelebt zu haben. Denn obschon die Empfindung geschwunden ist, entbehren die Toten dennoch nicht die ihnen eigenen und ihnen gehörenden Güter der Ehre und des Ruhmes, auch wenn sie es nicht merken. Wenn auch der Ruhm nichts an sich hat, weswegen man ihn erstreben sollte, so folgt er doch der Tüchtigkeit wie ein Schatten.

Christentum

Die christliche Religion ist eine Erlösungsreligion. Grundlegend ist der Glaube an *einen* Gott als Dreifaltigkeit, die Wesenseinheit aus Vater, Sohn und Heiligem Geist. Der Glaube an Jesus Christus ist der Glaube an das Leben, das den Tod überwindet. Die bedingungslose Liebe des dreieinigen Gottes betrifft das gesamte Menschsein, und die Heilszusage gilt allen Menschen. Die zentrale Botschaft lautet, daß die Zeit erfüllt und das Reich Gottes nahe ist (Markus 1,15); das Eschaton steht unmittelbar bevor. »Seid wachsam! Darum wachet, denn ihr wißt nicht, an welchem Tag euer Herr kommt.« (Matthäus 24,42)
Der ganzheitlichen Auffassung vom Menschen entspricht die schon im Urchristentum vorhandene Vorstellung eines Weiterlebens der Seele und einer leiblichen Auferstehung, der leib-seelischen Einheit bei den Auferstandenen im Jenseits. Der Himmel aber ist kein realer Ort im Universum, sondern geistig; Christus herrsche »weit über allen Himmeln« (Epheser 4,10). Das Gottesreich wird nicht durch Katastrophen, Kataklysmen angekündigt, sondern es erscheint ohne äußere Zeichen: »Das Reich kommt nicht so, daß es man es beobachten könnte. Auch wird man nicht sagen können: ›Siehe, hier! Siehe, dort!‹ Denn, wißt, das Reich Gottes ist immer unter euch.« (Lukas 17,20 f.) Der Gläubige wird Christus entweder am Ende der Zeiten, beim zweiten Kommen Christi auf Erden und bei der Auferstehung der Toten begegnen (1 Thessalonicher 4,15-17), oder er wird bereits bei seinem Tod »mit Christus« (Philipper 1,23) im Himmel sein. »Wenn wir aber mit Christus gestorben sind, so glauben wir, auch an seinem Leben teilzunehmen. Wissen wir doch, daß Christus, von den

Toten auferstanden, nicht wieder stirbt. Der Tod hat keine Macht mehr über ihn.« (Römer 6,9). Die Glaubensgewißheit des Christentums besteht darin, daß die Getauften mit Christus leben werden. »Und so hoffe ich fest und zuversichtlich, daß ich in keiner Weise zuschanden werde, daß vielmehr Christus vor aller Welt, wie immer, so auch jetzt an meinem Leibe verherrlicht wird: sei es durch Leben, sei es durch Sterben. Denn Christus ist für mich das Leben, und das Sterben ist Gewinn.« (Philipper 1,20-24). Für die Andersgläubigen war die zentrale Botschaft der christlichen Theologie – die Inkarnation des Erlösers, sein Leiden und seine Auferstehung – nicht nachvollziehbar. Allerdings gab es eine Annäherung an den Gnostizismus, der auch christliche Varianten ausbildete.

Am Tag des Jüngsten Gerichts wird Gott den Menschen zum Leben auferwecken, die Menschen werden gerichtet und nach ihren Taten belohnt oder bestraft. Die Seligen, Gerechten, Barmherzigen und Gnädigen gehen in das ewige Leben, in das Himmelreich ein. Der Himmel ist ein Ort des ewigen Friedens, wo es kein Leid, keine Angst, keinen Krieg und keine Krankheiten mehr gibt (Offenbarung 21,1-5). Die Feigen aber und Ungläubigen, die Frevler, Mörder, Unzüchtigen, die Zauberer, Götzendiener und alle Lügner, deren Teil wird in dem Pfuhl sein, der mit Feuer und Schwefel brennt; das ist der Zweite Tod. (Offenbarung 21,8).

Nach katholischer Lehre werden die Seelen der Sünder zuerst von ihren Fehlern im Fegefeuer geläutert, um dann in den Himmel zu gelangen. Die Vorstellung vom Feuer als Reinigungssymbol war im Altertum weit verbreitet. Im 6. Jahrhundert untermauerte Papst Gregor der Große die Vorstellung vom Fegefeuer, das seine kultur- und sozialgeschichtliche Bedeutung bis zur Reformation bewahrte: »Man muß glauben, daß es vor dem Gericht für gewisse leichte Sünden noch ein Reinigungsfeuer gibt, weil die ewige Wahrheit sagt, daß, wenn jemand wider den Heiligen Geist lästert, ihm ›weder in dieser noch in der zukünftigen Welt‹ vergeben wird«. Die orthodoxen Kirchen lehnten und lehnen die Lehre vom Fegefeuer ab. Diese Uneinigkeit führte zur endgültigen Spaltung der Ost- und Westkirche im Konzil von Florenz 1438/39. Auch der Protestantismus verneint die Lehre vom Fegefeuer, da sie biblisch nicht bezeugt ist. Überdies widerspreche der Vorstellung eines Fegefeuers die Ansicht, daß der

Mensch allein durch den Glauben vor Gott gerecht werde. Martin Luther schrieb in den Schmalkaldischen Artikeln (1537): »Darum ist das Fegefeuer mit all seinem Gepränge, Gottesdienst und Gewerbe für lauter Teufelsgespinst zu achten.«

Der Gegensatz von Himmel und Hölle wird als Projektion der bereits im Diesseits wirkenden polaren Mächte (Engel und Satan) verstanden. Durch die apokryphe *Offenbarung des Petrus* wurde vor allem die mittelalterliche Vorstellung der Hölle als Ort der ewigen Strafen stark geprägt. Obwohl diese Schrift nicht in den biblischen Kanon aufgenommen wurde, sahen sie einige Apologeten wie zum Beispiel Clemens Alexandrinus (150–215) als ein Zeugnis des Apostels Simon Petrus an, so daß der Einfluß des Textes bedeutend war.

Es ist eine Fülle von christlichen Jenseitsvorstellungen überliefert, im Neuen Testament voran die Offenbarung des Johannes und das Erlebnis des Apostels Paulus, der (nach 2 Korinther 12) bis in den dritten Himmel entrückt worden sei und im Paradies unaussprechliche Worte vernommen habe. Eine apokryphe Paulus-Apokalypse aus dem 4. Jahrhundert, die Visio Sancti Pauli, gestaltet die Jenseitsvision und Himmelsreise außerordentlich plastisch.

Die Seelenlehre des Mittelalters orientierte sich jahrhundertelang an den Kirchenvätern, vor allem an Augustinus. In den mystischen Visionen einer Hildegard von Bingen, einer Mechthild von Magdeburg, eines Meister Eckhart, Heinrich Seuse, später eines Jakob Böhme und anderer zeigt sich ein unmittelbarerer Zugang zur Frage der Seele und ihrem Verhältnis zu Gott und Welt. So betonte Meister Eckhart, daß der Seelengrund oder das »Seelenfünklein« nicht im Intellekt zu suchen und nicht »etwas an der Seele« (aliquid animae) sei, sondern »etwas in der Seele« (aliquid in anima). Dieses Fünklein sei zur Gotteserkenntnis befähigt. Dante hat dem Weg der Seele nach dem Tod, durch das Fegefeuer zum Himmel oder zur Hölle, ein grandioses literarisches Denkmal gesetzt. Martin Luther sah die Seligkeit allein vom Glauben abhängig: Der Mensch könne sich die Seligkeit nicht verdienen, sie werde ihm von Gott aus Liebe geschenkt. Der Mensch müsse dies lediglich im Glauben annehmen (*sola fide, sola gratia*). In seinem noch in der Tradition römisch-katholischer Theologie und Frömmigkeit stehenden *Sermon von der*

Bereitung zum Sterben hat er der Ars moriendi, der Kunst des Sterbens, eine eindringliche Systematik gegeben.

Das Neue Testament

Offenbarung des Johannes[1]

Kapitel 21

1 Und ich sah einen neuen Himmel und eine neue Erde; denn der erste Himmel und die erste Erde verging, und das Meer ist nicht mehr. 2 Und ich, Johannes, sah die heilige Stadt, das neue Jerusalem, von Gott aus dem Himmel herabfahren, bereitet als eine geschmückte Braut ihrem Mann. 3 Und ich hörte eine große Stimme von dem Stuhl, die sprach: Siehe da, die Hütte Gottes bei den Menschen! und er wird bei ihnen wohnen, und sie werden sein Volk sein, und er selbst, Gott mit ihnen, wird ihr Gott sein; 4 und Gott wird abwischen alle Tränen von ihren Augen, und der Tod wird nicht mehr sein, noch Leid noch Geschrei noch Schmerz wird mehr sein; denn das Erste ist vergangen. 5 Und der auf dem Stuhl saß, sprach: Siehe, ich mache alles neu! Und er spricht zu mir: Schreibe; denn diese Worte sind wahrhaftig und gewiß! 6 Und er sprach zu mir: Es ist geschehen. Ich bin das A und das O, der Anfang und das Ende. Ich will den Durstigen geben von dem Brunnen des lebendigen Wassers umsonst. 7 Wer überwindet, der wird es alles ererben, und ich werde sein Gott sein, und er wird mein Sohn sein. 8 Der Verzagten aber und Ungläubigen und Greulichen und Totschläger und Hurer und Zauberer und Abgöttischen und aller Lügner, deren Teil wird sein in dem Pfuhl, der mit Feuer und Schwefel brennt; das ist der andere Tod. 9 Und es kam zu mir einer von den sieben Engeln, welche die sieben Schalen voll der letzten sieben Plagen hatten, und redete mit mir und sprach: Komm, ich will dir das Weib zeigen, die Braut des Lammes. 10 Und er führte mich hin im Geist auf einen großen und hohen Berg und zeigte mir die große Stadt, das heilige Jerusalem, herniederfahren aus dem Himmel von Gott, 11 die hatte die Herrlichkeit Gottes. Und ihr Licht war gleich dem alleredel-

sten Stein, einem hellen Jaspis. 12 Und sie hatte eine große und hohe Mauer und hatte zwölf Tore und auf den Toren zwölf Engel, und Namen darauf geschrieben, nämlich der zwölf Geschlechter der Kinder Israel. 13 Vom Morgen drei Tore, von Mitternacht drei Tore, vom Mittag drei Tore, vom Abend drei Tore. 14 Und die Mauer der Stadt hatte zwölf Grundsteine und auf ihnen Namen der zwölf Apostel des Lammes. 15 Und der mit mir redete, hatte ein goldenes Rohr, daß er die Stadt messen sollte und ihre Tore und Mauer. 16 Und die Stadt liegt viereckig, und ihre Länge ist so groß als die Breite. Und er maß die Stadt mit dem Rohr auf zwölftausend Feld Wegs. Die Länge und die Breite und die Höhe der Stadt sind gleich. 17 Und er maß ihre Mauer, hundertvierundvierzig Ellen, nach Menschenmaß, das der Engel hat. 18 Und der Bau ihrer Mauer war von Jaspis und die Stadt von lauterm Golde gleich dem reinen Glase. 19 Und die Grundsteine der Mauer um die Stadt waren geschmückt mit allerlei Edelgestein. Der erste Grund war ein Jaspis, der andere ein Saphir, der dritte ein Chalzedonier, der vierte ein Smaragd, 20 der fünfte ein Sardonix, der sechste ein Sarder, der siebente ein Chrysolith, der achte ein Berill, der neunte ein Topas, der zehnte ein Chrysopras, der elfte ein Hyazinth, der zwölfte ein Amethyst. 21 Und die zwölf Tore waren zwölf Perlen, und ein jeglich Tor war von einer Perle; und die Gassen der Stadt waren lauteres Gold wie ein durchscheinend Glas. 22 Und ich sah keinen Tempel darin; denn der HERR, der allmächtige Gott, ist ihr Tempel, und das Lamm. 23 Und die Stadt bedarf keiner Sonne noch des Mondes, daß sie scheinen; denn die Herrlichkeit Gottes erleuchtet sie, und ihre Leuchte ist das Lamm. 24 Und die Heiden, die da selig werden, wandeln in ihrem Licht; und die Könige auf Erden werden ihre Herrlichkeit in sie bringen. 25 Und ihre Tore werden nicht verschlossen des Tages; denn da wird keine Nacht sein. 26 Und man wird die Herrlichkeit und die Ehre der Heiden in sie bringen. 27 Und es wird nicht hineingehen irgend ein Gemeines und das da Greuel tut und Lüge, sondern die geschrieben sind in dem Lebensbuch des Lammes.

Kapitel 22
1 Und er zeigte mir einen lautern Strom des lebendigen Wassers, klar wie ein Kristall; der ging aus von dem Stuhl Gottes und des

Lammes. 2 Mitten auf ihrer Gasse auf beiden Seiten des Stroms stand Holz des Lebens, das trug zwölfmal Früchte und brachte seine Früchte alle Monate; und die Blätter des Holzes dienten zu der Gesundheit der Heiden. 3 Und es wird kein Verbanntes mehr sein. Und der Stuhl Gottes und des Lammes wird darin sein; und seine Knechte werden ihm dienen 4 und sehen sein Angesicht; und sein Name wird an ihren Stirnen sein. 5 Und wird keine Nacht da sein, und sie werden nicht bedürfen einer Leuchte oder des Lichts der Sonne; denn Gott der HERR wird sie erleuchten, und sie werden regieren von Ewigkeit zu Ewigkeit. 6 Und er sprach zu mir: Diese Worte sind gewiß und wahrhaftig; und der HERR, der Gott der Geister der Propheten, hat seinen Engel gesandt, zu zeigen seinen Knechten, was bald geschehen muß. 7 Siehe, ich komme bald. Selig ist, der da hält die Worte der Weissagung in diesem Buch. 8 Und ich bin Johannes, der solches gehört hat.

Offenbarung des Petrus[2]

Und indem er auf dem Ölberg saß, traten zu ihm die Seinigen, und wir beteten ihn an und flehten einzeln ihn an und baten ihn, indem wir zu ihm sagten: »Tue uns kund, was die Zeichen deiner Parusie[3] und des Endes der Welt sind, damit wir erkennen und merken die Zeit deiner Parusie und die nach uns Kommenden unterweisen, denen wir das Wort deines Evangeliums predigen und die wir in deiner Kirche einsetzen, damit sie, wenn sie es hören, sich in acht nehmen, daß sie merken die Zeit deiner Parusie.« Und unser Herr antwortete uns, indem er zu uns sagte: »Gebt acht, daß man euch nicht verführe und daß ihr nicht Zweifler werdet und anderen Göttern dienet. Viele werden kommen in meinem Namen, indem sie sagen: ›Ich bin Christus.‹ Glaubet ihnen nicht und nähert euch ihnen nicht. Denn die Parusie des Gottessohnes wird nicht offenbar sein, sondern wie der Blitz, der scheint vom Osten bis zum Westen, so werde ich kommen auf der Wolke des Himmels mit großem Heer in meiner Herrlichkeit; indem mein Kreuz vor meinem Angesicht hergeht, werde ich kommen in meiner Herrlichkeit; indem ich siebenmal so hell wie die Sonne leuchte, werde ich kommen in meiner Herrlichkeit mit allen meinen Heiligen, meinen Engeln, wenn mein Vater mir eine Krone aufs Haupt setzt, damit ich richte die Lebendigen und die Toten und jedem vergelte nach seinem Tun.

Und ihr – nehmet von dem Feigenbaum das Gleichnis davon: Sobald sein Sproß hervorgekommen und seine Zweige getrieben sind, wird eintreten das Ende der Welt.« – Und ich, Petrus, antwortete ihm und sagte zu ihm: »Deute mir betreffs des Feigenbaums und woran wir das erkennen, denn alle seine Tage hindurch sproßt der Feigenbaum und jedes Jahr bringt er seine Frucht seinen Herren. Was bedeutet also das Gleichnis vom Feigenbaum? Wir wissen es nicht.« – Und es antwortete mir der Meister und sagte zu mir: »Verstehst du nicht, daß der Feigenbaum das Haus Israel ist? Wie ein Mann in seinem Garten einen Feigenbaum gepflanzt hatte, und der brachte nicht Frucht. Und er suchte seine Frucht lange Jahre. Und da er sie nicht fand, sagte er zu dem Hüter seines Gartens: ›Reiß diese Feige aus, damit sie uns nicht unser Land unfruchtbar sein läßt!‹ Und der Gärtner sagte zu Gott: ›Wir Diener wollen ihn vom Unkraut reinigen und den Boden unter ihm umgraben und ihn mit Wasser begießen. Wenn er dann nicht Frucht bringt, wollen wir sogleich seine Wurzeln aus dem Garten entfernen und einen andern an seiner Statt pflanzen.‹ Hast du nicht begriffen, daß der Feigenbaum das Haus Israel ist? Wahrlich, ich sage dir, wenn seine Zweige getrieben haben am Ende, wird an vielen Orten ein lügnerischer Christus kommen und die Hoffnung erwecken mit den Worten: ›Ich bin Christus, der ich einst in die Welt gekommen bin.‹ Und wenn sie die Bosheit seines – je des falschen Christus – Tuns sehen, werden sie sich abwenden hinter dem je falschen Christus her und den verleugnen, dem unsere Väter Lobpreis sagten, die den ersten Christus kreuzigten und damit schwer sündigten. Dieser Lügnerische ist aber nicht Christus. Und wenn sie ihn verschmähen, wird er mit Schwertern und Dolchen morden, und es wird viele Märtyrer geben. Alsdann werden die Zweige des Feigenbaums, d.h. des Hauses Israel, treiben, allein es werden viele durch seine Hand Märtyrer werden, sie werden sterben und Märtyrer werden. Henoch und Elias werden gesandt werden, um sie zu belehren, daß das der Verführer ist, der in die Welt kommen und Zeichen und Wunder tun muß, um zu verführen. Und deshalb werden diese, welche durch seine Hand gestorben sind, Märtyrer und werden gerechnet zu den guten und gerechten Märtyrern, welche Gott in ihrem Leben gefallen haben.«

Und er zeigte mir in seiner Rechten die Seelen von allen Menschen und auf seiner rechten Handfläche das Bild von dem, was sich am Jüngsten Tage erfüllen wird; und wie die Gerechten und die Sünder geschieden werden und wie diejenigen tun werden, die rechten Herzens sind, und wie die Übeltäter für alle Ewigkeit ausgerottet werden. Wir sahen, wie die Sünder in großer Betrübnis und Trauer weinten, bis alle, die es mit ihren Augen sahen, weinten, seien es Gerechte oder Engel oder auch er selbst. Ich aber fragte ihn und sagte zu ihm: »O Herr, erlaube mir, daß ich in betreff dieser Sünder dein Wort sage: ›Es wäre ihnen besser, sie wären nicht geschaffen.‹« Und der Heiland antwortete mir und sagte zu mir: »O Petrus, warum redest du so, ›das Nichtgeschaffensein wäre ihnen besser‹? Du bist es, der wider Gott streitet. Du würdest dich seines Gebildes nicht mehr erbarmen als er; denn er hat sie geschaffen und hat sie aus dem Nichtsein ins Dasein gebracht. Und weil du gesehen hast die Klage, welche die Sünder treffen wird in den letzten Tagen, darum ist dein Herz betrübt, aber ich will dir ihr Tun zeigen, mit dem sie sich an dem Höchsten versündigt haben.

Sieh jetzt, was sie treffen wird in den letzten Tagen, wenn der Tag Gottes kommt. Und am Tage der Entscheidung des Gerichtes Gottes werden alle Menschenkinder vom Osten bis zum Westen vor meinem Vater, dem ewig Lebendigen, versammelt werden, und er wird der Hölle gebieten, daß sie ihre stählernen Riegel öffnet und alles, was in ihr ist, zurückgibt. Und den wilden Tieren und Vögeln wird er gebieten, daß sie alles Fleisch, was sie gefressen haben, zurückgeben, indem er will, daß die Menschen wieder sichtbar werden; denn nichts geht für Gott zugrunde und nichts ist ihm unmöglich, da alles sein ist. Denn alles geschieht am Tage der Entscheidung, am Tage des Gerichtes mit dem Sprechen Gottes, und alles geschieht, wie er die Welt schafft, und alles, was darin ist, hat er geboten, und alles geschah; ebenso in den letzten Tagen, denn alles ist Gott möglich, und also sagt er in der Schrift: ›Menschenkind, weissage über die einzelnen Gebeine und sage zu den Knochen: Knochen zu den Knochen in Glieder, Muskel, Nerven, Fleisch und Haut und Haare darauf.‹

Und Seele und Geist soll der große Urael[4] auf Befehl Gottes geben. Denn ihn hat Gott bestellt bei der Auferstehung der Toten am Tage des Gerichtes. Sehet und bedenkt die Samenkörner, die in die Erde gesät sind. Wie etwas Trockenes, das seelenlos ist, sät man sie in die Erde. Und sie leben auf, bringen Frucht, und die Erde gibt sie wieder wie ein anvertrautes Pfand. Und dieses, was stirbt, was als Same in die Erde gesät wird, lebendig wird und dem Leben zurückgegeben wird, ist der Mensch. Wie viel mehr wird Gott die an ihn Gläubigen und von ihm Erwählten, um deretwillen er die Erde gemacht hat, auferwecken am Tage der Entscheidung, und alles wird die Erde wiedergeben am Tage der Entscheidung, weil sie an ihm zugleich mit gerichtet werden soll und der Himmel mit ihr.

Und es wird geschehen am Tage des Gerichtes derer, die abgefallen sind vom Glauben an Gott und die Sünde getan haben: Feuerkatarakte werden losgelassen, und Dunkel und Finsternis wird eintreten und die ganze Welt bekleiden und einhüllen, und die Wasser werden sich verwandeln und gegeben werden in feurige Kohlen und alles in der Erde wird brennen, und das Meer wird zu Feuer werden; unter dem Himmel ein bitteres Feuer, das nicht verlöscht und fließt zum Gericht des Zorns. Und die Sterne werden zerfließen durch Feuersflammen, als ob sie nicht geschaffen wären, und die Festen des Himmels werden aus Mangel an Wasser dahingehen und werden wie ungeschaffen. Der Himmel wird zu Blitzen werden, und seine Blitze werden die Welt erschrecken. Und der Geist der Leichname wird ihnen gleichen und auf Befehl Gottes Feuer werden. Und sobald die ganze Schöpfung sich auflöst, werden die Menschen im Osten nach Westen fliehen und die im Westen nach Osten fliehen; und die im Süden werden nach Norden fliehen und die im Norden nach Süden, und überall wird sie der Zorn schrecklichen Feuers treffen. Und indem eine unverlöschliche Flamme sie treibt, bringt sie sie zum Zorngericht in den Bach unverlöschlichen Feuers, der fließt, indem Feuer darin flammt, und indem seine Wogen sich eine von der andern im Sieden trennen, entsteht viel Zähneknirschen der Menschenkinder.

Und alle werden sehen, wie ich auf ewig glänzender Wolke komme und die Engel Gottes, die mit mir sitzen werden auf dem Thron meiner Herrlichkeit zur Rechten meines himmlischen Vaters. Der wird eine Krone auf mein Haupt setzen. Sobald das die

Völker sehen, werden sie weinen, jedes Volk für sich. Und er wird ihnen befehlen, daß sie in den Feuerbach gehen, während die Taten jedes einzelnen von ihnen vor ihnen stehen. Es wird vergolten werden einem jeden nach seinem Tun. Betreffs der Erwählten, die Gutes getan haben, sie werden zu mir kommen, indem sie den Tod verzehrenden Feuers nicht sehen werden. Die Bösewichter, Sünder und Heuchler aber werden in den Tiefen nicht verschwindender Finsternis stehen, und ihre Strafe ist das Feuer, und Engel bringen ihre Sünden herbei; und bereiten ihnen einen Ort, wo sie für immer bestraft werden, je nach ihrer Versündigung. Der Engel Gottes Urael bringt die Seelen derjenigen Sünder, die in der Sintflut umgekommen sind, und aller, die in allen Götzen, jeglichem Gußbild, jeglicher Liebe und in Bildern, und derer, die auf allen Hügeln und in Steinen und am Wege wohnen, die man Götter nannte; man wird sie mit den Gegenständen, in denen sie hausten, in ewigem Feuer verbrennen. Nachdem alle mit ihrer Wohnstätte zugrunde gegangen sind, wird man sie ewig strafen.

Dann werden Männer und Weiber an den ihnen bereiteten Ort kommen. An ihrer Zunge, mit der sie den Weg der Gerechtigkeit gelästert haben, wird man sie aufhängen. Man breitet ihnen ein nie verlöschendes Feuer ...

Und siehe wiederum ein Ort: Da ist eine große volle Grube. Darin die, welche verleugnet haben die Gerechtigkeit. Und Strafengel suchen sie heim, und hier in ihr zünden sie das Feuer ihrer Strafe an. Und wiederum zwei Weiber: Man hängt sie an ihren Nacken und Haaren auf, in die Grube wirft man sie. Das sind die, welche sich Haarflechten gemacht haben nicht zur Schaffung des Schönen, sondern um sich zur Hurerei zu wenden, damit sie fingen Männerseelen zum Verderben. Und die Männer, die sich mit ihnen in Hurerei niedergelegt haben, hängt man an ihren Schenkeln in diesen brennenden Ort, und sie sagen untereinander: ›Wir haben nicht gewußt, daß wir in die ewige Pein kommen müßten.‹ Und die Mörder und die mit ihnen gemeinschaftliche Sache gemacht haben, wirft man ins Feuer, an einen Ort, der angefüllt ist mit giftigen Tieren, und sie werden gequält ohne Ruhe, indem sie ihre Schmerzen fühlen, und ihr Gewürm ist so zahlreich wie eine finstere Wolke, und der Engel Ezrael bringt die Seelen der Getöteten herbei; und sie sehen die Qual derer, die sie getötet haben, und sie sagen untereinander: ›Gerechtigkeit und Recht ist das Gericht Gottes. Denn wir haben es zwar gehört, aber nicht geglaubt, daß wir an diesen ewigen Gerichtsort kommen würden.‹

Und bei dieser Flamme ist eine große und sehr tiefe Grube, und es fließt alles von überall her hinein: Gericht und Schauderhaftes und Aussonderungen. Und die Weiber sind verschlungen davon bis an ihren Nacken und werden bestraft mit großem Schmerz. Das sind also die, welche ihre Kinder abtreiben und das Werk Gottes, das er geschaffen hat, verderben. Gegenüber von ihnen ist ein anderer Ort, wo ihre Kinder sitzen; aber beide lebendig, und sie schreien zu Gott. Und Blitze gehen aus von diesen Kindern, welche die Augen derer durchbohren, welche durch diese Hurerei ihren Untergang bewirkt haben.

Andere Männer und Weiber stehen nackt oberhalb davon. Und ihre Kinder stehen hier ihnen gegenüber an einem Ort des Entzückens. Und sie seufzen und schreien zu Gott wegen ihrer Eltern: ›Das sind die, welche vernachlässigt und verflucht und deine Gebote übertreten haben. Und sie töteten uns und fluchten dem Engel, der uns geschaffen hatte, und hängten uns auf. Und sie enthielten das Licht, das du für alle bestimmt hast, uns vor.‹ Und die Milch ihrer Mütter fließt von ihren Brüsten und gerinnt und stinkt, und daraus gehen fleischfressende Tiere hervor, und sie gehen heraus, wenden sich und quälen sie in Ewigkeit mit ihren Männern, weil sie verlassen haben das Gebot Gottes und ihre Kinder getötet haben. Und ihre Kinder wird man dem Engel Temlakos geben. Und die sie getötet haben, wird man ewig quälen, weil Gott es so will.

Es bringt der Zornengel Ezrael Männer und Weiber zur Hälfte des Körpers brennend und wirft sie an einen Ort der Finsternis, der Hölle der Männer, und ein Geist des Zornes züchtigt sie mit jeglicher Züchtigung, und nimmer schlafendes Gewürm frißt ihre Eingeweide. Das sind die Verfolger und Verräter meiner Gerechten.

Und bei denen, die hier waren, andere Männer und Weiber, die kauen ihre Zunge, und man quält sie mit glühendem Eisen und verbrennt ihre Augen. Das sind die Lästerer und Zweifler an meiner Gerechtigkeit.

Andern Männern und Weibern – und ihre Taten bestanden in

Betrug – schneidet man die Lippen ab, und Feuer geht in ihren Mund und in ihre Eingeweide. Das sind die, welche die Märtyrer getötet haben lügnerischerweise. Und an einem nahe bei ihnen gelegenen Orte, auf dem Stein eine Feuersäule, und die Säule ist spitzer als Schwerter – Männer und Weiber, die man kleidet in Plunder und schmutzige Lumpen und darauf wirft, damit sie das Gericht unvergänglicher Qual erleiden. Das sind die, welche vertrauen auf ihren Reichtum und Witwen und das Weib mit Waisen … verachtet haben Gott ins Angesicht.

Und an einem andern Ort dabei wirft man mit Ausscheidungen Gesättigte, Männer und Weiber, hinein bis an die Knie. Das sind die, welche leihen und Zins nehmen.

Und andere Männer und Weiber stoßen sich selbst von einer Höhe herunter und kehren wieder zurück und laufen, und Dämonen treiben sie an. Das sind die Götzendiener, und man stellt sie an das Ende des Abhanges, und sie stürzen sich hinab. Und also tun sie fortwährend, in Ewigkeit werden sie gequält. Das sind die, welche ihr Fleisch geschnitten haben als Apostel eines Mannes, und die Weiber, die mit ihnen waren … und darin die Männer, die wie Weiber sich untereinander befleckt haben.

Und bei jenem Abhang war ein Ort, erfüllt von dem mächtigsten Feuer. Und dort standen Männer, welche sich mit ihren eigenen Händen Bilder an Stelle Gottes geschnitzt hatten.

Und bei jenen waren andere Männer und Frauen, welche glühende Ruten hatten und einander schlugen und nie Ruhe hatten von dieser Qual.

Und nahe bei jenen waren wieder andere Frauen und Männer, welche gebrannt und im Feuer gewendet und gebacken wurden. Das waren die, welche den Weg Gottes verlassen hatten.

Und ein anderer sehr hoher Ort war von lodernden Flammen umgeben; die Männer und Weiber, welche einen Fehltritt begehen, gehen rollend hinunter dahin, wo der Schrecken ist. Und wiederum, indem das bereitete Feuer fließt, steigen sie herauf und wieder herab und wiederholen so das Rollen. So werden sie gestraft in Ewigkeit. Das sind also die, welche Vater und Mutter nicht geehrt haben und freiwillig sich ihrer enthalten haben. Deshalb werden sie gestraft ewiglich. Weiter bringt der Engel Ezrael Kinder und Jungfrauen, um ihnen die Bestraften zu zeigen. Sie werden bestraft mit Schmerz und Aufhängen und vielen

Wunden, die ihnen fleischfressende Vögel beibringen. Das sind die, welche trauen auf ihre Sünden, ihren Eltern nicht gehorsam sind und die Lehre ihrer Väter nicht befolgen und, die älter sind als sie, nicht ehren. Bei ihnen Jungfrauen, und die bekleiden sich mit Finsternis als Kleidern, und sie werden ernst bestraft, ihr Fleisch wird auseinandergerissen. Das sind die, welche ihre Jungfrauenschaft nicht bewahren bis dahin, wo sie in die Ehe gegeben werden, sie werden mit dieser Strafe bestraft, indem sie fühlen.

Und wiederum andere Männer und Frauen, welche ruhelos ihre Zunge zerkauen, indem sie gequält werden mit ewigem Feuer. Das sind die Sklaven, welche ihren Herren nicht gehorsam gewesen sind. Dies ist also ihr Gericht für ewig.

Und bei dieser Qual sind blinde und stumme Männer und Weiber, deren Gewand weiß ist. Dann pferchen sie sich gegenseitig zusammen und fallen auf Kohlen nicht verlöschenden Feuers. Das sind die, welche Almosen geben und sagen: ›Wir sind gerecht vor Gott‹, während sie doch der Gerechtigkeit nicht nachgetrachtet haben.

Der Engel Gottes Ezrael läßt herausgehen aus dieser Flamme und stellt hin das Gericht der Entscheidung. Dies ist also ihr Gericht. Und ein Feuerbach fließt, und es zieht herunter alle Gerichteten mitten in den Bach. Und es stellt sie dort hin Urael. Und Feuerräder gibt er, und Männer und Weiber daran aufgehängt durch die Kraft seines Rollens. Die in der Grube sind, brennen. Das sind nämlich die Zauberer und Zauberinnen. Diese Räder sind bei aller Entscheidung durch Feuer ohne Zahl.

Darauf brachten Engel meine Auserwählten und Gerechten, die vollkommen sind in aller Gerechtigkeit, indem sie sie trugen auf ihren Händen, indem sie bekleidet waren mit den Kleidern des ewigen Lebens. Sie sehen ihre Lust an jenen, die ihn gehaßt haben, indem er sie bestraft. Qual ist einem jeden in Ewigkeit nach seinem Tun. Und alle, die in der Qual sind, sagen einstimmig: ›Erbarm dich unser, denn jetzt haben wir erkannt das Gericht Gottes, das er uns vorher angekündigt hat und wir nicht geglaubt haben.‹ Und es kommt der Engel Tartarouchos und züchtigt sie mit noch größerer Qual und sagt zu ihnen: ›Jetzt habt ihr Reue, wo es nicht mehr Zeit zur Reue gibt und nichts vom Leben übriggeblieben ist.‹ Und alle sagen: ›Gerecht ist das Gericht Gottes; denn wir haben gehört und erkannt, daß gut ist sein Gericht, denn wir werden gestraft nach unserm Tun.‹

Dann werde ich meinen Erwählten und Gerechten die Taufe und das Heil geben, um das sie mich gebeten haben, bei dem Gefilde: Akrōsjā (Acherusia[5]), das man nennt: Aneslaslejā (Elysium). Sie schmücken mit Blumen das Teil der Gerechten, und ich gehe, ... ich mich mit ihnen erfreue. Ich lasse eintreten die Völker in mein ewiges Reich und erweise ihnen das Ewige, worauf ich ihre Hoffnung gerichtet habe, ich und mein himmlischer Vater. Ich habe es, Petrus, zu dir geredet und dir kundgetan. Gehe hinaus also und wandere also in die Stadt des Westens in den Weinberg, den ich dir sagen werde ... aus den Händen meines Sohnes, der ohne Sünde ist, damit geheiligt werde sein Werk ... der Untergang. Und du bist auserwählt in der Hoffnung, auf welche ich dich habe hoffen lassen. Und sende also in alle Welt meine Botschaft in Frieden! Denn es hat sich gefreut der Quell meines Wortes, die Hoffnung des Lebens, und plötzlich ist die Welt entrafft.« Und es sprach zu mir mein Herr Jesus Christus, unser König: »Laßt uns auf den heiligen Berg gehen.« Und seine Jünger kamen mit ihm, indem sie beteten.

Und siehe, da waren zwei Männer, und wir konnten ihr Angesicht nicht ansehen, denn von ihnen ging ein Licht aus, das mehr leuchtet wie die Sonne, und auch ihre Gewänder waren glänzend, und man kann es nicht beschreiben, und es gibt nicht etwas ausreichend damit Vergleichbares in dieser Welt. Die Herrlichkeit war so groß, daß ein Mund nicht aussagen kann die Schönheit ihrer Form. Denn staunenswert war ihr Aussehen und wunderbar. Und der andere, große, sage ich, leuchtet in seinem Aussehen mehr als Hagel. Rosenblume ist das Gleichnis der Farbe seines Aussehens und seines Leibes. Und auf seinen Schultern und an ihrer Stirn war ein Kranz von Narde, ein Flechtwerk aus schönen Blumen. Wie der Regenbogen war sein Haar im Wasser. So war die Anmut seines Antlitzes, und geschmückt war er mit jeglichem Schmuck. Und als wir sie plötzlich sahen, wunderten wir uns.

Und ich trat zu Gott Jesus Christus und sagte zu ihm: »Mein Herr, wer ist das?« Und er sagte zu mir: »Das ist Moses und Elias.« Und ich sagte zu ihm: »Wo sind denn Abraham, Isaak, Jakob und die anderen gerechten Väter?« Und er zeigte uns einen großen geöffneten Garten. Er war voll von schönen Bäumen und gesegneten Früchten, voll von Duft von Wohlgerüchen. Sein Duft war schön, und sein Duft reichte zu uns.

Und es sagte zu mir der Herr und Gott Jesus Christus: »Hast du gesehen die Scharen der Väter? Wie ihre Ruhe ist, so ist die Ehre und Herrlichkeit derer, die man um meiner Gerechtigkeit willen verfolgt.«

Und ich ward froh und glaubte, was geschrieben ist im Buche meines Herrn Jesus Christus. Und ich sagte zu ihm: »Mein Herr, willst du, daß ich drei Hütten hier mache, eine dir, eine Moses, eine Elias?« Und er sagte zu mir im Zorn: »Satan führt gegen dich Krieg, und er hat dein Denken verschleiert, und die Güter dieser Welt besiegen dich. Deine Augen sollen also geöffnet sein und deine Ohren sich auftun, daß eine Hütte ist, die nicht Menschenhand gemacht hat, die gemacht mein himmlischer Vater mir und den Erwählten.« Und wir sahen es voll Freude.

Und siehe, plötzlich kam eine Stimme vom Himmel, indem sie sagte: »Dies ist mein Sohn, den ich liebe, und an dem ich Gefallen habe.« Und es kam eine so große und sehr weiße Wolke über unser Haupt und nahm unsern Herrn und Moses und Elias fort. Und ich erbebte und entsetzte mich, und wir blickten auf, und der Himmel öffnete sich, und wir sahen Menschen im Fleische, und sie kamen und begrüßten unsern Herrn und Moses und Elias und gingen in den zweiten Himmel. Und erfüllt war das Wort der Schrift: »Dieses Geschlecht sucht ihn und sucht das Antlitz des Gottes Jakobs.« Und große Furcht und großes Entsetzen trat ein im Himmel. Die Engel scharten sich zusammen, damit erfüllt würde das Wort der Schrift, das sagt: »Öffnet die Tore, ihr Fürsten!« Darauf wurde der Himmel geschlossen, der geöffnet worden war. Wir gingen vom Berge herab und priesen Gott, der die Namen der Gerechten im Himmel in das Buch des Lebens eingeschrieben hat.

Augustinus

Bekenntnisse[6]

Aber von des Lebens Seligkeit stieg Christus unser Leben herab und trug unsern Tod; es hat ihn getötet durch die Fülle seines Lebens und ruft uns mächtig zu, daß wir vom Tode zu ihm in die geheime Stätte zurückkehren, aus der er zu uns heraustrat, in den ersten, jungfräulichen Schoß, wo sich mit ihm die menschliche Natur, das sterbliche Fleisch verband, damit es nicht sterblich bleibe; es ruft uns zu, daß wir im Geist von Neuem geboren werden von ihm, wie er für uns vom Menschenleib geboren ward im Fleisch; daß wir neu uns schaffen lassen im reinen Schoß der ewigen Liebe und Erbarmung, der keuschen, jungfräulichen Weißheit. Und vom jungfräulichen Schoß ging er hervor, wie ein Bräutigam aus seiner Kammer, und freute sich wie ein Held, zu laufen den Weg (Psalm 19,6). Er säumte nicht, er lief, rief mit Worten und Taten, mit Tod und Leben, mit seiner Höllenfahrt rief er, wir sollen zurückkehren zu ihm. Er verschwand von unsern Augen, daß wir ins Herz gehen und ihn finden. Er ging, und siehe, hier ist er. Er wollte nicht lange bei uns weilen, und hat uns nie verlassen. Dorthin ging er, von wo er nie gegangen war, denn auch auf Erden war er im Himmelreich (Johannes 3,13), weil Himmel und Erde durch ihn erschaffen ist. Und doch war er in dieser Welt und kam in sie, um die Sünder selig zu machen. Zu ihm bekennt sich meine Seele und er heilt sie, die an ihm gesündigt hat.

Ihr Menschenkinder, wie lange wollt ihr beschwerten Herzens bleiben? Wollt ihr nach eures Lebens Höllenfahrt euch nicht emporheben und leben? Aber wohin könnt ihr euch noch erheben, da ihr voll Stolz in der Höhe seid und im Übermut euer Haupt bis zum Himmel brachtet? O steiget herab, damit ihr aufsteiget, damit ihr aufsteiget zu Gott, denn gefallen seid ihr, da ihr euch gegen ihn erhobet! – Das verkünde ihnen, daß sie weinen im Tränental. Und so reise sie mit dir zu Gott. Denn aus seinem Geiste redest du zu ihnen, wenn du entflammt redest mit dem Feuer der Liebe.

Hildegard von Bingen

Das Buch vom verdienstlichen Leben
Von den Himmelsfreuden der Weltmenschen[7]

Und ich sah eine große und unermeßliche Helligkeit, deren Glanz
so gewaltig war, daß ich sie selbst und was in ihr war nur wie in
einem Spiegel sehen konnte. Ich wußte, daß hier jegliche Art
lieblichen Blühens, der süßeste Duft verschiedener Gewürze mit
unzähligen Wonnen war. In dieser Helligkeit hielten sich die Seelen von Seligen auf, die, solange sie auf dieser hinfälligen Welt
gelebt hatten, Gott mit gerechten Seufzern berührt und ihn mit
gerechten Werken verehrt hatten. In all dem genossen sie hier
süßeste Wonnen.

Einige von ihnen, die alle in hellglänzende Kleider gehüllt waren,
sah ich wie durch einen Spiegel; andere hatten einen Reif, der wie
die Morgenröte schimmerte, um ihre Häupter, ihre Schuhe waren
weißer denn Schnee; andere trugen einen Goldreif um die Häupter, während ihre Schuhe smaragden funkelten. Der übrige
Schmuck dieser sowohl wie zahlloser anderer blieb mir verborgen. Sie alle hatten, solange sie im Körper weilten, durch den
Glauben dem Teufel widersagt [...] und dafür in dieser Helligkeit
Ruhe gefunden und genossen jetzt die Lieblichkeit und die Wonnen dieses Glanzes. Weil sie die Sünden verlassen und in der
Ausübung guter Werke die Gebote Gottes geliebt hatten, ward
ihnen das helle Kleid, dessen Adam beraubt worden war, gegeben.

Wieder andere hatten in Buße ihren Sinn fest auf die Erlösung,
durch die Gott den Menschen loskaufte, gerichtet und bußfer-
tig ihre Sünden beweint. Sie hatten um ihre Häupter einen wie
die Morgenröte glänzenden Reif, und weil sie, wenn auch spät,
auf richtigem Heilswege zum Leben zurückgekehrt waren, er-
schienen ihre Schuhe weißer denn Schnee. Als sie nämlich in
der Welt weltlich gelebt hatten, sühnten sie vor der Stunde oder
in der Stunde ihres Hinganges durch die göttliche Eingebung in
der Buße ihren Sündenschiffbruch und wurden so im Heil erfunden.

Es gab auch solche, ... die zwar weltlich in der Welt lebten, aber in williger Erfüllung der Gebote Gott nicht verließen. Sie hatten einen Goldreif um ihr Haupt, und weil sie entschlossen im Gesetze Gottes gewandelt waren, funkelten ihre Schuhe smaragden [...]

Meister Eckhart

Von der Stadt der Seele[8]

Intravit Jesus in quoddam castellum et mulier qaedam excepit illum etc. (Lukas 10,38). Ich habe eben ein Wörtlein auf lateinisch gesprochen, das im Evangelium steht und auf deutsch also heißt: »Unser Herr Jesus Christus ging in ein Städtchen und ward von einer Jungfrau empfangen, die ein Weib war.«

Fürwahr, achtet nun aufmerksam dieses Worts. Es muß notwendig so sein, daß der Mensch, von dem Jesus empfangen ward, eine Jungfrau war. Jungfrau heißt soviel, wie ein Mensch, der aller fremden Bilder ledig ist, so ledig wie er war, als er nicht war. Seht, nun könnte man fragen: Der Mensch, der geboren und zu vernünftigem Leben vorgeschritten ist, wie kann der so frei von allen Bildern sein, wie damals als er nicht war, da er doch viel weiß, und das sind alles Bilder: wie kann er dann frei sein? Nun achtet auf die Unterscheidung, auf die ich euch hinweisen will. Wäre ich so vernünftig, daß alle Bilder, die je Menschen empfangen haben und die in Gott selbst sind, vernünftig in mir stünden, und zwar, daß ich sie, im Tun und im Lassen, ohne Eigenschaft begriffen hätte, ohne Vor und ohne Nach, daß sie vielmehr in diesem gegenwärtigen Nu frei und ledig nach dem liebsten Willen Gottes stünden, um dem ohne Unterlaß nachzukommen, dann wäre ich in Wahrheit Jungfrau, unbehindert von allen Bildern, und wahrscheinlich so wie ich war, als ich nicht war. Wie die Meister sagen, daß gleich und gleich allein eine Sache der Einheit sei, so muß auch der Mensch keusch sein und Jungfrau, der den keuschen Jesus empfangen will.

Ich sage ferner, daß eine Kraft in der Seele ist, die nicht Zeit noch Fleisch berührt, sie fließt aus dem Geiste und bleibt in dem Geiste und ist ganz geistig. In dieser Kraft ist Gott allzumal grünend und blühend in aller Freude und in aller Ehre, wie er in sich selber ist. Da ist so herzliche Freude und so unbegreiflich große Freude, daß niemand genug davon sagen kann. Denn der ewige Vater gebiert seinen ewigen Sohn in dieser Kraft ohne Unterlaß, so daß diese Kraft den Sohn des Vaters mitgebären hilft und sich selber denselben Sohn in der einigen Kraft des Vaters. Und hätte ein Mensch ein ganzes Königreich oder allen Reichtum der Erde und ließe das rein um Gottes willen und würde einer der ärmsten Menschen, der je auf Erden lebte, und gäbe ihm dann Gott so viel zu leiden, als er je Menschen auferlegt hat, und litte er alles dies bis an seinen Tod, und gäbe ihm dann Gott einen Augenblick zu schauen, wie er in dieser Kraft ist: Seine Freude würde so groß, daß all dies Leiden und diese Armut dann noch zu klein wäre. Ja, gäbe ihm Gott gar hernach kein Himmelreich mehr, er hätte dann doch noch zu großen Lohn empfangen für alles, was er je gelitten: Denn Gott ist in dieser Kraft wie in dem ewigen Nu. Wäre der Geist allezeit mit Gott in dieser Kraft vereint, der Mensch könnte nicht altern. Denn das Nu, worin Gott den ersten Menschen machte, und das Nu, worin der letzte Mensch vergehen soll, und das Nu, worin ich spreche, die sind gleich in Gott, und es ist nichts als *ein* Nu. Nun seht, dieser Mensch wohnt in *einem* Licht mit Gott, darum ist in ihm weder Empfangen noch Nachfolgen, sondern eine gleiche Ewigkeit. Diesem Menschen ist in Wahrheit gar viel abgenommen und alle Dinge stehen wesenhaft in ihm. Darum empfängt er nichts Neues von künftigen Dingen und von keinem Zufall, denn er wohnt in einem Nu, allezeit neu grünend und ohne Unterlaß. Solche göttliche Herrlichkeit ist in dieser Kraft.

Noch eine Kraft gibt es, die auch unkörperlich ist: Sie fließt aus dem Geiste und bleibt im Geiste und ist ganz geistig. In dieser Kraft ist Gott ohne Unterlaß glimmend und brennend mit all seinem Reichtum, mit all seiner Süßigkeit und mit all seiner Wonne. Wahrlich, in dieser Kraft ist so große Freude und so große maßlose Wonne, daß niemand wahr genug davon sprechen und künden kann. Ich sage aber, gäbe es einen einzigen Menschen, der hierin einen Augenblick in Wahrheit und vernünftig die Wonne und die Freude schaute: alles was er leiden könnte und was Gott von ihm gelitten haben wollte, das wäre ihm alles wenig und sogar nichtig, ja ich sage: es wäre ihm zumal eine Freude und eine Wohltat.

Ich habe manchmal gesagt, es sei eine Kraft im Geiste, die allein frei sei. Zu Zeiten habe ich gesagt, es sei eine Hütte des Geistes; zu Zeiten habe ich gesagt, es sei ein Licht des Geistes; zu Zeiten habe ich gesagt, es sei ein Fünklein. Ich sage aber jetzt: Es ist weder dies noch das. Es ist überhaupt kein Etwas; es ist höher über dies und das als der Himmel über der Erde. Darum nenne ich es jetzt in einer edleren Weise, als ich es früher nannte, und doch geht es über Edelkeit und Gradunterschiede und Weisen hinaus und ist darüber erhoben. Es ist von allen Namen frei und von allen Formen ganz los, ledig und frei, wie Gott in sich selbst ledig und frei ist. Es ist so ganz eins und einfach, wie Gott eins und einfach ist, daß man auf keine Weise es anschaulich machen kann. Dieselbe Kraft, von der ich gesprochen habe, in der ist Gott blühend und grünend mit all seiner Gottheit und der Geist in Gott, in derselben Kraft, worin der Vater seinen eingeborenen Sohn gebiert, wahrlich wie in sich selber, und der Geist gebiert mit dem Vater denselben Sohn und sich selber und ist derselbe Sohn in diesem Licht und ist die Wahrheit. Könntet ihr mit meinem Herzen zuhören, ihr verstündet wohl, was ich spreche, denn es ist wahr, und die Wahrheit spricht es selbst.

Seht, nun paßt auf, so eins und einfach ist diese Stadt in der Seele, von der ich euch spreche und die ich meine, und über alle Weise erhaben, daß die edle Kraft, von der ich gesprochen habe, nicht würdig ist, jemals einen Augenblick hineinzublicken, und ebenso die andere Kraft, worin Gott glimmt und brennt, die darf auch niemals hineinblicken, so gar eins und einfach ist diese Stadt, und so über aller Weise und allen Kräften ist dies einig Eine, daß ihm niemals Kraft oder Weise zuschauen kann, ja nicht einmal Gott selbst. Mit guter Wahrheit! und so wahr Gott lebt, Gott selbst schaut niemals einen Augenblick hinein und hat nie hineingesehen, insofern er sich darstellt in einer Weise und in der Eigenschaft seiner Personen. Dies ist gut zu verstehen, denn dies einig Eine ist ohne Weise und ohne Eigenschaft. Und wenn daher Gott jemals hineinblicken soll, so muß es ihn alle seine göttlichen Namen und seine persönliche Eigenschaft kosten: Das muß er alles vorher lassen, wenn er je hineinblicken soll. Wie er einfach eins ist, ohne alle Weise und Eigenschaft: Da ist er nicht

Vater und nicht Sohn und nicht heiliger Geist in diesem Sinne und ist doch ein Etwas, das nicht dies und nicht das ist.

Seht, so wie er eins ist und einfach, so kommt er in das Eine, das ich eine Stadt in der Seele heiße, und sonst kommt er auf keine Weise hinein: sondern so kommt er hinein und ist darin. In diesem Stück ist die Seele Gott gleich und auf keine andere Weise. Was ich euch gesagt habe, ist wahr: Dafür stelle ich euch die Wahrheit als Zeugen und meine Seele als Pfand. Daß wir eine solche Stadt seien, in der Jesus eingeht und empfangen werde und ewig in uns bleibe in der Weise, wie ich gesagt habe, das walte Gott. Amen.

Martin Luther

Ein Sermon von der Bereitung zum Sterben[9]

Zum ersten. Weil der Tod ein Abschied ist von dieser Welt und all ihrem Treiben, ist es nötig, daß der Mensch sein zeitliches Gut ordentlich verteile, wie es sein muß oder wie er es anzuordnen gedenkt, damit nicht bleibe nach seinem Tod Ursache für Zank, Hader oder sonst einen Irrtum unter seinen zurückgelassenen Freunden. Und dies ist ein leiblicher oder äußerlicher Abschied von dieser Welt, und es wird Lebewohl und Abschied gegeben dem Gut.

Zum zweiten, daß man auch geistlich Abschied nehme. Das ist, man vergebe freundlich, rein um Gottes willen allen Menschen, die uns beleidigt haben, begehre umgekehrt auch allein um Gottes willen Vergebung von allen Menschen, deren wir viele ohne Zweifel beleidigt haben, zumindest mit bösem Exempel oder zuwenig Wohltaten, wie wir schuldig gewesen wären nach dem Gebot brüderlicher christlicher Liebe, damit die Seele nicht bleibe behaftet mit irgendeiner Angelegenheit auf Erden.

Zum dritten. Wenn so jedermann Abschied auf Erden gegeben ist, dann soll man sich allein zu Gott richten, wohin der Weg des Sterbens sich auch kehrt und uns führt. Und hier beginnt die enge Pforte, der schmale Steig zum Leben. Darauf muß sich ein jeder getrost gefaßt machen. Denn er ist wohl sehr eng, er ist aber nicht lang. Und es geht hier zu, wie wenn ein Kind aus der kleinen Wohnung in seiner Mutter Leib mit Gefahr und Ängsten geboren wird in diesen weiten Himmel und Erde, das ist unsere Welt: ebenso geht der Mensch durch die enge Pforte des Todes aus diesem Leben. Und obwohl der Himmel und die Welt, darin wir jetzt leben, als groß und weit angesehen werden, so ist es doch alles gegen den zukünftigen Himmel so viel enger und kleiner, wie es der Mutter Leib gegen diesen Himmel ist. Darum heißt der lieben Heiligen Sterben eine neue Geburt, und ihre Feste nennt man lateinisch Natale, Tag ihrer Geburt. Aber der enge Gang des Todes macht, daß uns dies Leben weit und jenes eng dünkt. Darum muß man das glauben und an der leiblichen Geburt eines Kindes lernen, wie Christus sagt: »Ein Weib, wenn es gebiert, so leidet es Angst. Wenn sie aber genesen ist, so gedenkt sie der Angst nimmer, dieweil ein Mensch geboren ist von ihr in die Welt.« (Johannes 16,21) So muß man sich auch im Sterben auf die Angst gefaßt machen und wissen, daß danach ein großer Raum und Freude sein wird.

Zum vierten. Solches Zurichten und solche Bereitung auf diese Fahrt besteht zum ersten darin, daß man sich mit lauterer Beichte (besonders der größten Brocken, und die zur Zeit im Gedächtnis mit größtmöglichem Fleiß gefunden werden) und den heiligen christlichen Sakramenten des heiligen wahren Leibes Christi und der Ölung versorge, sie andächtig begehre und mit großer Zuversicht empfange, wenn man sie haben kann. Wenn aber nicht, soll nichtsdestoweniger das Verlangen und Begehren derselben tröstlich sein und man darüber nicht zu sehr erschrecken. Christus spricht: »Alle Dinge sind möglich dem, der da glaubt.« (Markus 9,23) Denn die Sakramente sind auch nichts anderes als Zeichen, die zum Glauben dienen und Anreiz geben, wie wir sehen werden. Ohne diesen Glauben sind sie nichts nütze.

Zum fünften soll man ja zusehen mit allem Ernst und Fleiß, daß man die heiligen Sakramente hoch achte, sie in Ehren halte, sich frei und getrost darauf verlasse und sie gegen Sünde, Tod und Hölle so in die Waagschale werfe, daß sie weit darüber ausschlagen, und daß man viel mehr mit den Sakramenten und ihren Kräften sich befasse als mit den Sünden. Wie aber die Ehrung recht geschehe und was die Kräfte sind, muß man wissen. In

Ehren halten heißt, daß ich glaube, es sei wahr und geschehe mir, was die Sakramente bedeuten und alles, was Gott darin zusagt und anzeigt, so daß man mit Maria, der Mutter Gottes, in festem Glauben spreche: »Mir geschehe nach deinen Worten und Zeichen.« (Lukas 1,38) Denn weil dort Gott durch den Priester redet und Zeichen gibt, könnte man Gott keine größere Unehre in seinem Wort und Werk tun, als zweifeln, ob es wahr sei, und keine größere Ehre tun, als glauben, daß es wahr sei, und sich frei darauf verlassen.

Zum sechsten. Um die Kräfte der Sakramente zu erkennen, muß man zuvor wissen die Gegenkräfte, gegen die sie fechten und uns gegeben sind. Deren sind drei: die erste das erschreckende Bild des Todes, die andere das grauenhafte, mannigfaltige Bild der Sünde, die dritte das unerträgliche und unausweichliche Bild der Hölle und ewiger Verdammnis. Nun wächst jedes von diesen dreien und wird groß und stark aus seinen Zusätzen. Der Tod wird groß und erschreckend dadurch, daß die schwache, verzagte Natur dies Bild zu tief in sich hineinbildet, es zu sehr vor Augen hat. Dazu steuert nun der Teufel bei, daß der Mensch das gräßliche Gebaren und Bild des Todes tief betrachte, dadurch bekümmert, weich und zaghaft werde. Denn da wird er ihm gewiß all die schrecklichen, jähen, bösen Tode vorhalten, die ein Mensch je gesehen, gehört oder gelesen hat, daneben mit einwickeln den Zorn Gottes, wie er vorzeiten hier und da die Sünder geplagt und verderbt hat, damit er die schwache Natur zur Furcht vor dem Tode und zur Liebe zum Leben und zur Sorge um es treibe, wodurch der Mensch, zu sehr beladen mit solchen Gedanken, Gott vergesse, den Tod fliehe und hasse und so schließlich Gott ungehorsam erfunden werde und bleibe. Denn je tiefer der Tod betrachtet, angesehen und erkannt wird, desto schwerer und gefährlicher das Sterben ist. Im Leben sollte man sich mit des Todes Gedanken üben und sie zu uns fordern, wenn er noch fern ist und einen nicht in die Enge treibt. Aber im Sterben, wenn er von selbst schon allzu stark da ist, ist es gefährlich und nichts nütze. Da muß man sein Bild ausschlagen und nicht sehen wollen, wie wir hören werden. So hat der Tod seine Kraft und Stärke in der Schwachheit unserer Natur und darin, daß man ihn zur Unzeit zuviel ansieht und betrachtet.

Zum siebenten. Die Sünde wächst auch und wird groß dadurch,

daß man sie zu viel ansieht und zu tief bedenkt. Dazu hilft die Schwachheit unseres Gewissens, das sich selbst vor Gott schämt und greulich straft. Da hat der Teufel denn ein Schwitzbad gefunden, das er gesucht. Da treibt er, da macht er die Sünde so viel und groß, da wird er ihm alle die vor Augen halten, die gesündigt haben, und wie viele mit wenigeren Sünden verdammt sind, so daß der Mensch abermals muß verzagen oder unwillig werden zu sterben und so Gottes vergessen und ungehorsam erfunden bleiben bis in den Tod, besonders weil der Mensch meint, er müsse die Sünde dann betrachten und tue gewiß recht und nützlich daran, daß er mit ihr umgehe. So findet er sich denn unvorbereitet und ungeeignet, so sehr, daß auch alle seine guten Werke zu Sünden geworden sind. Aus dem muß dann folgen ein unwilliges Sterben, Ungehorsam gegen Gottes Willen und ewige Verdammnis. Denn die Sünde betrachten hat dort weder Recht noch Zeit, das soll man in der Zeit des Lebens tun. So verkehrt uns der böse Geist alle Dinge: Im Leben, da wir sollten des Todes, der Sünde, der Hölle Bild stets vor Augen haben – wie in Psalm 51,5 steht: »Meine Sünden sind mir allezeit vor Augen« –, tut er uns die Augen zu und verbirgt diese Bilder. Im Tode, da wir sollten nur Leben, Gnade und Seligkeit vor Augen haben, tut er uns dann allererst die Augen auf und ängstet uns mit den unzeitigen Bildern, damit wir die rechten Bilder nicht sehen sollen.

Zum achten. Die Hölle wird auch groß und wächst dadurch, daß man sie zur Unzeit zu viel ansieht und zu schwer bedenkt. Dazu verhilft über die Maßen sehr, daß man Gottes Urteil nicht weiß. So treibt der böse Geist die Seele dahin, daß sie sich mit überflüssigem, unnützem Vorwitz, ja mit dem allergefährlichsten Vorhaben belädt und erforschen will das Geheimnis des göttlichen Rates, ob sie erwählt sei oder nicht. Hier übt der Teufel seine letzte, größte, listigste Kunst und Macht. Denn damit führt er den Menschen (wenn der sich nicht vorsieht), über Gott, daß er Zeichen göttlichen Willens sucht und ungeduldig wird, weil er nicht wissen soll, ob er erwählt sei; macht ihm seinen Gott verdächtig, daß er beinahe nach einem andern Gott sich sehnt; kurz, hier gedenkt er, Gottesliebe mit einem Sturmwind auszulöschen und Gotteshaß zu erwecken. Je mehr der Mensch dem Teufel folgt und diese Gedanken duldet, desto gefährlicher steht er, und zuletzt kann er sich nicht behaupten, er fällt in Gotteshaß und Lästerung. Denn wenn ich wissen will, ob ich erwählt sei, was ist das anderes, als daß ich alles wissen will, was Gott weiß, und ihm gleich sein, so daß er nicht mehr wisse als ich, und so Gott nicht Gott sei, wenn er nicht mehr als ich wissen soll. Da hält er ihm vor Augen, wie viele Heiden, Juden, Christenkinder verloren sein werden, und treibt es mit solchen gefährlichen und vergeblichen Gedanken so weit, daß der Mensch, wenn er auch sonst gern stürbe, doch in dieser Frage unwillig wird. Das heißt mit der Hölle angefochten, wenn der Mensch mit Gedanken seiner Erwählung angefochten wird, worüber im Psalter gar viel Klagens ist. Wer hier gewinnt, der hat Hölle, Sünde, Tod auf einem Haufen überwunden.

Zum neunten. Nun muß man in dieser Sache allen Fleiß darauf verwenden, daß man von diesen drei Bildern keins ins Haus lade noch den Teufel über die Tür male; sie werden von selbst allzu stark einfallen und das Herz mit ihrem Ansehen, Disputieren und Zeigen ganz und gar innehaben wollen. Und wo das geschieht, ist der Mensch verloren, Gottes ganz vergessen. Denn diese Bilder gehören in diese Zeit nur, um mit ihnen zu fechten und sie auszutreiben. Ja, wenn sie allein da sind, ohne Hindurchsehen in andere Bilder, gehören sie nirgends hin als in die Hölle unter die Teufel.

Wer nun gut mit ihnen fechten will und sie austreiben, dem wird es nicht genügen, daß er sich mit ihnen zerrt und schlägt oder ringt. Denn sie werden ihm zu stark sein, und es wird ärger und ärger. Die Kunst ist's ganz und gar, sie fallenzulassen und nichts mit ihnen zu schaffen zu haben. Wie geht das aber zu? Es geht so zu: Du mußt den Tod in dem Leben, die Sünde in der Gnade, die Hölle im Himmel ansehen und dich von dem Ansehen oder Blick nicht lassen wegtreiben, wenn dir's gleich alle Engel, alle Kreatur, ja, wenn dir's auch scheint, Gott selbst anders vor Augen halten, was sie doch nicht tun, aber der böse Geist macht einen solchen Schein. Wie soll man dem entsprechen?

Zum zehnten. Du mußt den Tod nicht in ihm selbst noch in dir oder deiner Natur noch in denen, die durch Gottes Zorn getötet sind, die der Tod überwunden hat, ansehen oder betrachten – du bist sonst verloren und wirst mit ihnen überwunden. Sondern du mußt deine Augen, deines Herzens Gedanken und alle deine Sinne entschlossen abkehren von diesem Bild und den Tod stark und beharrlich ansehen nur in denen, die in Gottes Gnade gestorben sind und den Tod überwunden haben, vornehmlich in Christus, danach in allen seinen Heiligen. Sieh, in diesen Bildern wird dir der Tod weder schrecklich noch greulich, vielmehr verachtet und getötet und im Leben erwürgt und überwunden. Denn Christus ist nichts als lauter Leben, seine Heiligen auch. Je tiefer und fester du dies Bild in dich hineinbildest und ansiehst, desto mehr fällt des Todes Bild ab und verschwindet von selbst ohne alles Zerren und Streiten. Und so hat dein Herz Frieden und kann mit Christus und in Christus ruhig sterben, wie in der Offenbarung steht: »Selig sind, die in dem Herrn Christus sterben.« (Offenbarung 14,13) Darauf ist hingewiesen 4 Mose 21,9: Als die Kinder Israel, von den feurigen Schlangen gebissen, sich nicht mit diesen Schlangen zerren, sondern die tote eherne Schlange mußten ansehen, da fielen die lebendigen von selbst ab und vergingen. Ebenso mußt du dich um den Tod Christi allein bekümmern, dann wirst du das Leben finden. Und falls du den Tod anderswo ansiehst, tötet er dich mit großer Unruhe und Pein. Darum sagt Christus: »In der Welt (das ist auch in uns selbst) werdet ihr Unruhe haben, in mir aber den Frieden.« (Johannes 16,33)

Zum elften. Ebenso darfst du die Sünde nicht ansehen in den Sündern noch in deinem Gewissen noch in denen, die in den Sünden schließlich geblieben und verdammt sind – du fährst gewiß hinterdrein und wirst überwunden. Sondern du mußt abkehren deine Gedanken und die Sünde nicht anders als in der Gnade Bild ansehen und dies Bild mit aller Kraft in dich hineinbilden und vor Augen haben. Der Gnade Bild ist nichts anderes als Christus am Kreuz und alle seine lieben Heiligen. Wie versteht man das? Das ist Gnade und Barmherzigkeit, daß Christus am Kreuz deine Sünde von dir nimmt, sie für dich trägt und sie erwürgt; und dies fest glauben und vor Augen haben, nicht daran zweifeln – das heißt, das Gnadenbild ansehen und in sich hineinbilden. Ebenso tragen alle Heiligen in ihrem Leiden und Sterben auch auf sich deine Sünde und leiden und arbeiten für dich, wie geschrieben steht: »Einer trage des andern Bürden, so erfüllt ihr Christi Gebot.« (Galater 6,2) So spricht er selber: »Kommet zu mir alle, die ihr beladen seid und arbeitet, ich will euch helfen.« (Matthäus 11,28) Sieh, so kannst du deine Sünden sicher ansehen, außerhalb deines Gewissens; sieh, da sind Sünden nicht mehr Sünden, da sind sie überwunden und in Christus verschlungen. Denn wie er deinen Tod auf sich nimmt und ihn erwürgt, damit der dir nicht schaden kann, wenn du nur glaubst, daß er dir das tut, und deinen Tod in ihm, nicht in dir ansiehst: so nimmt er auch deine Sünde auf sich und überwindet sie dir in seiner Gerechtigkeit aus lauter Gnade. Wenn du das glaubst, so tun sie dir nimmer Schaden. So ist Christus, des Lebens und der Gnade Bild, wider des Todes und der Sünde Bild unser Trost. Das sagt Paulus 1 Korinther 15,57: »Gott sei Lob und Dank, daß er uns in Christus gegeben hat Überwindung der Sünde und des Todes.«

Zum zwölften darfst du die Hölle und die Ewigkeit der Pein samt der Verwerfung nicht in dir, nicht in ihr selbst, nicht in denen, die verdammt sind, ansehen, auch dich nicht bekümmern mit so vielen Menschen in der ganzen Welt, die nicht erwählt sind. Denn siehst du dich nicht vor, so wird dich dies Bild geschwind stürzen und zu Boden stoßen. Drum mußt du hier Gewalt üben, die Augen fest zuhalten vor solchem Blick. Denn er ist gar nichts nütze, wenn du auch tausend Jahre damit umgingest, und vor allem verdirbt er dich. Du mußt doch Gott lassen Gott sein, daß er wisse mehr von dir als du selbst. Darum sieh das himmlische Bild Christus an, der um deinetwillen zur Hölle gefahren und von Gott ist verlassen gewesen als einer, der verdammt sei ewiglich, als er sprach am Kreuz: »Eli, Eli, lama asabthani. O mein Gott, o mein Gott, warum hast du mich verlassen?« (Matthäus 27,46) Sieh, in dem Bild ist überwunden deine Hölle und deine ungewisse Erwählung gewiß gemacht. Wenn du allein darum dich bekümmerst und das glaubst als für dich geschehen, so wirst du in diesem Glauben gewiß errettet. Darum laß dir's nur nicht aus den Augen nehmen und suche dich nur in Christus und nicht in dir, so wirst du dich auf ewig in ihm finden.

Ebenso wenn du Christus und alle seine Heiligen ansiehst und dir wohlgefällt die Gnade Gottes, der sie auf solche Weise erwählt hat, und bleibst nur fest in diesem Wohlgefallen, so bist du auch schon erwählt, wie er sagt 1. Mose 12,3: »Alle, die dich gebenedeien, sollen gebenedeit sein.« Haftest du aber nicht hieran allein und fällst in dich, so wird dir eine Unlust erwachen gegen Gott und seine Heiligen und wirst daher in dir nichts Gutes finden. Davor hüte dich, denn da wird der böse Geist dich hintreiben mit vielen Listen.

Zum dreizehnten. Diese drei Bilder oder Streite sind vorausgesagt Richter 7,16, als Gideon die Midianiter mit dreihundert Mann an drei Orten in der Nacht angriff, aber nicht mehr tat, als daß er ließ Drommeten blasen und Lichtkrüge zusammenschlagen, woraufhin die Feinde flohen und sich selbst erwürgten. So fliehen Tod, Sünde und Hölle mit allen ihren Kräften, wenn wir nur Christi und seiner Heiligen leuchtende Bilder in uns beharrlich anwenden in der Nacht, das ist im Glauben, der die bösen Bilder nicht sieht noch sehen will, dazu uns mit Gottes Wort als mit Drommeten anspornen und stärken. Dieselbe Redeweise verwendet Jesaja 9,4 gar lieblich gegen diese drei Bilder und spricht von Christus: »Die Last seiner Bürde, die Rute seines Rückens, das Szepter seines Treibers hast du überwunden gleichwie zu den Zeiten der Midianiter, die Gideon überwand«, als spräche er: Deines Volkes Sünde (die ist eine schwere Last seiner Bürde in seinem Gewissen) und den Tod (der ist eine Rute oder Strafe, der drückt seinen Rücken) und die Hölle (die ein Szepter und Gewalt ist des Treibers, womit gefordert wird ewiges Bezahlen für die Sünde) hast du alles überwunden, wie es denn geschehen ist zu den Zeiten Midians, das ist durch den Glauben, dadurch Gideon ohne allen Schwertschlag die Feinde verjagt.

Wann hat er das getan? Am Kreuz. Denn dort hat er uns sich selbst bereitet als ein dreifältiges Bild, unserm Glauben vor Augen zu halten wider die drei Bilder, mit denen der böse Geist und unsere Natur uns anfechten, um uns aus dem Glauben zu reißen. Er ist das lebendige und unsterbliche Bild wider den Tod, den er erlitten und doch mit seiner Auferstehung von den Toten überwunden hat in seinem Leben. Er ist das Bild der Gnade Gottes wider die Sünde, die er auf sich genommen und durch seinen unüberwindlichen Gehorsam überwunden hat. Er ist das himmlische Bild: Er, der verlassen ist von Gott als ein Verdammter und durch seine allermächtigste Liebe die Hölle überwunden hat, bezeugt, daß er der liebste Sohn sei und daß uns allen dies zu eigen gegeben, wenn wir es glauben.

Zum vierzehnten. Zum Überfluß hat er nicht allein in sich selbst Sünde, Tod, Hölle überwunden und uns vorgesetzt, damit wir es glauben; sondern zu größerem Trost hat er auch selbst die Anfechtung erlitten und überwunden, die wir durch dieses Bild haben. Er ist ebenso angefochten worden mit des Todes, der

Sünde, der Hölle Bild wie wir. Des Todes Bild hielten sie ihm vor Augen, als die Juden sagten: »Er steige nun herab vom Kreuz, er hat andere gesund gemacht, er helfe sich nun selbst« (Matthäus 27,40.42), als sprächen sie: Da, da siehst du den Tod, du mußt sterben, dagegen hilft nichts. So wie der Teufel einem sterbenden Menschen des Todes Bild vor die Augen rückt und mit schrecklichen Bildern die schwache Natur in die Enge treibt.

Der Sünde Bild hielten sie ihm vor: »Er hat andere gesund gemacht. Ist er Gottes Sohn, so steige er herab« usw., als sprächen sie: Seine Werke sind falsch und lauter Trügerei gewesen. Er ist des Teufels Sohn und nicht Gottes Sohn, er ist sein mit Leib und mit Seele. Er hat nie etwas Gutes getan, sondern nur Bosheit.

Der Hölle Bild trieben sie zu ihm, als sie sagten: »Er vertraut Gott, laß sehen, ob der ihn erlöse, er sagt, er sei Gottes Sohn«, als sprächen sie: Er gehört in die Hölle. Gott hat ihn nicht erwählt, er ist ewig verworfen. Es hilft hier kein Vertrauen oder Hoffen, es ist umsonst alles.

Und wie die Juden Christus diese drei Bilder zutrieben ungeordnet durcheinander, so wird der Mensch von diesen zugleich auf einmal ungeordnet bestürmt, damit er irre gemacht werde und nur bald verzweifle, wie der Herr die Zerstörung Jerusalems beschreibt Lukas 19,43: daß ihre Feinde sie umgeben mit einem Wall, damit sie nicht heraus könnten kommen (das ist der Tod); daß sie sie an allen Enden ängsten und treiben, damit sie nirgends bleiben könnten (das sind die Sünden); zum dritten, daß sie sie niederschlagen zur Erde und lassen keinen Stein auf dem andern (das ist die Hölle und Verzweiflung).

Wie wir nun sehen, daß Christus zu all den Worten und greulichen Bildern still schweigt, nicht mit ihnen ficht, tut, als höre oder sehe er sie nicht, beantwortet keins – denn wenn er schon geantwortet hätte, so hätte er nur Ursache gegeben, daß sie mehr und greulicher hätten geplärrt und getrieben –, sondern allein auf den liebsten Willen seines Vaters acht hatte, so ganz und gar, daß er seines Todes, seiner Sünde, seiner Hölle, die auf ihn getrieben wurden, vergißt und für sie bittet, für ihren Tod, Sünde und Hölle: So sollen wir diese Bilder auch lassen herfallen und abfallen, wie sie wollen oder mögen, und nur daran denken, daß wir an dem Willen Gottes hängen, der ist, daß wir in Christus haften und fest glauben, unser Tod, unsere Sünde und Hölle sei uns in ihm überwunden und könne uns nicht schaden, damit Christi Bild allein in uns sei und wir mit ihm disputieren und umgehen. Zum fünfzehnten. Nun kommen wir wieder zu den heiligen Sakramenten und ihren Kräften, damit wir lernen, wozu sie gut sind und wozu sie zu gebrauchen. Wem nun die Gnade und Zeit verliehen sind, daß er beichtet, absolviert wird, mit dem Abendmahl und der letzten Ölung versehen wird, der hat gewiß große Ursache, Gott zu lieben, zu loben und ihm zu danken und zu sterben, wenn er sich nur getrost im Glauben verläßt auf die Sakramente, wie oben gesagt. Denn in den Sakramenten handelt, redet, wirkt durch den Priester dein Gott Christus selbst mit dir, und es geschehen da nicht Menschenwerke oder -worte. Da verspricht dir Gott selbst alle Dinge, die jetzt von Christus gesagt sind, und will, daß die Sakramente ein Wahrzeichen und eine Urkunde seien. Christi Leben hat deinen Tod, sein Gehorsam hat deine Sünde, seine Liebe deine Hölle auf sich genommen und überwunden. Darüber hinaus wirst du durch diese Sakramente eingeleibt und vereinigt mit allen Heiligen und kommst in die rechte Gemeinschaft der Heiligen, so daß sie mit dir in Christus sterben, Sünde tragen, Hölle überwinden. Daraus folgt, daß die Sakramente – das heißt: die äußerlichen Worte Gottes, durch einen Priester gesprochen – ein sehr großer Trost sind und wie ein sichtbares Zeichen für die göttliche Gesinnung, an das man sich halten soll mit einem festen Glauben als an einen guten Stab, mit dem Jakob, der Patriarch, durch den Jordan ging, oder als an eine Laterne, nach der man sich richten und auf die man ein Auge haben soll mit allem Fleiß durch den finstern Weg des Todes, der Sünde und der Hölle, wie der Prophet sagt: »Dein Wort, Herr, ist ein Licht meiner Füße« (Psalm 119,105), und St. Peter: »Wir haben ein gewisses Wort Gottes, und ihr tut wohl daran, so ihr sein wahrnehmet.« (2 Petrus 1,19) Es kann sonst nichts helfen in Todesnöten, denn mit dem Zeichen werden alle erhalten, die erhalten werden. Es weist auf Christus und sein Bild, so daß du kannst wider des Todes, der Sünde und Hölle Bild sagen: Gott hat mir zugesagt und ein sicheres Zeichen seiner Gnade in den Sakramenten gegeben, daß Christi Leben meinen Tod in seinem Tod überwunden habe, sein Gehorsam meine Sünde in seinem Leiden vertilgt, seine Liebe meine Hölle in seinem Verlassensein zerstört habe. Das Zeichen, das Zusagen meiner Seligkeit, wird mir nicht lügen noch trügen. Gott hat es gesagt, Gott kann nicht lügen, weder mit Worten noch mit Werken. Und wer so darauf besteht und sich auf die Sakramente stützt, dessen Erwählung und Vorherbestimmung wird sich von selbst, ohne seine Sorge und Mühe gewiß finden.

Zum sechzehnten. Hierauf kommt es nun am allermeisten an: daß man die heiligen Sakramente, in denen Gottesworte, Zusagen, Zeichen geschehen, hoch achte, in Ehren halte, sich auf sie verlasse, das ist, daß man weder an den Sakramenten noch an den Dingen, deren sichere Zeichen sie sind, zweifle. Denn wenn daran gezweifelt wird, so ist alles verloren. Denn wie wir glauben, so wird uns geschehen, wie Christus sagt (Matthäus 21,21). Was hülfe es, daß du dir vorbildetest und glaubtest, der Tod, die Sünde, die Hölle der andern seien in Christus überwunden, wenn du nicht auch glaubtest, daß dein Tod, deine Sünde, deine Hölle dir da überwunden und vertilgt seien und du ebenso erlöst seiest. Dann wäre das Sakrament völlig umsonst, weil du nicht glaubst die Dinge, die dir dort angezeigt, gegeben und versprochen werden. Das ist aber die grauenhafteste Sünde, die geschehen kann, durch die Gott selber in seinem Wort, Zeichen und Werk für einen Lügner geachtet wird, der etwas rede, zeige, zusage, was er nicht meine noch halten wolle. Deshalb ist nicht zu scherzen mit den Sakramenten. Es muß der Glaube da sein, der sich auf sie verlasse und es getrost wage auf solche Gotteszeichen und Zusagen hin. Was wäre das für ein Seligmacher oder Gott, der uns nicht könnte oder wollte von Tod, Sünde, Hölle selig machen? Es muß groß sein, was der rechte Gott zusagt und wirkt.

So kommt dann der Teufel und bläst dir ein: Ja wie, wenn ich dann die Sakramente hätte unwürdig empfangen und mich durch meine Unwürdigkeit solcher Gnaden beraubt? Hier mache das Kreuzzeichen, laß dich Würdigkeit, Unwürdigkeit nicht anfechten, schau nur zu, daß du glaubst, es seien sichere Zeichen, wahre Worte Gottes, so bist du und bleibst wohl würdig. Glaube macht würdig, Zweifel macht unwürdig. Darum will der böse Geist dir eine andere Würdigkeit und Unwürdigkeit vortäuschen, damit er dir einen Zweifel und dadurch die Sakramente mit ihren Werken zunichte und Gott in seinen Worten einen Lügner mache.

Gott gibt dir um deiner Würdigkeit willen nichts. Er baut auch sein Wort und Sakrament auf deine Würdigkeit nicht, sondern aus lauter Gnade baut er dich Unwürdigen auf sein Wort und Zeichen. Daran halte nur fest und sprich: Der mir sein Zeichen und Wort gibt und gegeben hat, daß Christi Leben, Gnade und Himmel meinen Tod, Sünde, Hölle mir unschädlich gemacht haben, der ist Gott, wird mir die Dinge gewiß halten. Hat mich der Priester absolviert, so verlasse ich mich darauf als auf Gottes Wort selber. Sind es denn Gottes Worte, so wird es wahr sein. Darauf bleibe ich, darauf sterbe ich. Denn du sollst ebenso fest trauen auf des Priesters Absolution, als ob dir Gott einen besonderen Engel oder Apostel sendet, ja, als ob dich Christus selbst absolvierte.

Zum siebzehnten. Sieh, einen solchen Vorteil hat, wer die Sakramente erlangt, daß er ein Zeichen Gottes erlangt und eine Zusage, an der er seinen Glauben üben und stärken kann, er sei in Christi Bild und Güter berufen. Ohne diese Zeichen mühen sich die andern nur im Glauben ab und erlangen sie nur mit der Begierde des Herzens, wenngleich sie auch erhalten werden, wenn sie in diesem Glauben bleiben. So sollst du auch sagen bei dem Sakrament des Altars: Hat mir der Priester gegeben den heiligen Leib Christi, was ein Zeichen und Zusage ist der Gemeinschaft aller Engel und Heiligen, daß sie mich lieb haben, für mich sorgen, bitten und mit mir leiden, sterben, Sünde tragen und Hölle überwinden, so wird und muß es so sein. Das göttliche Zeichen trügt mich nicht, und ich lasse mir's nicht nehmen. Ich wollte eher alle Welt, mich selbst verleugnen, als daß ich daran zweifelte, mein Gott, der sei mir gewiß und wahrhaftig in diesem seinem Zeichen und seinen Zusagen, ich sei seiner würdig oder nicht. So bin ich ein Glied der Christenheit nach Wortlaut und Bedeutung dieses Sakraments. Es ist besser, ich sei unwürdig, als daß Gott nicht für wahrhaftig gehalten würde. Heb dich, Teufel, wenn du mir's anders sagst.

Nun sieh, man findet viele Leute, die gern wollten gewiß sein oder ein Zeichen haben vom Himmel, wie sie mit Gott dran wären, und ihre Vorherbestimmung wissen. Und wenn sie schon ein solches Zeichen bekämen und doch nicht glaubten, was hülfe es ihnen? Was hülfen alle Zeichen ohne Glauben? Was halfen den Juden Christi und der Apostel Zeichen? Was helfen noch heute die hochwürdigen Zeichen der Sakramente und Worte Gottes? Warum halten sie sich nicht an die Sakramente, die sichere und eingesetzte Zeichen sind, durch alle Heiligen probiert und versucht, als gewiß bewährt all denen, die geglaubt und bekommen haben alles, was sie bezeichnen? So sollten wir die Sakramente lernen erkennen, was sie sind, wozu sie dienen, wie man sie gebrauchen soll. So finden wir, daß kein größeres Ding auf Erden sei, das betrübte Herzen und böse Gewissen lieblicher trösten kann. Denn in den Sakramenten sind Worte Gottes, die dienen dazu, daß sie uns Christus zeigen und zusagen mit all seinem Gut, das er selbst ist, wider Tod, Sünde und Hölle. Nun ist kein lieblicheres, begehrenswerteres Ding zu hören, als Tod, Sünde, Hölle zu vertilgen. Das geschieht durch Christus in uns, wenn wir das Sakrament recht gebrauchen. Der Gebrauch ist nichts anderes als glauben, es sei so, wie die Sakramente durch Gottes Wort zusagen und versichern. Darum ist es nötig, daß man nicht allein die drei Bilder in Christus ansehe und die Gegenbilder damit austreibe und fallen lasse, sondern daß man ein gewisses Zeichen habe, das uns versichere, es sei auch uns gegeben. Das sind die Sakramente.

Zum achtzehnten soll kein Christenmensch an seinem Ende daran zweifeln, daß er nicht allein sei in seinem Sterben. Sondern er soll gewiß sein, daß nach der Aussage des Sakraments auf ihn gar viele Augen sehen. Zum ersten Gottes selber und Christi, weil er seinem Wort glaubt und seinem Sakrament anhängt; danach die lieben Engel, die Heiligen und alle Christen. Denn da ist kein Zweifel, wie das Sakrament des Altars zeigt, daß die allesamt wie ein ganzer Körper zu seinem Glied hinzulaufen, helfen ihm den Tod, die Sünde, die Hölle überwinden und tragen alle mit ihm. Da ist das Werk der Liebe und der Gemeinschaft der Heiligen im Ernst und gewaltig im Gange, und ein Christenmensch soll es sich auch vor Augen halten und keinen Zweifel daran haben; woraus er dann Mut schöpft zu sterben. Aber wer daran zweifelt, der glaubt nicht an das hochwürdige Sakrament des Leibes Christi, in dem gezeigt, zugesagt, versichert wird Gemeinschaft, Hilfe, Liebe, Trost und Beistand aller Heiligen in allen Nöten. Denn wenn du glaubst an die Zeichen und Worte Gottes, so hat Gott ein Auge auf dich, wie er sagt Psalm 32,8: »Firmabo usw. Ich will meine Augen stets auf dich haben, daß du nicht untergehest.« Wenn aber Gott auf dich sieht, so sehen ihm nach alle Engel, alle Heiligen, alle Kreaturen; und

wenn du in dem Glauben bleibst, so halten sie alle die Hände unter. Geht deine Seele aus, so sind sie da und empfangen sie, du kannst nicht untergehen. Das ist bezeugt von Elisa 2 Könige 6,16, der zu seinem Knecht sprach: »Fürchte dich nicht, ihrer sind mehr mit uns denn mit ihnen«, wo doch die Feinde sie umringt hatten und sie niemand anderen sahen. Aber Gott tat dem Knecht die Augen auf, da war um sie ein großer Haufe feuriger Pferde und Wagen. So ist es auch gewiß um einen jeden, der Gott glaubt. Da gehen dann die Sprüche her, Psalm 34,8: »Der Engel Gottes wird sich eindrängen rings um die, die Gott fürchten, und wird sie erlösen«; Psalm 125,1 f.: »Welche Gott vertrauen, die werden unbeweglich sein wie der Berg Zion. Er wird ewiglich bleiben. Hohe Berge (das sind Engel) sind in seinem Umkreis, und Gott selber umringt sein Volk von nun an bis in Ewigkeit«; Psalm 91,11-16: »Er hat seinen Engeln dich befohlen. Auf den Händen sollen sie dich tragen und dich bewahren, wo du hingehst, daß du nicht stoßest deinen Fuß an irgendeinen Stein. Auf der Schlange und dem Basilisken sollst du gehen, und auf den Löwen und Drachen sollst du treten (das ist, alle Stärke und List des Teufels werden dir nichts tun). Denn er hat in mich vertraut. Ich will ihn erlösen, ich will bei ihm sein in allen seinen Anfechtungen, ich will ihm heraushelfen und ihn zu Ehren setzen. Ich will ihn voll machen mit Ewigkeit. Ich will ihm offenbaren meine ewige Gnade.« Ebenso spricht auch der Apostel, daß die Engel, deren unzählig viele sind, allzumal dienstbar sind und ausgeschickt werden um derer willen, die da selig werden. (Hebräer 1,14)
Dies sind alles große Dinge, wer kann's glauben? Darum soll man wissen, daß das Gottes Werke sind, die größer sind, als jemand denken kann, und die er doch wirkt in solchem kleinen Zeichen der Sakramente, damit er uns lehre, ein wie großes Ding sei ein rechter Glaube an Gott.
Zum neunzehnten soll aber niemand sich vermessen, solche Dinge aus seinen Kräften heraus zu unternehmen. Sondern jeder soll Gott demütig bitten, daß der solchen Glauben und solches Verständnis seiner heiligen Sakramente in uns schaffe und erhalte, damit es mit Furcht und Demut zugehe und wir nicht uns solches Werk zuschreiben, sondern Gott die Ehre lassen. Außerdem soll er alle heiligen Engel, besonders seinen Schutzengel, die Mutter Gottes, alle Apostel und lieben Heiligen anrufen, vor

allem die, zu denen Gott ihm besondere Andacht gegeben hat. Er soll aber so bitten, daß er nicht zweifle, das Gebet werde erhört. Dazu hat er zwei Ursachen. Die erste: daß er jetzt gehört hat aus der Schrift, wie Gott ihnen befohlen hat und wie das Sakrament ihnen gibt, daß sie lieben und helfen müssen allen, die glauben. Das soll man ihnen vorhalten und aufrücken; nicht weil sie es nicht wüßten oder sonst nicht täten, sondern damit der Glaube und die Zuversicht zu ihnen und durch sie zu Gott desto stärker und getroster werde, dem Tod unter die Augen zu gehen. Die zweite: daß Gott geboten hat, wenn wir beten wollen, daß wir ja fest glauben, es geschehe, was wir bitten, und sei ein wahrhaftig Amen. Dies Gebot muß man Gott auch aufrücken und sagen: Mein Gott, du hast geboten, zu bitten und zu glauben, die Bitte werde erhört. Darauf bitte ich und verlasse ich mich, du werdest mich nicht lassen und mir einen rechten Glauben geben.

Auch sollte man das ganze Leben lang Gott und seine Heiligen bitten für die letzte Stunde um einen rechten Glauben, wie denn gar fein gesungen wird am Pfingsttag: »Nun bitten wir den heiligen Geist / um den rechten Glauben allermeist, / wenn wir heimfahrn aus diesem Elende« usw. Und wenn die Stunde gekommen ist zu sterben, soll man Gott an dies Gebet erinnern, außer an sein Gebot und seine Zusagen, ohne allen Zweifel, es sei erhört. Denn wenn er geboten hat, zu bitten und zu vertrauen im Gebet, dazu Gnade gegeben zu bitten – was sollte man zweifeln, er habe es darum alles getan, weil er es erhören und erfüllen will!

Zum zwanzigsten. Nun sieh, was soll dir dein Gott mehr tun, damit du den Tod willig annehmest, nicht fürchtest und überwindest? Er zeigt und gibt dir in Christus des Lebens, der Gnade, der Seligkeit Bild, damit du vor des Todes, der Sünde, der Hölle Bild dich nicht entsetzest. Er legt zudem deinen Tod, deine Sünde, deine Hölle auf seinen liebsten Sohn und überwindet sie dir, macht sie dir unschädlich. Er läßt zudem deine Anfechtung des Todes, der Sünde, der Hölle auch über seinen Sohn gehen und lehrt, dich darin zu halten, und macht sie unschädlich, zudem erträglich. Er gibt dir für das alles ein gewisses Wahrzeichen, damit du ja nicht daran zweifelst, nämlich die heiligen Sakramente. Er befiehlt seinen Engeln, allen Heiligen, allen Kreaturen, daß sie mit ihm auf dich sehen, deiner Seele wahrnehmen und sie empfangen. Er gebietet, du sollst dies von ihm erbitten und der

Erhörung gewiß sein. Was kann oder soll er mehr tun? Darum siehst du, daß er ein wahrer Gott ist und rechte, große, göttliche Werke in dir wirkt. Warum sollte er dir nicht etwas Großes auferlegen (wie das Sterben ist), wenn er so großen Vorteil, so große Hilfe und Stärke dazu tut, damit er erprobe, was seine Gnade vermag, wie geschrieben steht Psalm 111,2: »Die Werke Gottes sind groß und auserwählt nach allem seinem Wohlgefallen.«

Deshalb muß man zusehen, daß man ja mit großen Freuden des Herzens danke seinem göttlichen Willen, weil er mit uns wider Tod, Sünde und Hölle so wunderbar, reichlich und unermeßlich Gnade und Barmherzigkeit übt, und sich nicht so sehr vor dem Tod fürchten, sondern nur seine Gnade preisen und lieben. Denn die Liebe und das Lob erleichtern das Sterben gar sehr, wie er sagt durch Jesaja: »Ich will zäumen deinen Mund mit meinem Lob, daß du nicht untergehest.« (Jesaja 48,9) Dazu helfe uns Gott. Amen.

Gnosis – Mandäer – Manichäismus

Im 1. Jahrhundert n. Chr. entstand im Osten des römischen Reiches eine synkretistische religiöse Bewegung, die sich auf geheimes Wissen (Gnosis) bezog und eine Gotteserkenntnis für sich beanspruchte, die anders als der Glaube (Pistis) und die rationale Erkenntnis der Philosophie im Wissen selbst schon die letzte Vollendung sah. Gemeint ist das Wissen vom Ursprung und der Erschaffung der Welt, vom Ursprung des Übels und von dem Drama des göttlichen Erlösers, der auf die Erde herabgestiegen ist, um die Menschen zu retten und den Sieg des transzendenten Gottes vorzubereiten, wodurch Geschichte und Kosmos zu ihrem Ende kommen.

In einem historischen Raum, der stark von mündlichen Traditionen geprägt war, konnte die Gnosis leicht Elemente verschiedener Religionen aufnehmen und neu interpretieren, aus der indischen, iranischen (Zoroastrismus), jüdischen und christlichen Tradition sowie aus der platonischen Philosophie. Ausgangspunkt aller Strömungen der Gnosis, eines hochkomplexen Glaubenssystems, das sich in zahlreiche Gruppierungen aufspaltete – wie die Basilidianer, Marcioniten, Valentinianer und andere, später die Mandäer (2. Jahrhundert) und Manichäer (3. Jahrhundert) –, war die Erfahrung der radikalen Fremdheit des Menschen im Diesseits, »die Erkenntnis dessen, wer wir waren, was wir geworden sind; wo wir waren, wohin wir geworfen wurden; wohin wir eilen, wovon wir erlöst werden; was Geburt ist, was Wiedergeburt«[1]. Daraus entwickelte die Mehrzahl der Gnostiker einen Dualismus, der das gesamte Geschehen im Kosmos als – zu überwindenden – Kampf zwischen Gut und

Böse, Licht und Dunkel, Geist und Körper deutete und die diesseitige Welt als Ort der Gefangenschaft und Unwissenheit betrachtete, an den der Mensch durch tragische Geschehnisse geraten ist. Der Gnostiker aber weiß, daß die Seele des Menschen (als Teil der geistigen Welt, des Pneuma) dem Jenseits angehört und die materielle Welt, d. h. auch der menschliche Körper, die unvollkommene Schöpfung eines Demiurgen ist, eines selbst geschaffenen Schöpfergottes. Ein göttlicher Funke aus dem Reich des verborgenen jenseitigen Gottes (*deus absconditus*), aus dem Pleroma, dem Glanz- und Lichtmeer, ist als unsterblicher Lichtfunke im Menschen verblieben. Dies zu erkennen und das transzendente Prinzip innerhalb des Selbst, seinen unweltlichen Ursprung zu entdecken ist die Aufgabe des Menschen. Auf diese Weise und mithilfe eines Gesandten, der von der oberen Welt herabsteigt, des »erlösten Erlösers« (*salvator salvatus*), kann auch ihm, dem Menschen, Erlösung zuteil werden. Die dramatische und bewegendste Darstellung des gnostischen Mythos von der Amnesie und der Anamnese findet sich im *Perlenlied*, das in den Thomasakten überliefert ist, einer Sammlung apokrypher Apostelakten (aus der zweiten Hälfte des 3. Jahrhunderts), die im Manichäismus in Gebrauch waren. Es beschreibt den Mythos vom »erlösten Erlöser«. Die materielle Welt wird symbolisiert durch das Meer und Ägypten. In dieser materiellen Welt ist die Seele gefangen; der Erlöser muß in diese ihm fremde Welt hinabsteigen, um die Seele des Menschen zu befreien. Während ihres Aufstiegs begegnet der Seele dann ihr ›Spiegelbild‹, das sie als ihr wahres Selbst und als ihr eigenes transzendentes Prinzip erkennt. Das ist die zentrale Botschaft der gnostischen Bewegung.[2]

Die Mandäer (von aramäisch: *manda* – Erkenntnis) stellten eine religiöse Gruppe im südlichen Irak dar. Ihr umfangreiches Schrifttum (kultische Texte, Liturgien, Gebete, Hymnen, Kommentare, Legenden und magische Schriften) sind im *Ginzā Rabbā* (»Großer Schatz«[3]) und weiteren Sammlungen überliefert. Im Mittelpunkt von Lehre und Ritus steht die Taufe der Gläubigen, die mehrfach wiederholt als Mittel zur Befreiung der Seele aus dem Gefängnis des Leibes verstanden wird.

Besonders stark ausgeprägt war das dualistische Denken im Manichäismus (benannt nach seinem Stifter Mani[4] im 3. Jahrhundert in Mesopotamien), der sich als universalistische Religion verstand. Die Welt der Finsternis und die Welt des Lichtes befinden sich von Beginn an miteinander im Kampf.

Neben den ›heidnischen‹ gnostischen Strömungen existierte auch im Judentum selbst und im Christentum gnostisches Gedankengut. Die Rezeption und die Berichte durch die Kirchenväter (von Origenes bis Augustinus) wurden durch den Fund einer Bibliothek mit gnostischen Schriften im ägyptischen Nag Hammadi 1945 im wesentlichen bestätigt. Die *Apokalypse Adams* (1. Jahrhundert v. Chr.) zeigt – neben ägyptischen und griechischen Elementen – jüdische Einflüsse mit Parallelen zum Alten Testament. Der *Poimandres* (1. Jahrhundert n. Chr.) ist das wichtigste und früheste Beispiel einer ›heidnischen‹ Gnosis.

Poimandres[5]

1. Als mir einmal eine Einsicht über das, was ist, zuteil wurde und mein Sinn gar sehr emporgehoben wurde, während meine körperlichen Empfindungen zurückgehalten wurden wie bei denen, die aus Übersättigung oder aus schwerer körperlicher Arbeit in tiefem Schlaf sind, da glaubte ich, ein Riesengroßer von unendlichen Maßen riefe mich bei Namen und sagte zu mir: »Was willst du hören und schauen und verstehend lernen und erkennen?« 2. Ich sagte: »Wer bist du denn?« Er: »Ich bin Poimandres, der Sinn (Nus[6]) des Absoluten. Ich weiß, was du willst, und bin immer bei dir.« 3. Ich sagte: »Ich will, was ist, kennenlernen, seine Natur verstehen und Gott erkennen. Wie sehr«, sagte ich, »will ich es hören.« Er sagt wiederum zu mir: »Halt in deinem Sinn, was du lernen willst, und ich will dich alles lehren.«
4. Nach diesen Worten veränderte er sich an Aussehen, und sofort wurde mir alles schlagartig klar: Ich sehe eine unermeßliche Schau, alles ist Licht, heiter und froh, und ich liebte den Anblick. Nach kurzem war da eine Finsternis, die sich nach unten neigte, in einem Teil, furchtbar und abscheulich, krumm gewunden, wie eine Schlange schien sie mir. Dann wandelte sich die Finsternis in etwas Feuchtes, unaussprechlich durcheinander, einen Rauch gab sie von sich wie von Feuer und ließ einen unsagbar klägli-

chen Laut hören. Dann kam ein unartikulierter Schrei heraus, so daß ich vermutete, er käme vom Feuer. 5. Aus dem Licht aber stieg ein heiliger Logos (Wort) zur Natur, und ein reines Feuer sprang heraus aus der feuchten Natur zur Höhe. Denn es war leicht, schnell und kräftig zugleich, und die Luft, die leicht war, folgte dem Geist, indem sie von Erde und Wasser aufstieg bis zum Feuer, so daß es mir schien, als hinge sie an ihm. Erde aber und Wasser blieben zusammengemischt für sich, so daß ich die Erde vor Wasser nicht sah. Sie wurden aber bewegt durch den sich darüber bewegenden pneumatischen Logos[7] (Genesis 1,2), so daß man es hören konnte.

6. Poimandres sagte zu mir: »Hast du eingesehen, was diese Schau will?« Und ich sagte: »Ich will es noch erkennen.« Er sagte: »Jenes Licht bin ich, der Nus, dein Gott, der vor dem Feuchten, das aus der Finsternis sichtbar wurde, da war. Der aus dem Nus hervorgekommene leuchtende Logos ist der Sohn Gottes.« »Wie?« sagte ich. »Erkenne es auf folgende Weise. Was in dir sieht und hört, ist der Logos des Herrn, der Nus aber ist der Vatergott. Denn sie sind nicht voneinander geschieden; ihre Einigung ist das Leben.« – »Ich danke dir«, sagte ich. – »So beherzige das Licht und erkenne es.«

Als er das gesagt hatte, schaute er mich lange Zeit an, so daß ich bei seinem Anblick zitterte. Als ich aufblickte, sehe ich in meinem Nus, daß das Licht aus unzähligen Kräften bestand und daß eine unbegrenzte Welt entstanden war und daß das Feuer mit sehr großer Kraft umfaßt wurde und so festgehalten stehenblieb. Das sah ich in Gedanken durch das Wort des Poimandres. 8. Als ich aber erschrocken war, sagte er wieder zu mir: »Hast du im Nus das Urbild gesehen, das vor dem grenzenlosen Anfang existierte?« Das sagte Poimandres zu mir. »Woher«, sagte ich, »bestehen denn die Elemente der Natur?« Darauf sagte wieder jener: »Aus dem Wollen Gottes, das den Logos annahm, die schöne Welt sah und sie nachahmte, das zur Welt wurde durch seine Elemente und durch die Erzeugung von Seelen.

9. Nus, der Gott, der mannweiblich und Leben und Licht war, brachte durch das Wort einen anderen Nus hervor, den Demiurgen, der, als Gott des Feuers und des Geistes, sieben Verwalter schuf, die in Kreisen die sichtbare Welt umgeben; ihre Verwaltung heißt Schicksal.

10. Da sprang sogleich aus den unteren Elementen der Logos Gottes in die reine Schöpfung der Natur und vereinigte sich mit dem Schöpfer-Nus. Denn er war ihm gleich. Und es blieben die unteren Elemente der Natur ohne Logos, so daß sie rein Materie waren. 11. Der Demiurg-Nus samt dem Logos, der die Kreise umfaßt und sie sausend schwingt (dreht), drehte seine Geschöpfe, und er ließ sie sich drehen von einem unbestimmten Anfang bis zu einem unbestimmten Ende. Sie fangen nämlich da an, wo sie aufhören. Ihre Kreisbewegung brachte, wie es der Nus wollte, aus den unteren Elementen vernunftlose Tiere hervor – denn sie hatten den Logos nicht mehr –, die Luft brachte Vögel, das Wasser Wassertiere hervor. Denn Erde und Wasser sind voneinander getrennt, wie es der Nus gewollt hatte, und die Erde brachte von sich aus, was sie hatte, Vierfüßler, Kriechtiere, wilde und zahme Tiere.

12. Der Vater von allem, der Nus, der Leben und Licht ist, gebar einen Menschen, der ihm gleich war, den er liebte als sein eigenes Kind. Denn er war überaus schön und trug des Vaters Bild. Wirklich liebte auch Gott seine eigene Gestalt und übergab ihm alle seine Geschöpfe. 13. Und als er die Schöpfung des Demiurgen in dem Feuer sah, wollte auch er schaffen, und sein Vater erlaubte es ihm. Als er in der Demiurgensphäre war als der, der die ganze Macht haben sollte, bemerkte er die Geschöpfe seines Bruders. Die aber gewannen ihn lieb, und jeder gab ihm von seiner eigenen Ordnung etwas. Und als er ihr Wesen kennengelernt hatte und an ihrer Natur Anteil bekommen hatte, wollte er die Peripherie der Kreise durchbrechen und die Macht dessen, der über dem Feuer ist, kennenlernen. 14. Und der, der volle Gewalt hatte über die Welt der sterblichen und vernunftlosen Tiere, beugte sich durch die Harmonie hindurch (hernieder), indem er die Höhlung zerbrach, und zeigte der unteren Natur die schöne Gestalt Gottes. Sie sah ihn in seiner unerschöpflichen Schönheit, die ganze Gewalt der Verwalter in sich habend und die Gestalt Gottes, lächelte ihm in Liebe zu, weil sie das Aussehen der schönen Gestalt des Menschen im Wasser sah und den Schatten auf der Erde. Er aber, weil er in ihr (der Physis) die Gestalt, die ihm gleich war, in dem Wasser sah, liebte sie und wollte dort wohnen. Zugleich mit dem Willen aber wurde es Wirklichkeit, und er wohnte der vernunftlosen Gestalt bei, die Natur aber nahm den

Liebenden und umschlang ihn ganz, und sie vereinigten sich, denn sie waren füreinander entflammt.

15. Und deswegen ist der Mensch im Gegensatz zu allen Wesen auf der Erde zwiespältig: sterblich nach dem Körper, unsterblich nach dem wesenhaften Menschen. Denn er, der unsterblich ist und über alles die Macht hat, erleidet das Todesgeschick, da er dem Schicksal unterliegt. Er, der über der Harmonie der Sphären ist, er ist ein Sklave innerhalb der Harmonie geworden. Mannweiblich aus einem Vater, der mannweiblich ist, und keines Schlafes bedürftig, von einem Vater, der keines Schlafes bedarf, wird er beherrscht von der Liebe (Eros) und dem Schlaf.«

16. Und danach sagte ich: » Mein Nus, lehre mich alles, denn ich begehre des Wortes.« Poimandres aber sagte: »Das ist das Geheimnis, das bis zu dem heutigen Tage verborgen ist. Denn die Natur, die sich mit dem Menschen verbunden hatte, brachte ein wunderbares Wunder hervor. Denn wo er die Natur der Harmonie der Sieben hat, von denen ich dir sagte, daß sie aus Feuer und Geist sind, wartete die Natur nicht, sondern brachte sogleich sieben Menschen zur Welt nach der Natur der sieben Verwalter, mannweiblich und erhaben.« Danach ich: »O Poimandres, ich bin zu einem großen Verlangen gekommen und begehre zu hören; entzieh dich *nicht*.« Poimandres sagte: »Schweige; denn ich habe dir den ersten Bericht noch nicht entfaltet.« – »Siehe, ich schweige«, sagte ich. 17. »Es geschah nun, wie ich sagte, die Entstehung dieser Sieben auf folgende Weise. Die Erde war weiblich, das Wasser männlich, vom Feuer kam die Reife, aus dem Äther bekam sie den Geist, und so brachte die Natur die Körper nach dem Bild des Menschen hervor. Der Mensch, aus Leben und Licht, wurde zu Seele und Nus, aus Leben die Seele, aus Licht der Nus. Und so blieb alles in der sichtbaren Welt bis zum Ende eines Umschwungs und bis zum Anfang der Arten.

18. Höre nun den Bericht, den du hören willst. Als der Umschwung vollendet war, wurde auf Gottes Beschluß das Band aller Dinge gelöst. Alle Tiere, die mannweiblich waren, wurden zugleich mit dem Menschen getrennt, und es wurde das Männliche auf der einen, das Weibliche auf der anderen Seite. Gott aber sprach sofort mit einem heiligen Wort: ›Wachset und mehrt euch (Genesis 1,28), alle, die ihr geschaffen und gemacht seid. Und der Mensch, der den *Nus* hat, soll sich selbst als unsterblich erkennen

und die Liebe (Eros), die die Ursache des Todes ist, und alles, was ist.‹ 19. Als er das gesagt hatte, da machte die Vorsehung durch das Schicksal und durch die Sphärenharmonie die Vereinigungen und bewirkte die Geburten, und das All wurde nach Arten getrennt voll, und wer sich selbst erkennt, ist zum wesenhaften Guten gekommen; wer aber aus dem Irrtum (der Verführung) der Liebe (Eros) den Körper liebt, der bleibt in der Finsternis, umherirrend, *fühlbar* leidend, was des Todes ist.«

20. »Welchen großen Fehler begehen«, sagte ich, »die, die unwissend sind, daß sie der Unsterblichkeit beraubt werden?« – »Du scheinst, o du, nicht achtgehabt zu haben auf das, was du gehört hast. Sagte ich dir nicht, du solltest einsichtig sein?« – »Ich bin einsichtig und erinnere mich; zugleich danke ich.« – »Wenn du einsichtig geworden bist, dann sage mir, warum sind die, die im Tode sind, des Todes würdig?« – »Weil vor dem eigenen Körper die abscheuliche Finsternis und daraus die feuchte Natur besteht, und daraus der Körper in der sichtbaren Welt, und daraus entsteht der Tod.« 21.«Du hast gute Einsicht, o du; warum aber geht, der sich selbst erkannt hat, zu ihm, wie das göttliche Wort lautet?« – Darauf ich: »Weil der Vater des Alls aus Licht und Leben besteht und daraus der Mensch geworden ist.« – »Du sagst es richtig. Licht und Leben ist Gott der Vater, woraus der Mensch entstand. Wenn du also lernst, daß du aus Leben und Licht bestehst und daß du aus diesen herkommst, wirst du wieder zum Leben gehen.« Das sagte Poimandres.

»Aber das sage mir noch«, sagte ich, »wie ich zum Leben gehen werde, mein Nus. Denn es sagt Gott: ›Der Mensch, der den Nus hat, soll sich selbst erkennen.‹ 22. Haben denn nicht alle Menschen den Nus?« – »Schweige still, o du. Ich, der Nus, bin nahe den Frommen, Guten, Reinen, Barmherzigen, Ehrfurchtsvollen, und meine Anwesenheit wird zur Hilfe, und sogleich erkennen sie das All, sie machen sich den Vater gewogen durch die Liebe, und sie danken ihm mit Lobliedern und Hymnen, auf ihn in Liebe gerichtet. Ehe sie den Körper seinem Tode übergeben, verabscheuen sie die Sinneswahrnehmungen, weil sie ihre Wirkungen kennen. Vielmehr ich, der Nus, lasse nicht zu, daß die Handlungen des Körpers, die sich herandrängen, vollendet werden. Als ein guter Türhüter verschließe ich die Eingangstüren der bösen und schandbaren Handlungen, indem ich die Überlegungen dazu abschneide. 23. Den Unverständigen, Schlechten und Bösen, den Neidischen, Ichsüchtigen, Mördern und Gottlosen aber bin ich ferne und mache dem Strafdämon Platz, der die Schärfe des Feuers dazu nimmt und ihn (den, der so handelt) fühlbar anspringt und ihn um so mehr zu den ungesetzlichen Handlungen antreibt, damit er mehr Strafe erhält; und er hat unaufhörliches Verlangen nach schrecklichen Begierden, kämpft immer in der Finsternis – diesen quält er und häuft auf ihn Feuer.«

24. »Du hast mich alles, was ich wollte, gelehrt, Nus; sage mir aber noch, wie der Aufstieg geschieht.« Daraufhin sagte Poimandres: »Zunächst übergibst du bei der Auflösung des Körpers den Körper zur Veränderung, und die Gestalt, die du hattest, verschwindet, und den Charakter übergibst du dem Dämon als unwirksamen. Die Empfindungen des Körpers gehen in ihre Quellen zurück, sie werden vereinzelt und werden wieder zusammengesetzt zur Wirksamkeit. Und die Heftigkeit und die Begierde gehen in die unvernünftige Natur. 25. Und so geht er dann nach oben durch die Harmonie, dem ersten Kreis gibt er die Fähigkeit zu wachsen oder abzunehmen, dem zweiten die bösen Anschläge, die List, unwirksam, dem dritten den Betrug der Lust, unwirksam, dem vierten die Zurschaustellung der Führenden nicht ausgenutzt, dem fünften die gottlose Verwegenheit und die Voreiligkeit der Dreistigkeit, dem sechsten die bösen Triebe des Reichtums, unwirksam, und dem siebten Kreis die lauernde Lüge. 26. Und dann, befreit (entblößt) von allen Wirkungen der Harmonie, kommt er in die Natur der Achtheit mit seiner eigenen Kraft, und lobt mit denen, die dort sind, den Vater. Die Anwesenden zusammen freuen sich, daß dieser gekommen ist, und, gleichgeworden den Anwesenden, hört er auch einige Kräfte über der Natur der Achtheit mit einer süßen Stimme Gott loben. Dann gehen sie in Ordnung hinauf zu dem Vater, wandeln sich selbst in Kräfte, und Kräfte geworden, werden sie in Gott sein. Das ist das gute Ende für die, die Erkenntnis erhalten haben, zu Gott zu werden. Also, was zögerst du? Willst du nicht als einer, der alles empfangen hat, Führer werden für die, die des würdig sind, damit das menschliche Geschlecht durch deine Vermittlung von Gott gerettet wird?«

[...]

Das Perlenlied[8]

Alle Gefangenen sahen ihn beten und baten ihn, für sie zu beten. Als er aber gebetet hatte, setzte er sich nieder und begann, den folgenden Psalm zu sprechen:

»Als ich ein kleines Kind, das noch nicht reden konnte, war am Königshofe meines Vaters und ruhte im Reichtum und Überfluß der Ernährer, versahen mich die Eltern mit Reisemitteln und sandten mich von Osten, unserer Heimat, fort. Aus dem Reichtum ihrer Schatzkammern stellten sie ein Gepäck zusammen, groß und leicht, damit ich es allein tragen könnte. Das Gepäck von oben besteht aus Gold und ungeprägtem Silber von den großen Schätzen und von Chalkedonsteinen aus Indien und von Perlen aus dem Lande der Kuschäer[9]. Und sie rüsteten mich mit dem Diamant aus (der Eisen ritzt). Und sie zogen mir das mit Steinen besetzte und goldgestickte Kleid aus, das sie in ihrer Liebe gemacht hatten, und das lange Gewand von gelber Farbe, das meiner Körpergröße gemäß war. Sie trafen aber eine Übereinkunft mit mir und schrieben sie in meinen Geist, sie nicht zu vergessen, und sprachen: ›Wenn du nach Ägypten[10] hinabgehst und von dort die eine Perle[11] bringst, die dort bei der verschlingenden Schlange ist, wirst du das mit Steinen besetzte Kleid wieder anziehen und das lange Gewand, das darüber ruht; und mit deinem Bruder, unserem Zweiten, Erbe werden in unserem Königreich.«

Ich ging aber von Osten auf schwierigem und schrecklichem Wege mit zwei Führern, denn ich war unerfahren, diesen zu gehen. Ich kam aber auch vorbei an den Grenzgebieten von Mesene[12], dort ist die Herberge der östlichen Kaufleute, und gelangte in das Land der Babylonier und ging in die Mauern von Sarbug[13]. Als ich aber nach Ägypten gekommen war, verließen mich die Führer, die mit mir gereist waren, ich aber lief aufs schnellste zu der Schlange, ließ mich nieder an deren Höhle und gab acht, daß sie schläfrig würde und einschliefe, um meine Perle wegzunehmen. Ich aber war allein und im Auftreten fremdartig und erschien den Meinen (meinen Hausgenossen) fremd. Dort aber sah ich einen, der mir verwandt war, aus dem Osten, einen, der frei war, einen anmutigen und schönen Knaben, einen Sohn von Vornehmen. Dieser kam und hatte mit mir Umgang, und ich hatte ihn zum Gefährten und machte ihn zum Freunde und Teil-

225

nehmer meiner Reise. Ich ermahnte ihn aber, sich vor den Ägyptern in acht zu nehmen und der Gemeinschaft mit diesen Unreinen. Ich zog aber deren Kleidung an, damit ich nicht fremdartig wäre, wie einer von auswärts, um die Perle zu nehmen und damit die Ägypter nicht die Schlange gegen mich aufweckten.

Nicht weiß ich aber, warum sie erfuhren, daß ich nicht aus ihrem Land war. Mit Trug aber vermischten sie List gegen mich, und ich kostete ihre Nahrung. Ich wußte nicht mehr, daß ich ein Königssohn war, ihrem König aber diente ich. Ich vergaß die Perle, nach der mich meine Eltern geschickt hatten, und durch die Schwere ihrer Nahrung verfiel ich in tiefen Schlaf.

Als mir aber das widerfuhr, nahmen es auch meine Eltern wahr und sorgten sich um mich. Es wurde eine Botschaft in unserem Königreich verkündet, daß alle zu unseren Toren kommen sollten. Und die Könige Parthiens[14] und die Machthaber und die Großen des Ostens faßten meinetwegen einen Beschluß, daß ich nicht in Ägypten bleiben sollte. Sie schrieben mir einen Brief, und jeder Gewaltige unterzeichnete ihn: ›Vom Vater, dem König der Könige, und der Mutter, die den Osten beherrscht, und dem Bruder, dem Zweiten nach uns, an unseren Sohn in Ägypten: Friede! Steh auf, werde nüchtern vom Schlaf und höre die Worte des Briefes. Gedenke, daß du ein Königssohn bist. Unter ein knechtisches Joch bist du gekommen. Denke an dein goldbesticktes Kleid; denke an die Perle, deretwegen du nach Ägypten gesandt worden bist, daß dein Name genannt wird im Buch der Tapferen, und du mit deinem Bruder Erbe in unserem Königreich sein wirst.‹ Der König aber versiegelte den Brief wegen der Bösen, der Kinder Babylons und wegen der gewalttätigen Dämonen Sarbugs. Er flog in Gestalt eines Adlers, des Königs alles Gefieders. Er flog und ließ sich neben mir nieder und wurde ganz Rede. Ich aber fuhr bei dessen Stimme und Vernehmen vom Schlafe auf, nahm ihn, küßte ihn herzlich und las. Geschrieben aber war er wie das, was in meinem Herzen aufgeschrieben war. Und augenblicklich erinnerte ich mich, daß ich ein Sohn von Königen war, und meine Freiheit begehrte nach ihrer Art. Ich erinnerte mich aber auch der Perle, wegen der ich nach Ägypten geschickt worden war. Ich begann mit Sprüchen die schreckliche Schlange zu bezaubern und schläferte diese ein, indem ich den Namen meines Vaters nannte, den Namen unseres Zweiten und meiner Mutter, der Königin des Ostens. Ich raubte die Perle, nahm sie weg und wandte mich zu meinen Eltern. Und ich zog das schmutzige Kleid aus und ließ es in ihrem Lande zurück. Ich richtete aber sofort den Weg zum Licht der Heimat im Osten. Und ich fand auf dem Wege den Brief, der mich aufgeweckt hatte. Dieser aber, wie er mit seiner Stimme mich, der ich schlief, zum Aufstehen gebracht hatte, zeigte mir auch den Weg durch das von ihm ausgehende Licht; denn der königliche Brief, von seidenem Stoff, war vor meinen Augen. Während mich aber die Liebe führte und zog, ging ich an Sarbug vorbei. Ich ließ Babylon zur Linken und gelangte nach dem großen Mesene, das am Meer gelegen ist.

Mein Strahlenkleid und mein langes Gewand schickten mir meine Eltern durch ihre Schatzmeister. Ich erinnerte mich aber nicht mehr an meine Pracht. Denn als ich noch ein Kind und noch ganz ein Jüngling war, hatte ich sie in den Palästen des Vaters zurückgelassen. Plötzlich aber sah ich das Kleid, das wie in einem Spiegel mir glich, und ich sah mich ganz in ihm, und ich erkannte und erblickte mich selbst durch dieses; denn teils waren wir voneinander verschieden, obwohl wir aus demselben waren, und wiederum sind wir eins durch eine Gestalt. Nicht nur das, sondern auch die Schatzmeister selbst, die das Kleid gebracht hatten, sah ich als zwei, aber eine Gestalt bei beiden, ein königliches Zeichen war an beiden vorhanden. Den Schatz und den Reichtum hatten sie in Händen und gaben mir die Wertsachen, das stattliche Kleid, das in heiteren Farben kunstreich gebildet war mit Gold und wertvollen Steinen und Perlen von hervorleuchtender Farbe. Oben waren sie befestigt. Und das Bild des Königs der Könige war vollständig auf dem ganzen Kleide. Saphirsteine waren oben passend angeheftet.

Ich sah aber wiederum, daß von dem Ganzen Bewegungen von Erkenntnis ausgingen und daß es bereit war zu sprechen. Ich hörte es sprechen: ›Ich bin dessen Eigentum, der der tapferste von allen Menschen ist, dessentwegen ich bei dem Vater selbst aufgezogen worden bin.‹ Und ich bemerkte es aber selbst an meinem Wuchs, der entsprechend seinen Antrieben zunahm. Alle die königlichen Bewegungen aber erstreckten sich zu mir. Es eilte, dem entgegenstrebend, der es aus seiner Hand nehmen sollte. Und mich erweckte die Liebe, zu der Begegnung mit ihm zu eilen und es in Empfang zu nehmen. Ich aber streckte mich aus (schmückte mich mit der Schönheit seiner Farben) und zog mein glänzendes Gewand vollständig über mich.

Als ich es aber angelegt hatte, stieg ich empor zum Tor der Begrüßung und der Verehrung. Und ich neigte den Kopf und begrüßte den Glanz des Vaters, der mir dieses gesandt hatte; denn ich hatte getan, was aufgetragen war, und er gleichermaßen, was er versprochen hatte. Und in den Toren des Palastes mischte ich mich unter die aus seiner Regierung. Er aber freute sich über mich und nahm mich mit sich in den Palast. Alle seine Untergebenen aber singen mit wohllautenden Stimmen. Er versprach mir aber, daß ich mit ihm zu den Toren des Königs geschickt würde, um mit meinen Geschenken und der Perle zusammen mit ihm vor dem König zu erscheinen.«

Rechter Ginzā

Die jenseitige Welt[15]

Die Lichtwelt

Gelobt seist du! Gesegnet, gelobt, erhöht, geehrt und gefestigt sei ›der große und hochgelobte Gott, der hohe König des Lichts‹, der Gott der Wahrheit, dessen Macht ausgedehnt und ohne Ende ist, der reine Glanz und das große Licht, das nicht verlischt; der Gnädige, Vergebende, Gefällige und Barmherzige, der Erlöser aller Gläubigen, der Aufrichter aller Guten; der Starke, Weise, Wissende, Sehende, Kluge und Mächtige über jedes Ding; der Herr aller oberen, mittleren und unteren Lichtwelten; das große Antlitz der Herrlichkeit, das unsichtbar, unbegrenzbar, ohne Teilhaber an seiner Krone und ohne Partner an seiner Herrschaft ist. Wer auf ihn vertraut, wird nicht zuschanden, und wer seinen Namen in Wahrheit (Kuschta) lobt, kommt nicht zu Fall, und wer feststeht im Vertrauen auf ihn, wird nicht gebeugt werden.
[...]
Er ist das Licht, an dem keine Finsternis, der Lebendige, an dem kein Tod, der Gute, an dem keine Bosheit, der Sanfte, an dem

kein Aufruhr und Zorn ist, der Freundliche, an dem weder Gift noch Bitternis ist.

Er sitzt im hohen Norden, mächtig, schön und herrlich, der Ursprung aller Leuchtenden und Vater aller Uthras[16]. Er segnet alle Welten und ruht auf allen Vollkommenen, Wahrhaftigen und Gläubigen, in deren Mund sein Name aufgerichtet ist.

Der König der Stadt des Lebens, der in den Wohnorten des Königreichs wohnt; und er ist gefestigt und sein Glanz geht auf und erleuchtet, der ohne Ende, Maß und Zahl ist. Er freut sich in seiner Freude ohne Gram, und sein ganzes Königtum freut sich in ihr. Ein Bild, eine Zier und eine Pracht ist er, so daß es keine Schönheit gibt, die ihm gleich wäre. Die Wahrheit (Kuschta) ist er, die in den oberen Höhen weilt; der Herr der Größe ist er, der Herr aller gewaltigen Dinge. Niemand kann seine Macht und die aller seiner Welten bestimmen und ausdrücken, und ebenso seine Schkinas[17], in denen er lagert, und die Uthras und Könige, die in ihnen weilen. [...]

Dessen Hüfte nie vor Furcht zitterte und den die Angst und die Schrecken der Söhne der Finsternis nicht erreichen; und noch nie hat er an einem Tage des Schreckens dagestanden, und eine Stunde des Zornes und des Bebens naht sich ihm nicht. Der Lichtkönig ist durch seine Krone zum König für die Ewigkeit eingesetzt, und für sein Königtum gibt es kein Vergehen ... Er hat keinen Vater, der älter als er wäre, und keinen Erstgeborenen als Bruder, der vor ihm dagewesen wäre. Er hat keinen Bruder, der seinen Anteil mit ihm teile, und keinen Zwillingsbruder am gemeinsamen Teil. Er hat weder vermischt noch geteilt, und in seiner Stadt gibt es keine Spaltung.

Er hat keinen schweren Kampf ausgefochten [...]

Der König freut sich über die Kinder des Lichtes, und ruft er eines derselben, so antworten ihm tausend. Durch sein Wort pflanzt er Uthras, und durch die Rede seines Mundes stellt er Vollendete auf [...]

König aller Uthras und Schkinas, große Krone an der Spitze der Himmels-Höhe, Sanfter, der die Starken niederdrückt, Macht über alle Empörer, gesegnet und gepriesen bist du von jeder Zeit und Frist an bis in die Ewigkeit.

Größer ist deine Selbstherrschaft als die aller Könige des finsteren Ortes.

Du wohnst an einem Orte, der licht und hell ist, und schön und gewaltig ist jene Erde, in der du wohnst [...]

Die Finsterniswelt

Im Namen des großen Lebens! Euch rufe ich und belehre ich und sage ich: ihr wahrhaftigen und gläubigen Männer, ihr Sehenden und Abgesonderten: sondert euch von der Welt des Mangels ab, die voller Wirrsal und angefüllt mit Irrtum ist. Zuerst habe ich euch über den Lichtkönig belehrt, der in alle Ewigkeit gesegnet sei. [...]:

Außerhalb der Lichterde nach unten und außerhalb der Erde Tibil[18] nach Süden existiert jene Finsterniserde. Sie ist von einer Gestalt, die verschieden und abweichend ist von der Lichterde, weil sie beide in jeder Eigenart und Gestalt voneinander abweichen. Die Finsternis existiert durch ihre eigene böse Natur, ist heulende Finsternis, öde Dunkelheit, und sie weiß weder das Erste noch das Letzte. Aber der Lichtkönig weiß und erkennt das Erste und das Letzte, das, was gewesen ist, und das, was werden wird. Und er wußte und erkannte, daß der Böse existiert, und er wollte ihm nichts Schlechtes zufügen, gemäß dem, was er gesagt hat: »Füge dem Bösen und dem Feind nichts Schlechtes zu, bis er selbst Schlechtes getan hat.« Seine böse Natur existiert von Anfang an und in alle Ewigkeit. Die Finsterniswelten sind ausgedehnt und endlos. Er, der Lichtkönig, oder: man sagte: »Ausgedehnt und tief ist die Behausung der Bösen, deren Völker keinen Glauben an dem Ort besaßen, an dem ihre endlose Behausung ist, deren Königreich von ihnen selber entstanden ist. Ihre Erde ist schwarzes Wasser und ihre Höhen finstere Finsternis.«

Aus dem schwarzen Wasser wurde gebildet und kam hervor der Finsterniskönig durch seine eigene böse Natur, und er wurde groß, mächtig und gewaltig, und er rief hervor und verbreitete tausend mal tausend böse Geschlechter ohne Ende und 10000 mal 10000 häßliche Geschöpfe ohne Zahl. Die Finsternis wurde mächtig und dehnte sich aus durch die Dämonen, Dews[19], Genien, Geister, Hmurthas[20], Liliths[21], Tempel- und Kapellengeister, Götzen, Archonten[22], Engel, Vampire, Kobolde, Unheilsgeister, Schlagflußdämonen, Unholde, Netz- und Lockengeister und Satane, die ganzen häßlichen Gestalten der Finsternis jeder Art und Gattung, männliche und weibliche der Finsternis; finstere, schwarze, dumme, rebellische, zornige, wütende, giftige, widerspenstige, törichte, faulige, greuliche, schmutzige und stinkende. Einige unter ihnen sind stumm, taub, zugestopft, dumpf, stotternd, gehörlos, sprachlos, taubstumm, verwirrt, unwissend; einige unter ihnen frech, hitzig, stark, scharf, jähzornig, wollüstig, Kinder des Blutes, des sprühenden Feuers und fressenden Brandes. Einige unter ihnen sind Zauberer, Betrüger, Lügner, Fälscher, Räuber, Arglistige, Beschwörer, Chaldäer, Wahrsager. Sie sind Baumeister aller Bosheiten, Anstifter von Bedrängnis, die Mord begehen und Blut vergießen ohne Mitleid und Erbarmen. Sie sind Künstler in allen Häßlichkeiten und kennen zahllose Sprachen und verstehen, was vor ihrem Angesicht ist. Sie besitzen allerlei Gestalt: einige unter ihnen kriechen auf dem Bauch, einige bewegen sich im Wasser, einige unter ihnen fliegen, einige unter ihnen haben viele Füße wie das Gewürm der Erde, und einige unter ihnen tragen hundert ... Sie haben Backen- und Schneidezähne in ihrem Maule. Der Geschmack ihrer Bäume ist wie Gift und Galle, ihr Saft ist wie Naphtha und Pech.

Jener Finsterniskönig nahm alle Gestalten der Weltkinder an: den Kopf des Löwen, den Leib des Drachen, die Flügel des Adlers, die Seiten der Schildkröte, Hände und Füße des Unholdes. Er geht, er kriecht, schleicht, fliegt, schreit, ist dreist, bedrohlich, brüllt, stöhnt, gibt freche Winke und flötet und kennt alle Zungen der Welt. Aber er ist dumm, verwirrt, seine Gedanken sind konfus, und er weiß weder das Erste noch das Letzte, er weiß jedoch, was in allen Welten geschieht. [...] Durch den Hauch seines Maules schmilzt das Eisen, und das Gestein wird durch seinen Odem versengt. Hebt er seine Augen, so erbeben die Berge, durch das Flüstern seiner Lippen werden die Ebenen erschüttert. Er dachte bei sich nach und beriet in seinem törichten Herzen und plante in seinem arglistigen Sinn. Und er stieg empor und erblickte die Welten der Finsternis, die ausgedehnt und ohne Ende sind. Er nahm Hochmut an und erhob sich über alle und sprach: »Gibt es jemand, der größer ist als ich? Gibt es jemand, dessen Macht meiner gewachsen ist? Gibt es jemand, der größer ist als ich und ausgedehnter und vorzüglicher als alle Welten? Gibt es jemand, dessen Speise Berge sind, in dessen Magen sich kein Blut findet?

Oder gibt es jemand, der stärker ist als ich, so will ich mich erheben, um mit ihm zu kämpfen, und will sehen, woher seine Kraft stammt.«

[...]

Als er jene schimmernde Gestalt erblickte, wollte er sich erheben und aus der heulenden, öden Dunkelheit zu jener leuchtenden Gestalt emporsteigen, aber er fand kein Tor, um hindurchzugehen, keinen Weg, um auf ihm zu gehen, und keinen Aufstieg, um auf ihm emporzusteigen, weil jene Gestalt, die er sah, in der Höhe, er aber in der Tiefe war, so wie die Menschenkinder, das Getier und das Vieh, die nicht zur Höhe des Himmels emporsteigen können. Er erhitzte sich und entbrannte, wie ein gieriger Löwe über die Beute, und er ruhte und rastete nicht in seiner eigenen Behausung. Er rief, schrie und stöhnte laut. Und die Lichtwelten hörten seine Stimme und erblickten die Gestalt des dummen Dew. Das hinfällige Heer versammelte sich: sie schauten und betrachteten einander wie ein Körper, von dem ein Glied plötzlich zu zittern beginnt, und erklangen wie Kupfergefäße.

Darauf ging eine Stimme vom hohen Lichtkönig aus, und er sprach zu den Lichtwelten und den Schkinas und Uthras: »Seid ruhig, ihr Uthras, und bleibt in euren Schkinas sitzen. Ängstigt euch nicht vor dem Zorn des dummen, bösen Dew, der in Zorn geraten ist.

In seinem eigenen Behälter (*Kanna*) soll er gefangen werden, gefangen werden soll er in seinem eigenen Behälter (*Kanna*). Alle seine Pläne sollen zunichte werden, zunichte sollen alle seine Pläne werden, und seine bösen Werke nicht zustande kommen.«

Psalm an die Seele[23]

Seele, Seele, gedenke deiner Äonen[24]!
[Die Worte »gedenke deiner Äonen« werden als Refrain nach jeder Zeile wiederholt.]

O Seele, woher stammst du?
Du stammst aus der Höhe.
Du bist der Welt fremd,

eine Beisassin auf der Erde bei Menschen.
Du hast deine Häuser in der Höhe, deine Zelte der Freude.
Du hast deinen wahren Vater, deine wahre Mutter.
Du hast deine wahren Brüder. Du bist ein Kämpfer.
Du bist das Schaf,
das sich in der Wüste verirrte. Dein Vater sucht nach dir,
dein Hirt geht auf die Suche um deinetwillen.
Du bist der Weinstock,
der mit den fünf Reben,
die du zur Speise der Götter dienst, die Nahrung der Engel,
zur Kleidung der Gerechten wirst,
zum Gewand der Heiligen,
die du zum Nus der Vollkommenen wirst, zum Gedenken der
Gläubigen.
O Seele, erhebe dein Haupt
in diesem Haus, das voll ist von Trauer.
[...] Dämonen,
[...] der Räuber.
O Seele, vergiß dich nicht!
Denn sie stellen dir alle nach.
Es stellen dir alle nach,
die Jäger des Todes.
Sie fangen die Vögel
und sie [...] ihre [...]
Sie brechen ihre Flügel,
damit sie nicht in ihre Nester fliegen können.
O Seele, erhebe dich
und geh in deine Heimat!
Du bist deiner Verwandtschaft fremd. Geh in das Haus voll
von Freude. Du [...] Licht
von Ewigkeit zu Ewigkeit.
Preis und Ehre
sei Jesus, dem König der Heiligen! Sieg sei der Seele der
seligen Maria!

Islam

Das Bekenntnis zu *einem* Gott, der Glaube an die Auferstehung, ein Jüngstes Gericht sowie an Belohnung oder Strafe im Jenseits sind die Kernbotschaften des Islams und seines heiligen Buches, des dem Propheten Mohammed geoffenbarten Korans.

Entstanden im Vorderen Orient der Spätantike, hat der Islam sich einerseits gegen die seinerzeit herrschende Vielfalt der Religionen entschieden abgegrenzt, andererseits Anregungen aus den bestehenden Religionen aufgenommen, von der jüdischen und der christlichen Religion bis zu vorderasiatischen und indischen Kulturen.

Nach dem Vorbild des Mose, des Daniel, des Henoch, des Mani und anderer göttlicher Boten unternahm Mohammed eine Himmelsreise. Darüber und über seine Begegnung mit Gott und den Propheten auf unterschiedlichen Stufen im Himmel wird im Koran (Sure 53:1–18 und 81:19–25) berichtet; die Hadithe, die muslimischen Kommentare zu den Worten des Propheten, ergänzen den Bericht bereits im frühen 8. Jahrhundert mit legendenhaften Erzählungen. In der islamischen Geschichtsschreibung faßt aṭ-Ṭabarī[1] dieses Ereignis zusammen: »Als der Prophet die Verkündigung erhalten hatte und bei der Kaaba schlief, wie das die Quraisch[2] zu tun pflegten, kamen die Engel Gabriel und Michael zu ihm und sprachen: Mit Bezug auf wen haben wir den Befehl erhalten? Worauf sie selbst erwiderten: Mit Bezug auf ihren Herrn. Darauf gingen sie fort, kamen aber in der nächsten Nacht zu Dreien wieder. Als sie ihn schlafend fanden, legten sie ihn auf den Rücken, öffneten seinen Leib, brachten Wasser vom Zamzam-Brunnen[3] und wuschen das, was sie in seinem Leibe an

Zweifel, Götzendienst, Heidentum und Irrtum fanden. Dann brachten sie ein goldenes Gefäß, das mit Glaube und Weisheit gefüllt war, und so wurde sein Leib mit Glaube und Weisheit gefüllt. Darauf wurde er zum untersten Himmel emporgehoben.«[4]

Mit »Seele« bezeichnet der Koran sowohl das Selbst, die Person als auch die psychischen Funktionen, insbesondere unerwünschte Begierden, die es zu zügeln gilt. Die Jenseitsvorstellung des Islams ist außergewöhnlich konkret, geradezu materiell. Die Freuden des Himmels und die Strafen der Hölle werden in den Suren des Korans anschaulich beschrieben, die Einzelheiten werden von den Hadithen ausgeschmückt. (Die Sufis allerdings, obwohl auch sie die Freuden des Paradieses als real dachten, hielten allein die geistige Schau Allahs für das größte Glück.) Der Verstorbene hat sich zunächst einem Verhör durch Engel zu unterziehen. Die Engel ziehen die Seele sanft aus dem Grab heraus: »Auf diejenigen, die sagen: ›Unser Herr ist Gott‹ und hierauf geraden Kurs halten, kommen die Engel vom Himmel herab mit den Worten: ›Ihr braucht wegen des Gerichts keine Angst zu haben und nach der Abrechnung am jüngsten Tag nicht traurig zu sein. Freut euch darüber, ins Paradies zu kommen, das euch versprochen worden ist! Wir sind im diesseitigen Leben und im Jenseits eure Freunde. Und ihr werdet im Paradies haben, was euer Herz begehrt und wonach ihr verlangt, – ein Quartier, das euch von einem zugedacht ist, der barmherzig ist und bereit zu vergeben.« (Koran 41:30–32)[5]

Das bevorstehende Gericht und die Auferstehung der Toten sind zentrale Verkündigungen des Islams: »Und wenn ins Horn geblasen wird, so ist das an jenem Tag ein schwerer Tag, für die Ungläubigen nicht leicht« (Sure 74:8–10). Die Gläubigen erwartet im Paradies die Glückseligkeit: kühlende Flüsse, Bäume, die ihre fruchtbeladenen Zweige neigen, Fleisch aller Art, junge Menschen, »schön wie die Perlen«, die ein wohlschmeckendes Getränk auftischen, die Huri, keusche Jungfrauen, die eigens von Allah geschaffen sind. Mohammed spricht nicht von »Seelen« oder »Geistern«, die in der Hölle leiden oder im Himmel frohlokken. Die Auferstehung im Fleisch ist in der Tat eine Neuschöpfung.

Bereits auf Erden lebt der Mensch von der Gnade Gottes. Jede

Handlung ist von ihm bestimmt und fällt unter sein Gericht, einfach deswegen, weil sie durch die Gnade Gottes entstanden ist. So ist die gesamte Weltgeschichte die ununterbrochene Manifestation Gottes. Nach dem Jüngsten Gericht, bis zu dem die Toten schlafen, gelangen sie – mit Ausnahme der für den Islam gestorbenen Märtyrer, die sofort Zutritt zum Paradies erhalten – entweder in den Himmel (*djanna*), den Paradiesgarten oder in die Hölle (*gehenna*). Beide sind durch eine Scheidewand (Barzaḫ) voneinander getrennt, und eine schmale Brücke, von der die Verdammten wieder zurück in die Hölle stürzen, führt von hier nach dort. Die Höllenpein, die direkt abhängig ist von den Taten des Menschen auf der Erde, aber dauert nicht ewig, Allah bestimmt deren Dauer.

Der Koran

Sure 45[6]
Warnung an die Ungläubigen

18/19 Die Ungerechten sind, die einen
Der anderen, Beschützer,
Gott aber ist der Schutz der Gottesfürchtigen.
20/21 Wie meinen denn, die da verübten Böses,
Daß wir sie halten werden wie
Die glaubten und das Gute taten,
Ganz gleich in ihrem Leben und ihrem Tode?
Wie übel ist ihr Urteil!
21/22 Gott hat geschaffen Himmel und Erde
Zu ernstem Zweck, damit gelohnt
Sei jeder Seele, was sie wirkte,
Kein Unrecht tut man ihnen.
23/24 Sie aber sprechen: Nichts ist, als dies unser Erdenleben;
Wir leben so und sterben,
Und nichts vertilgt uns als die Zeit.
Doch haben sie davon kein Wissen,
Sie meinen nur.

24/25 Und werden ihnen vorgetragen unsre Zeichen deutlich,
Ist ihr Beweisgrund der nur daß sie sprechen:
Bringt unsre Väter, wenn ihr Wahrheit redet!
25/26 Sag ihnen du: Gott läßt euch leben,
Dann lässet er euch sterben,
Dann schart er euch zum Tag der Auferstehung,
An dem kein Zweifel ist, allein
Die meisten Menschen wissen nicht.

31/32 Doch wenn man saget: Die Verheißung Gottes
Ist Wahrheit, und die Stunde,
Kein Zweifel ist an ihr, so sprecht ihr:
Wir wissen nicht was die Stunde ist;
Wir meinen nichts als Meinungen,
Und haben nichts Gewisses.

Sure 81[7]
Das Einhüllen

1 Wann die Sonne sich wird ballen,
2 Die Sterne zu Boden fallen,
3 Und die Gebirge wallen,
6 Der Meere Fluten schwallen;
4 Wann Zuchtkamele sind unverwahrt,
5 Und die wilden Tiere geschart,
7 Und die Seelen wieder gepaart;
8 Man das lebendig begrabne wird fragen,
9 Um welche Schuld es sei erschlagen;
10 Und die Bücher sind aufgeschlagen;
11 Wann der Himmel wird abgedach't,
12 Und die Hölle wird angefacht,
13 Und der Garten herangebracht;
14 Wird eine Seele wissen was sie dargebracht.
15 Soll ich schwören bei den Planeten,
16 Den wandelnden, den unsteten?
17 Und bei der Nacht der öden?
18 Und der atmenden Morgenröte?
19 Das Wort ists eines Boten wert,

20 Eines Boten stark, der steht beim Herrn des Throns geehrt,
21 Eines Gebieters treu bewährt.
22 Nicht euer Landsmann irrt noch tört
23 Er sah ihn in der Höh verklärt,
24 Und will mit dem nicht geizen was er sah und hört'.
25 Das Wort nicht ist es dessen der sich hat empört.
26 Wo rennt ihr hin verstört?
27 Es ist nur eine Mahnung an die Welten,
28 Dem wer von euch will lassen die Wahrheit gelten;
29 Ihr aber wollet nicht, wenn nicht will Gott, der Herr der
   Welten.

Sure 82[8]
Die Spaltung

1 Wann die Himmel zerkloben sind,
2 Und die Sterne zerstoben sind,
3 Wann die Meere sind verschäumt,
4 Und die Gräber sind geräumt;
5 Wird eine Seele wissen, was
   Sie hat getan und was versäumt.
6 O Mensch, wie bist du deinem Herrn, dem gütigen, entronnen!
7 Der dich gebildet und geschlichtet und eingerichtet,
8 In welche Form er wollte, dich gedichtet.
9 Doch leugnet ihr den Tag, an dem er richtet.
10 Doch über euch sind Hüter bleibende,
11 Hochedle Schreibende,
12 Die wissen was ihr habt verrichtet und begonnen.
13 Fürwahr die Frommen sind in Wonnen,
14 Die Sünder sind im Flammenbronnen,
15 Da brennen sie, wann das Gericht begonnen,
16 Und sind ihm nicht entronnen.
17 Weißt du, wann das Gericht begonnen?
18 Ja weißt du, wann das Gericht begonnen?
19 Wann keine Seel' hilft keiner Seel' und Gottes ist die Macht.

Sahieh al-Bukharī [9]

Der Gläubige wird sich auf das Treffen mit seinem Schöpfer freuen

[...] wenn sich die Zeit des Todes eines Gläubigen nähert, erhält er die guten Nachrichten von Gottes Zufriedenheit mit ihm und Seinen Segnungen auf ihn und so ist ihm nichts lieber, als das, was vor ihm liegt. Deshalb liebt er es, Gott zu treffen, und Gott liebt es, ihn zu treffen. [10]

Der Prophet des Islam, Gottes Segen und Frieden seien auf ihm, sagte: »Wenn irgendeiner von euch stirbt, wird ihm morgens und abends seine Stelle (im Jenseits) gezeigt. Wenn er zu den Leuten des Paradieses gehört, wird ihm der Platz der Leute des Paradieses gezeigt. Wenn er zu den Leuten des Höllenfeuers gehört, wird ihm der Platz der Leute der Hölle gezeigt. Ihm wird gesagt werden: »Dies ist deine Stelle, bis Gott dich am Tag der Wiedererweckung wiedererweckt.« [11]

Germanische und nordische Religion

Von einer einheitlichen germanischen Religion läßt sich kaum sprechen. In den jeweiligen Regionen bildeten sich im Lauf der Zeit höchst verschiedene Formen aus, vom frühen Glauben an Wachstums- und Erddämonen über den Asenkult bis zum Glauben an den Toten-, Krieger- und Zaubergott Odin (Wotan), die Liebes- und Frauengöttin Freyja (Frigg) mit ihren Kindern Balder, Donar (Thor), Vidar, Vali, Höd und Hermod. Odin wurde vor allem von den Königsfamilien und den militärischen Führern gefeiert. Freyja wurde als als große Seherin verehrt und als diejenige, die mit dem Jenseits kommunizieren konnte. Loki, das Kind zweier Riesen, war dennoch ein – rätselhafter – Asen-Gott, er kämpfte auf der Seite der Götter gegen die Riesen. Andererseits galt er als ein mythischer Halunke und Urheber des Mordes an Balder. Er besaß eine dämonische Natur, wie seine Nachkommenschaft bestätigt, der Fenris-Wolf, die große Schlange und auch Hel, die Herrin des traurigen Landes, in das die Toten gingen, die nicht in Walhalla wohnen durften.

Die Schöpfung der Welt wurde als Ergebnis eines blutigen Opfers angenommen, eine archaische und weitverbreitete religiöse Idee, die bei den Germanen wie bei anderen Völkern das Menschenopfer rechtfertigte. Grundsätzlich wurde die Welt in den germanischen Religionen als dreigeteilt vorgestellt: Im Himmel (Asgard) wohnen die Götter, in der Mitte (Midgard) die Menschen, unter der Erde die Toten. Durch diese drei Welten wächst der Baum Yggdrasil. Wer sich im Leben bewährt, recht gekämpft hat und im Krieg fällt, gelangt in die »Halle der Auserwählten«,

Walhalla, eine Welt der Freude, die nur den Kriegern offensteht. Sie werden von den Walküren in den himmlischen Palast geführt. Nach dem Empfang durch Odin üben sie sich weiter in der Kriegskunst, um sich auf die bevorstehende kosmische Endschlacht vorzubereiten.

In der nordischen Mythologie bezeichnen die Begriffe Niflheim (Nebelheim) und Helheim die Unterwelt. Hier herrscht die Göttin Hel, die noch als ›Frau Holle‹ in den Sagen und Märchen weiterlebt. Ihr Reich ist von einem Fluß umgeben, über den eine goldene Brücke führt. Die Riesin Modgudur bewacht die Brücke und befragt die Ankömmlinge nach Namen und Geschlecht. Erst danach und nach Überwindung eines eisernen Zauns betritt die verstorbene Seele das Reich Helheim. Dies ist kein Ort der Verdammten, nur der dunkle, neblige Ort der Toten, wo sie so ähnlich wie im Diesseits weiterleben. Aus dem Reich der Hel können die Seelen jedoch wieder aufsteigen und in ein neues Erdenleben wiedergeboren werden, um sich durch eine Reihe von Wiedergeburten weiterzuentwickeln. Zum Schluß dieses Prozesses gehen die Seelen in höhere Bereiche ein. Am Ende der Zeiten aber werde, so glaubte man, die gesamte Welt vollständig untergehen (Götterdämmerung, Ragnarök), um anschließend wieder neu erschaffen zu werden.

Zwei auf Altisländisch verfaßte literarische Werke werden als *Edda* bezeichnet. Beide, aus dem 13. Jahrhundert, enthalten nordgermanische, skandinavische Götter- und Heldensagen. Snorri Sturluson verfaßte um 1220 für den norwegischen König ein Prosawerk, ein Lehrbuch für Skalden (›Dichter‹), die *Prosa-Edda*. Die sogenannte *Lieder-Edda* besteht aus einer Reihe um 1270 niedergeschriebener Texte in Versen. Ihren Anfang bildet die *Völuspá* (»Der Seherin Ausspruch«). Sie entwirft ein apokalyptisches Szenario: Vom nördlichen Niflheim wird berichtet, vom südlichen Muspell, das durch den Riesen Surtr (den Schwarzen) bewacht wird. Beim Zusammentreffen von Hitze und Feuer war ein anthropomorphes Wesen, der Urzeitriese Ymir, entstanden. Er wurde von Odin und seinen Brüdern getötet, aus seinem Fleisch wurde die Erde, aus dem Blut das Meer, aus den Knochen die Berge, aus dem Haar der Weltbaum, aus dem Schädel der Himmel.

Als die Moral der Menschen verfällt, sie sich gegenseitig töten, beginnt die Erde zu beben, Überschwemmungen breiten sich aus, die Sonne verfinstert sich, die Sterne fallen vom Himmel. Nach einem langen Winter von drei Jahren wird eine Horde von Riesen auf einem Schiff ankommen, das mit den Nägeln der Toten gebaut wurde; andere werden unter dem Kommando des Surtr zu Lande ankommen und auf den Regenbogen steigen, um Asgard, die Bleibe der Götter, anzugreifen und zu zerstören. Schließlich werden das Heer der Götter und Helden und das der Ungeheuer und Riesen zur Entscheidungsschlacht aufeinandertreffen. Jeder Gott greift einen Gegner an, Thor kämpft mit der kosmischen Schlange und schlägt sie, fällt aber sogleich, von ihr vergiftet, nieder. Odin wird von Fenris verschlungen; sein Sohn Vidar besiegt den Wolf, stirbt aber kurze Zeit danach, Heimdall greift Loki an, sie vernichten sich gegenseitig. Es fallen schließlich alle Götter und ihre Gegner in dieser eschatologischen Schlacht, mit Ausnahme von Surtr; dieser letzte Überlebende entzündet den kosmischen Brand – und jede Lebensspur geht zugrunde. Zuletzt wird die gesamte Erde vom Ozean verschlungen, und der Himmel stürzt ein. Und dennoch ist das nicht das Ende. Eine neue Erde kommt hervor, grün, schön, fruchtbar, wie sie es nie war, und von jedem Leiden gereinigt. Die Söhne der toten Götter werden wieder nach Asgard kommen, Balder und Höd werden der Hölle entfliehen können und versöhnt sein. Eine neue Sonne, leuchtender als die frühere, wird ihren Lauf am Himmel aufnehmen, und das durch Yggdrasil geschützte Menschenvolk wird der Grundstock einer neuen Menschlichkeit werden.[1]

Die letzte Phase der germanischen Religion war vom leidenschaftlichen Interesse für den Mythos vom Ende der Welt, das sich schon in der Kosmogonie ankündigte, bestimmt – ein häufiger anzutreffendes Phänomen seit dem 2. Jahrhundert v. Chr., auch für den Nahen Osten, und ein Jahrhundert später ebenso für das römische Reich.[2]

Die Lieder-Edda

Völuspā
Die Weissagungen der Seherin[3]

Die Sonne verdunkelt sich, das Land versinkt im Meer,
vom Himmel stürzen die hellen Sterne;
es wüten Feuer und Rauch,
große Hitze steigt selbst bis zum Himmel empor.

Garm[4] heult nun laut vor Gnipahellir[5],
die Fessel wird reißen, der Wolf rennen;
viel Kunde weiß sie, weiter seh ich voraus
das gewaltige Ragnarök der Kampfgötter.

Sie[6] sieht ein zweites Mal aufsteigen
die Erde aus dem Meer, die neu ergrünte;
Wasserfälle stürzen, darüber fliegt der Adler,
der auf dem Felsen Fische jagt.

Die Asen treffen sich auf Idawöll[7]
und reden über den mächt'gen Erdgürtel[8]
und erinnern sich dort großer Ereignisse
und Fimbultyrs[9] alter Runen.

Dort werden sich wieder die wunderbaren
goldenen Tafeln[10] im Gras finden,
die sie in Urzeittagen besessen hatten.

Die Äcker werden unbesät wachsen,
aller Schaden wird sich bessern, Balder wird kommen;
Höd und Balder[11] wohnen auf Hropts Kampfstätte[12],
Heiligtum der Walgötter.[13]– Wißt ihr nun noch etwas?

Dann kann Hönir[14] den Loszweig wählen,
und die Söhne beider Brüder bewohnen
das weite Windheim[15] – Wißt ihr nun noch etwas?

Einen Saal sieht sie[16] stehn, schöner als die Sonne,
mit Gold gedeckt, in Gimle[17];
dort werden treue Gefolgschaften wohnen
und für immer die Freude genießen.

Dann kommt der Mächtige zum erhabnen Gericht,
der Starke von oben, der alles lenkt.[18]

Dort kommt der dunkle Drache[19] geflogen,
die glänzende Schlange, von unten, von Nidafjöll[20];
er trägt in den Flügeln – fliegt übers Feld –,
Nidhögg, Leichen – nun wird er versinken.

Die Prosa-Edda

Ein zweiter Sohn Odins ist Balder[21]

Ein zweiter Sohn Odins ist Balder. Von ihm ist Gutes zu sagen.
Er ist der Beste und ihn loben alle. Er ist so schön von Angesicht
und strahlend, daß ein Leuchten von ihm ausgeht, und eine
Pflanze ist so weiß, daß man sie mit Balders Braue vergleicht.
Das ist die weißeste von allen Pflanzen, und danach kannst du dir
seine Schönheit an Haar und Körper vorstellen. Er ist der Klügste
von den Asen, der beredteste und der mildeste, aber die Eigenschaft hat er, daß keiner seiner Urteilssprüche von Dauer ist.
[Balder stirbt.]

Hermod reitet ins Totenreich[22]

Frigg litt am meisten unter Balders Verlust, und so drängte sie,
jemand solle ins Totenreich reiten, ihren Sohn suchen und der
Hel[23] so viel Lösegeld bieten, wie sie fordere. Denn da Balder
nicht im Kampf gefallen war, blieb ihm Walhall verschlossen.
Hermod[24], der Schnelle, Tapfere, auch ein Sohn Odins, machte
sich bereit. Odin lieh ihm[25]. Hermod schwang sich auf das Pferd

und galoppierte davon. Er ritt neun Tage und Nächte durch tiefe dunkle Täler, kam dann zum lärmenden Fluß Gjöll[26] und auf die Gjöllbrücke, die mit hellem Gold belegt ist und leuchtet. Ein Mädchen, Die Kampfmüde, bewacht die Brücke zum Totenreich und fragte den Reiter nach Namen und Geschlecht. »Gestern«, sagte die Wächterin, »ritten fünf Scharen toter Krieger über die Brücke, aber unter dir dröhnt sie weit mehr. Warum reitest du als Lebender den Weg zur Hel?«

»Ich suche Balder«, sagte Hermod und fragte: »Sahst du ihn auf dem Helweg?«

»Balder trabte hier über die Gjöllbrücke«, erwiderte die Wächterin. »Der Weg führt nach Norden da hinab.«

Hermod sprengte weiter bis zum Gittertor, das für die Lebenden als unüberwindbar galt. Der Reiter stieg von Sleipnir, zog das Sattelzeug straff, sprang wieder auf das beste Pferd der Götter, gab ihm die Sporen und setzte, ohne einen Gitterstab zu streifen, hoch über das Tor.

Vor der Halle der Hel stieg Hermod vom Pferd, trat durch die Tür und sah seinen Bruder mit einem Trinkhorn auf dem Hochsitz. In dem goldgeschmückten Saal saßen Balder und seine Frau Nanna. Hermod nahm auf einer Bank bei ihnen Platz, und die Brüder redeten beim Met bis in die Nacht.

Am nächsten Morgen verlangte Hermod von der Hel, daß sie Balder freigeben und er mit ihm heimreisen solle. Hermod klagte über die Trauer aller Asen[27], wie Frigg[28] den Tod des unschuldigen Sohnes nicht verwinde, wie die Götter sich um den Bestand der Welten sorgten, denn der Tod des ersten Götterpaares ermutige die Weltfeinde.

»Ist Balder tatsächlich so beliebt, wie du behauptest?« fragte die Hel.

Nach der Versicherung, daß selbst die grimmigen Frostriesen Balder wohlgesonnen seien, sprach die Hel:

»Wenn alle Lebewesen und alle toten Dinge in allen Welten Balder beweinen, soll er zu den Asen zurückkehren. Aber wenn eines echte Tränen verweigert, wird er in meiner Halle bleiben.«

Dann standen Balder und Nanna auf von ihren Hochsitzen und begleiteten Hermod vor die Halle. Zur Erinnerung gab Balder für Odin den Ring Draupnir[29] mit; Nanna sandte Frigg das kostbare

Leinentuch, das sie bei ihrer Bestattung getragen hatte, und Fulla[30] einen goldenen Fingerring.

Hermod ritt, so schnell Sleipnir vermochte, den Weg zurück und berichtete den Göttern alles, was er gehört und gesehen hatte.

Die Asen hielten Rat und sandten Boten in alle Welten mit der Bitte, Balder aus der Hel zurückzuweinen. Und alle taten das: Götter und Menschen, Pflanzen und Tiere, die Erde und die Steine, das Holz und alles Metall – so wie man Dinge weinen sehen kann, wenn sie aus der Kälte in die Wärme kommen. Auch alle Alfen und Zwerge vergossen Tränen, und alle Riesen, auch die Bergriesen und die grimmigen Frostriesen. Nie waren sich alle Wesen und Dinge so einig. Frigg erwartete die Heimkehr ihres Sohnes.

Aber als Balder nicht zurückkam, wurden erneut Walküren ausgesandt; die sahen in einer Höhle eine Riesin sitzen mit ausgedörrten Augenhöhlen. Die Walküren baten die Riesin, Balder aus der Hel zurückzuweinen. Da rieb sich die Riesin trockene Tränen aus den Augen und sagte: »Balder nutzte mir weder im Leben noch im Tod. Behalte die Hel, was sie hat.«

Die Riesin hieß Thökk, was boshafterweise Dank bedeutet, und behielt ihre nassen Tränen. Aber nach ihrer Heimkehr versicherten die Walküren den Asen, in Wirklichkeit sei Thökk[31] Loki[32] gewesen – sie hätten ihn an den Augen erkannt.

Daraufhin stellten die Götter Loki zur Rede. Er bestritt hartnäckig diese Verwandlung und behauptete, die Hel selber habe die Gestalt der Riesin angenommen, so wolle sie die Weltordnung wahren; denn gewähre sie eine Ausnahme, könne jeder von ihr Tote zurückfordern.

Aber die Asinnen und Asen vertrauten ihren Walküren.

Und alle Bande zu Loki brachen.

Bahai-Religion

Die Bahai-Religion, entstanden im 19. Jahrhundert in Persien, ist die jüngste Weltreligion. Sie lehrt einen transzendenten Gott, der sich in Zarathustra, Jesus, Mohammed und den Religionsstifter Baha'u'llah (1817–1892) bezeugt. Die Religion, die Elemente aus den großen Weltreligionen aufgenommen hat, ist ausgesprochen friedensorientiert. Das *Kitāb-e Aqdas* (»Das Heiligste Buch«) des Baha'u'llah, das unter anderem Anweisungen für die Bestattungszeremonie enthält, und das Buch »Brief an den Sohn des Wolfes« (*Lauḥ-e Ebn-e Dhe'b*) sind die fundamentalen Schriften der Religion. Die wichtigste theologische Botschaft ist der Gedanke der Einheit: der Einheit Gottes, der Einheit der Religionen und der des Menschengeschlechts.

Nach dem Glauben der Bahai steht der Mensch von allen Schöpfungswerken Gott am nächsten, da er mit einem freien Willen, mit Vernunft, einer unsterblichen Seele und der Fähigkeit ausgestattet wurde, Gott zu erkennen und einen Bund mit ihm einzugehen. Das Leben im Diesseits wie im Jenseits wird als eine kontinuierliche mystische Reise zu Gott betrachtet. Himmel und Hölle sind für die Bahai Symbole für die Nähe oder Ferne zu Gott. Die Aufgabe der Menschen im Diesseits ist es, Gott immer näher zu kommen, so daß bereits hier die Grenze zwischen der menschlichen Seele und Gott aufgehoben werden kann. In den verschiedenen Zyklen der Geschichte zeigt sich eine »fortschreitende Gottesoffenbarung«. Eine gewisse »Einheit« mit Gott kann der Mensch schon zu Lebzeiten erlangen. Das Leben in dieser Welt ist dazu bestimmt, geistige Fähigkeiten zu entwickeln, die für das Leben im Jenseits benötigt werden. Als geistige

Fähigkeiten gelten Tugenden wie Nächstenliebe, Dankbarkeit, Vertrauenswürdigkeit, Gottvertrauen, Demut und Geduld. Selbstkasteiung, »Einsiedelei und harte Askese« werden ebenso abgelehnt wie ein hedonistisches Leben im Überfluß. Baha'u'llah empfiehlt, das »rechte Maß« zu halten, und sieht im »Dienst am ganzen Menschengeschlecht« das Kriterium wahren Menschseins. Gesellschaftliches Engagement und soziale Verantwortung, die aktive Gestaltung der Welt werden als natürliche Folge individueller Spiritualität betrachtet.

Das Wesen des Menschen ist seine unsterbliche Seele, die keine trennenden Merkmale der Rasse oder des Geschlechts trägt. Der Körper wird als der »Tempel des Menschen« bezeichnet, dem ebenfalls Wertschätzung entgegengebracht wird, was sich in den Reinheits- und Hygienegeboten Baha'u'llahs, aber beispielsweise auch im Verbot der Feuerbestattung zeigt. Der Tod wird als eine der größten Freuden in diesem Leben gefeiert, da er die Befreiung der Seele aus dem Körper, der letztlich doch ein Käfig für die Seele ist, vollzieht und die Wiedervereinigung mit Gott stattfindet.

Baha'u'llah

Ährenlese[1]:
Weiterleben der Seele nach dem Tod

Wisse wahrlich, daß die Seele nach Ihrer Trennung vom Leibe weiter fortschreitet, bis sie die Gegenwart Gottes erreicht, in einem Zustand und einer Beschaffenheit, die weder der Lauf der Zeiten und Jahrhunderte noch der Wechsel und Wandel dieser Welt ändern können. Sie wird so lang bestehen, wie das Reich Gottes, Seine Allgewalt, Seine Herrschaft und Macht bestehen werden. Sie wird die Zeichen Gottes und Seine Eigenschaften offenbaren, Seine Gnade und Huld enthüllen. Meine Feder stockt, wenn sie die Höhe und Herrlichkeit einer so erhabenen Stufe gebührend zu beschreiben sucht. [...] Die Himmelsdienerinnen, Bewohnerinnen der erhabensten Stätten, werden sie umschreiten, und die Propheten Gottes und Seine Auserwählten werden ihre Gesellschaft suchen.

*Das Buch der Gewißheit*²

Zwölfhundertundachtzig Jahre sind vergangen seit dem Dämmern der Sendung des Islam, und jeden Morgen rezitieren diese blinden, nichtswürdigen Menschen ihren Koran und verfehlen es dennoch, auch nur einen Buchstaben dieses Buches zu erfassen! Immer wieder lesen sie die Verse, die klar die Wirklichkeit dieser heiligen Themen erweisen und die Wahrheit der Manifestationen ewiger Herrlichkeit bezeugen, und noch immer haben sie deren Sinn nicht begriffen. Sie haben nie verstanden, daß zu allen Zeiten die heiligen Schriften und Bücher nur gelesen werden sollten, damit der Leser zum Verständnis ihrer Bedeutung gelangt und ihre tiefsten Mysterien zu enträtseln vermag. Doch lesen ohne zu verstehen ist für den Menschen letzten Endes ohne Nutzen.

Eines Tages begab es sich, daß ein armer Mann diese Seele besuchte, denn er trug Verlangen nach dem Meere Seiner Erkenntnis. Während Wir mit ihm sprachen, kam die Rede auf die Zeichen des Tages des Gerichts, der Auferstehung, der Erweckung und der Abrechnung. Er bat Uns dringend um eine Erklärung, wie in dieser wunderbaren Sendung die Völker der Welt zur Rechenschaft gezogen würden, wenn kein Mensch sich dessen bewußt sei. Daraufhin vermittelten Wir ihm einige Wahrheiten aus der Wissenschaft und alten Weisheit nach dem Maße seiner Fassungskraft und Einsicht. Dann fragten Wir ihn: »Hast du nicht all die Zeit über den Qur'ān gelesen? Bist du dir dieses gesegneten Verses nicht bewußt: ›An jenem Tag wird weder Mensch noch Geist nach seinen Sünden gefragt werden‹? Erkennst du nicht, daß mit ›fragen‹ nicht das Fragen mit der Zunge und Rede gemeint ist, wie ja der Vers selbst es dartut und erweist? Denn anschließend wird gesagt: ›An ihrem Angesicht werden die Sünder erkannt, und sie werden an Stirnlocken und Füßen gepackt werden.‹

So wird also mit den Völkern der Welt nach ihrem Angesicht abgerechnet werden. Durch dieses werden ihr Unglaube, ihr

Glaube und ihre Ungerechtigkeit offenbar. So ist es an diesem Tage offensichtlich, wie das Volk des Irrtums durch sein Aussehen erkannt und unterschieden wird von denen, die der göttlichen Führung folgen. Würden diese Menschen nur um Gottes willen und mit keinem anderen Wunsch als nach Seinem Wohlgefallen im Herzen tief über die Verse des Buches nachdenken, so fänden sie gewißlich, was sie suchen. In Seinen Versen fänden sie alle Dinge, groß oder klein, die sich in dieser Sendung ereignet haben, enthüllt. Sie fänden darin sogar Hinweise auf den Auszug der Manifestationen der Namen und Attribute Gottes aus ihrem Heimatland, auf die Gegnerschaft und hochmütige Anmaßung der Obrigkeit und des Volkes und auf den Aufenthalt und die Ansiedlung der Universalen Manifestation in einem dafür vorgesehenen Land. Doch niemand kann dies verstehen, es sei denn, er habe ein einsichtsvolles Herz.

Wir schließen und versiegeln unser Thema mit dem, was einst Muhammad offenbart ward, auf daß dieses Siegel den Duft jenes heiligen Moschus verbreite, der die Menschen zum Ridvan unvergänglichen Glanzes leitet. Er sprach, und Sein Wort ist die Wahrheit: »Und Gott ruft zur Wohnstatt des Friedens« und »Er führt, wen Er will, auf den rechten Weg« »Ihrer harrt eine Wohnstatt des Friedens bei ihrem Herrn, und Er wird ihr Beschirmer sein um ihrer Werke willen.« Dies hat Er offenbart, auf daß Seine Gnade die Welt umschließe. Preis sei Gott, dem Herrn allen Seins!

Wir haben auf mancherlei Art und immer wieder die Bedeutung eines jeden Themas klargelegt, damit, wenn möglich, jede Seele, ob hoch oder niedrig, nach ihrem Maß und ihrer Fähigkeit ihr Anrecht und ihren Teil daran erlange. Sollte sie nicht fähig sein, ein bestimmtes Argument zu verstehen, so mag sie durch den Hinweis auf ein anderes ihr Ziel erreichen, »auf daß Menschen aller Art wissen, wo sie ihren Durst stillen können«.

[...]

Ich schwöre bei Gott! Wer den Pfad der Führung beschreitet, die Höhen der Rechtschaffenheit zu erklimmen sucht und diese hehre, erhabene Stufe erreicht, wird tausend Meilen weit den Duft Gottes verspüren und erleben, wie sich der strahlende Tagesanbruch göttlicher Führung über dem Morgen aller Dinge erhebt. Jedes Ding, und sei es noch so klein, wird ihm eine Offenbarung, die ihn zu seinem Geliebten führt, dem Ziel seines Suchens. So scharf wird des Suchers Urteilskraft werden, daß er Wahres von Falschem zu unterscheiden vermag wie die Sonne vom Schatten. Wenn in den fernsten Winkeln des Ostens Gottes liebliche Düfte wehen, so wird er sie sicherlich erkennen und einatmen, weilte er auch am äußersten Ende des Westens. Desgleichen wird er alle Zeichen Gottes – Seine wundersamen Worte, Seine großen Werke und mächtigen Taten – so klar von den Werken, Worten und Wegen der Menschen unterscheiden, wie der Goldschmied den Edelstein vom Kiesel und jeder Mensch den Frühling vom Herbst, Hitze von Kälte unterscheidet. Wenn die menschliche Seele gleich einem Kanal von allen weltlichen, hemmenden Verhaftungen gereinigt ist, wird sie unfehlbar den Odem des Geliebten über unermeßliche Entfernungen hin verspüren und, von seinem Duft geführt, die Stadt der Gewißheit erreichen und betreten. Dort wird der Sucher Gottes Wunder altehrwürdiger Weisheit erfahren und alle verborgenen Lehren aus dem Blätterrauschen des Baumes vernehmen, der in dieser Stadt blüht. Mit seinem inneren und dem äußeren Ohr wird er aus deren Staub die Hymnen der Verherrlichung und des Lobpreises hören, die zum Herrn der Herren emporsteigen, und mit seinem inneren Auge wird er die Geheimnisse der »Wiederkunft« und der »Erweckung« entdecken. Wie unaussprechlich herrlich sind die Zeichen, die Beweise, die Offenbarungen und die Pracht, die Er, der König der Namen und Eigenschaften, für diese Stadt bestimmt hat. Der Eintritt in diese Stadt löscht den Durst ohne Wasser und entzündet die Gottesliebe ohne Feuer. In jedem Grashalm sind die Mysterien unergründlicher Weisheit verwahrt, und in jedem Rosenbusch singen Nachtigallen ohne Zahl in seligem Entzücken ihr Lied. Wundersame Tulpen enthüllen das Mysterium des unverlöschlichen Feuers im Brennenden Busch, und liebliche Wohlgerüche der Heiligkeit verströmen den Duft des messianischen Geistes. Diese Stadt schenkt Reichtum ohne Gold und verleiht Unsterblichkeit ohne Tod. In jedem Blatt sind unaussprechliche Wonnen verwahrt, und in jedem Gemach liegen unzählige Geheimnisse verborgen.

Die sich tapfer auf der Suche nach Gott mühen, werden, sobald sie allem außer Ihm entsagt haben, so mit dieser Stadt verbunden und vermählt sein, daß sie sich nicht mehr vorstellen können, auch nur einen Augenblick von ihr getrennt zu leben. Sie werden auf unfehlbare Beweise von der Hyazinthe jener Gemeinschaft lauschen und die sichersten Zeugnisse von der Schönheit ihrer Rose und dem Lied ihrer Nachtigall empfangen. Etwa alle tausend Jahre einmal wird diese Stadt erneuert und aufs neue geschmückt.

Darum, o mein Freund, sollten wir mit heißestem Bemühen danach streben, jene Stadt zu erreichen und durch Gottes Gnade und Güte die »Schleier der Herrlichkeit« zu zerreißen, so daß wir mit unbeugsamer Festigkeit unsere schmachtenden Seelen auf dem Pfade des neuen Geliebten opfern. Wir sollten mit Tränen in den Augen Ihn immer wieder inbrünstig anflehen, uns die Gunst dieser Gnade zu gewähren. Diese Stadt ist nichts anderes als das Wort Gottes, das in jedem Zeitalter und in jeder Sendung offenbart wird. In den Tagen Mose war sie der Pentateuch, in den Tagen Jesu das Evangelium, in den Tagen Muhammads, des Gesandten Gottes, der Qur'ān, an diesem Tage ist sie der Bayān[3], und in der Sendung Dessen, den Gott offenbaren wird, wird sie Sein Buch sein – das Buch, auf das alle Bücher der vorangegangenen Sendungen notwendig bezogen werden müssen, das Buch, das überragend und erhaben in ihrer Mitte steht. In diesen Städten ist geistige Nahrung in Fülle bereitet, unvergängliche Wonnen sind darin bestimmt. Die Speise, die sie gewähren, ist das Brot des Himmels, und der Geist, den sie schenken, ist Gottes unvergänglicher Segen. Losgelösten Seelen verleihen sie die Gabe der Einheit; sie machen den Armen reich und bieten den Kelch der Erkenntnis denen, die in der Wildnis des Unwissens wandern. Alle Führung, aller Segen, alles Wissen, alles Erkennen, aller Glaube und alle Gewißheit, die allem im Himmel und auf Erden verliehen wurden, sind in diesen Städten verborgen und verwahrt.

Anmerkungen und Nachweise

Vedismus

1 Die Hymnen betonen die besonderen geistigen Fähigkeiten Agnis.

2 wacht, als Herrscher über die Ādityas, die Urprinzipien, und über die Weltordnung (ṛta), mit tausend Augen auch über die Menschheit. Mit ihm ist der griechische Uranos etymologisch verwandt.

3 Die Brahmanen bilden die oberste Klasse des Kastensystems, das durch die vedische Religion begründet wurde.

4 Rig-Veda VIII 48,3, in: Rig-Veda, übers. u. hg. v. Hermann Grassmann, Leipzig: F. A. Brockhaus 1876 f. [Nachdruck 1990], Teil 1, S. 472.

5 Götterkönig, wurde erst später zum Totengott.

6 Rig-Veda – Das heilige Wissen. Erster und zweiter Liederkreis, übers. u. hg. v. Michael Witzel u. Toshifumi Gotō, Frankfurt/Main. Verlag der Weltreligionen 2007, S. 461 f.

7 sanskrit: Hitze, d. h. auch Feuer, Verbrennung, Erhitzung.

8 eine der ältesten Upanishaden, gehört zum Yajur-Veda, etwa 400–200 v. Chr.

9 berauschender Trank, halluzinogen, vermutlich aus dem Fliegenpilz gewonnen, galt als Speise der Unsterblichen, in den Veden als Gott verehrt.

10 Rig-Veda IX 113,7-11, in: RV Grassmann, Teil 2, S. 286 f.

11 Vivasvat (mythologisch: erster Herrscher über die Menschen, sein Sohn ist Yama): soziales Gesetz, eines der herrschenden Prinzipien (Ādityas) im Hinduismus.

12 Rig-Veda VII 104, in: RV Grassmann, Teil 1, S. 380–382.

13 Die erste ist die sichtbare Erde, die beiden anderen darunter sind unsichtbar.

14 der Feuergott Agni, im RV auch Jātadeva genannt.

15 eine Gruppe vedischer Sturmgötter.

16 Āsʼvalāyanagṛhyasūtra gehört zu den Grihya Sūtras, Ritualtexten für das Haus.

17 Āsʼv. G 4, in: Religionsgeschichtliches Lesebuch [zukünftig abgekürzt: RgL und Bandangabe], hg. v. Alfred Bertholet, Bd. 9: Vedismus und Brahmanismus, hg. v. Karl Friedrich Geldner, Tübingen: Mohr (Siebeck) 1928, S. 66–73.

18 aus dem Dorf heraus.

19 Zweig einer Heilpflanze.

20 ein anderer Opferlöffel.

21 tägliches Ritual zum Opfern von Milch, Öl und Fett an Agni.
22 Dhruva: mythischer Asket, der von Vishnu erhoben und zum Polarstern gemacht wurde.
23 beim Opfern verwendetes Gefäß.
24 zwei Opferschüsseln.
25 Shyama und Sabala, mit jeweils vier Augen und Boten des Yama, Söhne von Samara, der Hündin, die Indra half, die von Dämonen gestohlenen göttlichen Kühe wiederzufinden; sie geleiten die Menschen auf ihrem Weg in den Himmel.
26 nomen nescio (den Namen kenne ich nicht) oder nomen nominandum (noch zu nennender Name.
27 Agni.
28 Wohlstand, eines der herrschenden Prinzipien (Ādityas) im Hinduismus.
29 die Macht der Worte, eines der herrschenden Prinzipien (Ādityas) im Hinduismus.
30 Ṛṣis, patriarchalische Dichter und Weise, Seher, die visionäre Verfasser der vedischen Hymnen.
31 ebenso wie S'īpāla eine medizinisch eingesetzte Pflanze (heute in der Ayurveda-Medizin).
32 als Zeichen ihrer feuchten Kühle.
33 in: RgL 9, S. 144.
34 Muṇḍaka-Upanishad 3,1,5. Die Muṇḍaka-Upanishad ist eine der 18 wichtigsten Upanishaden; sie wird als die poetischste bezeichnet.
35 durch Gleichsetzung.
36 Muṇḍaka-Up. 3,1,8.
37 Muṇḍaka-Up. 3,2,3.
38 in: RgL 9, S. 144f.
39 Zweifel.
40 Muṇḍaka-Up. 3,2,8f.
41 Vgl. »Aus sechzehn Teilen, mein Lieber, besteht der Mensch.« (Chāndokya-Up. 6,7,1)
42 Praśna-Up. 6,5. Die Praśna-Upanishad beschäftigt sich mit grundlegenden Fragen der menschlichen Existenz.
43 in: RgL 9, S. 145.
44 Taittirīya 2,9. Diese Upanishad befaßt sich vornehmlich mit ethischen Fragestellungen.
45 Muṇḍaka-Up.2,2,8.
46 Chānd.-Up. 4,14,3. Die Chāndogya-Upanishad gehört zu den ältesten Upanishaden und behandelt kosmogonische Fragen sowie die Beziehung zwischen der universellen (Brahman) und der individuellen Seele (Ātman).
47 Śvetāśvatara-Up. 4,18. Eine der wichtigsten und tiefsinnigsten Upanishaden; sie zieht die Summe aus verschiedenen religiösen, theologischen Fragestellungen.
48 das nicht teilbare Ganze, die »Nicht-Zweiheit«, die Einheit; der Zustand allein Gottes oder des Brahman.
49 Kaivalya-Up. 19–24. Sie befaßt sich mit dem Zustand der Seele und der Befreiung von der ewigen Wiederkehr.

Hinduismus – Sikhismus

1 Das Pretakalpa im Garuda-Purāṇa ist ein Totentext des Hinduismus (sankrit preta:»verstorben«). Die Purāṇas zählen im Vedismus und Hinduismus zu den nichtgeoffenbarten, später verfaßten Schriften, mit mythologischem Inhalt.

2 So erklärt es Krishna in der Uddhavagīta, einem Teil des Bhagavata-Purāṇa (Kap. 19,42-43).

3 siehe unten Textauszug.

4 Bhagavadgita - Des Erhabenen Sang, übers. v. Leopold von Schroeder, Jena: Eugen Diederichs Verlag, 1959, S. 86: Kapitel 16, Str. 21.

5 nach Pañjabi *granth*: Band.

6 Täuschung, Illusion der materiellen Welt.

7 aus: Sukmanī Sāhib, in: Aus dem Gurū Granth Sāhib und anderen heiligen Schriften der Sikhs, ausgewählt, übers. u. kommentiert v. Tilak Raj Chopra u. Heinz Werner Wessler, hg. v. Martin Kämpchen, Berlin: Verlag der Weltreligionen 2012, S. 109.

8 Śvetāśvatara-Upanishad III, 7–21, in: RgL 14: Der Hinduismus, hg. v. Otto von Schrader, Tübingen: Mohr (Siebeck) 1930, S. 4–8,

9 Das wiederholte Sterben, die Seelenwanderung.

10 eine der drei Qualitäten der Materie, in allen Dingen, außer im reinen Bewußtsein (puruṣa) vorhanden, gibt ihnen Leuchtkraft, verhilft zur Geistesklarheit.

11 die Erlösung.

12 dehin, die Seele.

13 im Herzen.

14 Bhagavadgita Schroeder, S. 56–58.

15 der Held im Mahābhārata, das den Kampf der verfeindeten Familien der Pāṇḍavas und der Kauravas darstellt, Schüler Krishnas (Kṛṣṇa), des berühmtesten Avatārs (der Erscheinung) des Vishnu (Viṣṇu).

Buddhismus

1 Aus dem Majjhima-Nikāya, der Mittleren Sammlung der Reden Buddhas, 1. Teil, 60. Rede, in: Die Reden Gotamo Buddhos. Aus der Mittleren Sammlung Majjhimanikāyo des Pāli-Kanons, übers. v. Karl Eugen Neumann, Bd. 1⁴, Zürich: Artemis; Wien: Zsolnay 1956, S. 436.

2 Reden Buddhos Neumann, 3. Teil, 27. Rede, S. 206f.

3 Reden Buddhos Neumann, 11. Teil, 106. Rede, S. 817f.

4 Bild für die Vergänglichkeit dieser Welt.

5 auch: Ananda, Jünger Buddhas.

6 Reden Buddhos Neumann, 13. Teil, 130. Rede, S. 966–973.

Chinesische Religionen – Konfuzianismus –
Daoismus – Zen-Buddhismus – Shintoismus

1 Schi-king (Shi jing - Das kanonische Liederbuch der Chinesen) III 3 X,
Str. 7, in: RgL 6: Die Chinesen, hg. v. Erich Schmitt, Tübingen: Mohr
(Siebeck) 1927, S. 33.
2 Die Chou-(oder: Zhou-)Dynastie (1045–221 v.Chr.) teilt sich in die zwei
Perioden der Westlichen Zhou-Dynastie und der Östlichen Zhou-Dynastie aufgeteilt.
3 die rituelle Haltung der Herrscher.
4 d.h. die Angelegenheit des Königreiches liefen im Einklang mit der
Norm ab.
5 Konfuzius-Gespräche 13,6; in: Mircea Eliade, Geschichte der religiösen
Ideen, Bd. 2, übers. v. Adelheid Müller-Lissner, Freiburg i. Br.: Herder
1979, S. 29.
6 Zhuangzi, Kap. 2, in: Max Kaltenmark, Lao Tzu und der Taoismus,
Frankfurt/Main: Suhrkamp 1981, S. 117 f.
7 aus *mahā* (»groß«) und *yāna* (»Fahrzeug« oder »Weg«): *Großes Fahrzeug*
bzw. *Großer Weg*), die wirkmächtigste Hauptrichtung des Buddhismus.
8 638–713.
9 1173–1262; Stifter der dem Amidismus (»Reines-Land-Buddhismus«)
zugehörigen Schule der Jōdo-Shinshū des japanischen Buddhismus.
10 1222–1282; Buddhistischer Reformer.
11 ein in Japan seit der Kamakura-Zeit (1185–1333) gängiges Motiv.
12 japanischer Name des Amithāba-Buddha (Buddha des unermeßlichen
Lichtes, des Reinen Landes), einer transzendenten Buddha-Gestalt, die in
der ganzen sino-japanischen Region verehrt wird.
13 Li-ki (Li-gi).
14 nomen nescio (den Namen kenne ich nicht) oder nomen nominandum
(noch zu nennender Name.
15 p'o, während die Hauchseele (hun) aufsteigt.
16 Li-ki I 7, in: RgL 6, S. 26, © Mohr (Siebeck).
17 die Form und Farbe des Sperlingkopfes hatte.
18 Der Kindername des Mannes heißt ming, der der Frau tze.
19 Li-ki I 3 f.; in: RgL 6, S. 26 f., © Mohr (Siebeck).
20 Li-ki II 1 XXII, in: RgL 6, S. 27, © Mohr (Siebeck).
21 Schi-king III 2 IV, in: RgL 6, S. 29 f., © Mohr (Siebeck). Am Tag nach
dem Ahnenopfer wurde dem Vertreter des Toten zu Ehren ein Festmahl
gegeben.
22 Gemeint ist der Jangtse.
23 mittelhochdeutsch für: Insel.
24 Li-ki II 1 XXVI, in: RgL 6, S. 30, © Mohr (Siebeck). Später bediente man
sich statt eines lebenden Vertreters des Toten hölzerner Ahnentafeln, wie
sie noch heute üblich sind. Zum erstenmal werden sie im Li-ki erwähnt.
Die eigentliche Ahnentafel, Tschu, wurde erst am Tage nach der Bestattung im Ahnentempel aufgestellt; bis zu diesem Termin bediente man
sich einer provisorischen Ahnentafel, Tsch'ung.
25 Schi-king III 1 I, Str. 1, in: Rgl 6, S. 30 f., © Mohr (Siebeck). Über den
Aufenthalt der abgeschiedenen Seelen geben die chinesischen Quellen

keinerlei Andeutungen. Nur von den Manen des Wen-wang und seiner Vorfahren erfahren wir, daß man sie sich Schang-ti zur Seite im Himmel weilend dachte.

26 Zhao Mo, offizieller Titel Wen di (König Wen), war der zweite Herrscher des Reiches Nan-Yue, regierte seit 137 v.Chr., starb 122 v.Chr.

27 chinesische Provinz.

28 D.h. das dem Haus Chou (Chou-/Tschou-Dynastie, 1150–249 v.Chr.) vom Himmel verliehene Herrschermandat.

29 Schang-ti, höchste göttliche Macht in der Shang-Dynastie (ca. 1600–1046 v.Chr.).

30 Schi-king III 1 I, Str. 1. Rgl 6, S. 30f., © Mohr (Siebeck).

31 Schi-king IV 1 I (Opfergang zu Ehren des Wen-wang, Mitbegründer der Tschou-Dynastie), in: RgL 6, S. 31, © Mohr (Siebeck).

32 Schi-king III 1 IX, Str. 1 (Ode auf Wen-wangs Sohn Wu-wang), in: Rgl 6, S. 31, © Mohr (Siebeck).

33 Schi-king II 1 VI, Str. 4f., in: Rgl 6, S. 32, © Mohr (Siebeck).

34 Alle Wesen entstehen aus dem Einen, dem Dao, und kehren nach vollendetem Kreislauf in den Schoß des Dao zurück.

35 Daode jing 16, in: Rgl 6, S. 88, © Mohr (Siebeck).

36 Das Eine ist das Dao.

37 Daode jing 39, in: RgL 6, S. 88f., © Mohr (Siebeck).

38 Daode jing 51, in: RgL 6, S. 89, © Mohr (Siebeck).

39 Daode jing 42, in: RgL 6, S. 89, © Mohr (Siebeck).

40 Rückkehr zum Nichtsein, aus dem alles Sein entsteht.

41 d.h. das »Nicht-Widerstreben«, das ›Schun‹, die Willfährigkeit. Wie das Wasser, das Weichste, das Härteste, den Fels, überwindet infolge seiner Schwachheit, also ist das Dao Herrscher über alles durch sein Schwachsein.

42 Daode jing 40, in: RgL 6, S. 89, © Mohr (Siebeck).

43 Daode jing 41 (Schluß), in: RgL 6, S. 89, © Mohr (Siebeck).

44 Daode jing 73, in: RgL 6, S. 89, © Mohr (Siebeck).

45 Daode jing 77, in: RgL 6, S. 89f., © Mohr (Siebeck).

46 Daode jing 79 (Schluß), in: RgL 6, S. 90, © Mohr (Siebeck).

47 Daode jing 21, in: RgL 6, S. 90, © Mohr (Siebeck).

48 Dschuang Dsï, Das wahre Buch vom südlichen Blütenland, übers. v. Richard Wilhelm, Düsseldorf/Köln: Eugen Diederichs 1972, S. 209 ff.

49 chinesischer Mönch des 5. Jahrhunderts.

50 Wang Jih siu, King t'u wen, die Schrift über das Reine Land (Amithābha-Buddhismus).Wang Jih (h)siu (gest. 1173) war ein buddhistischer Laie in der Song-Dynastie (960–1279), der die Tradition des Reinen Landes wiederherstellen half.

51 King t'u wen, Abschnitt X 2, in: RgL 6, S. 106, © Mohr (Siebeck).

52 Warum Buddha-Śākyamuni eines Tages einen ungewöhnlichen Gesichtsausdruck zeigte.

53 göttliche Gestalten, auch Halbgötter.

54 King t'u wen, Abschnitt II, Kap 2, in: RgL 6, S. 106f., © Mohr (Siebeck).

55 in: Franz Moser, Bewußtsein in Raum und Zeit, Graz: Leykam 1989, S. 229.

Jainismus

1 Eliade, Religiöse Ideen, Bd. 2, S. 82.
2 Adelheid Mette in: Die Religionen der Welt. Ein Almanach zur Eröffnung des Verlags der Weltreligionen, hg. v. Hans-Joachim Simm, Frankfurt/ Main 2007, S. 47.
3 Viyāhapannatti 1,9, in: Rgl 7: Die Jainas, hg. v. Walther Schubring, S. 21. Viyāhapannatti, Teil des Kanons der Śvetāmbara-Jainas, einer der beiden Hauptgruppen der Religion, mit grundlegender Erläuterung der Jaina-Lehre.
4 Viyāhapannatti 5,3, in: RgL 7, S. 15, © Mohr (Siebeck).
5 Gemeint ist, die durch ihn verkörperte Seele.
6 entspricht Gautama, Anrede des Mahāvīra.
7 Hauptstadt von Magadha, einem nordostindischen Königreich des 6. und 5. Jahrhunderts v. Chr.
8 eines der transzendenten Länder der jainistischen Kosmologie.
9 Viyāhapannatti 14,8, in: RgL 7, S. 15, © Mohr (Siebeck).
10 Viyāhapannatti 11,1, in: RgL 7, S. 15, © Mohr (Siebeck).
11 Uvavāiya-Sutta, gehört ebenfalls zum jainistischen Schriftenkanon.
12 so genannt, weil auf dieser, der obersten der sieben Unterweltschichten, das Geschehen der Oberwelt sich abspielt und deren Gebirge sich noch in sie hineinsenken.
13 im folgenden topographische Bereiche der äußerst komplexen jainistischen Kosmologie.
14 Uvavāiya 163 f., 166 f., in: RgL 7, S. 29, © Mohr (Siebeck).
15 Uvavāiya 170 f., 178–180, in: RgL 7, S. 29 f., © Mohr (Siebeck).

Tibetischer Buddhismus

1 Der Buddhismus soll, nach älterer Überlieferung, in Tibet durch den König Srong-bstan-sgam-po (620?–641) eingeführt worden sein.
2 die Religion Tibets vor der Einführung des Buddhismus im 8. Jahrhundert. ›Bön‹ bedeutet in etwa ›Wahrheit‹, ›Wirklichkeit‹, ›Wahre Lehre‹. Diese ursprüngliche Religion des Landes beeinflußte den Tibetischen Buddhismus nachhaltig, insbesondere durch die schamanistischen Elemente, wurde aber umgekehrt auch vom Buddhismus überformt. – Bei der Bestattung wurden rituelle Instrumente eingesetzt, um die Dämonen zu bannen und die Seelen der Toten im Jenseits zu schützen: Gerüste zum Einfangen der Dämonen, eine Trommel für den Magier zum Aufstieg in den Himmel u. a.
3 Die Nyingma-Tradition des tibetischen Buddhismus ist die älteste der vier großen Traditionen Nyingma, Kagyü, Sakya und Gelug.
4 nach: Das Oxford-Lexikon der Weltreligionen, hg. v. John Bowker, übers. v. Karl-Heinz Golzio, Düsseldorf: Patmos Verlag 1999, S. 1003.
5 in: Das Tibetanische Totenbuch, hg. v. W. Y. Evans-Wentz, Olten und Freiburg i. Brsg.: Walter-Verlag 1971 (1990[13]); S. 281–283.
6 himmlische Macht, Götter, Wiedererscheinungen im Himmel.

7 im Tibetischen Buddhismus weibliche Gestalten auf der Ebene der Höchsten Wirklichkeit.
8 Manifestation der erhabenen, edelsten Rechtschaffenheit, Friedfertigkeit, Gelassenheit.
9 Erdgöttin, Begleiterin des Akṣobhya, der das Reine land des Ostens bewohnt, eine Utopie ohne Übel, Häßlichkeit oder Leiden.
10 einer der transzendenten Buddhas (Wunschgewährung).
11 der weibliche Buddha des Südens, Gefährtin des Ratnasaṃbhava.
12 der Erhabene des Reinen Landes.
13 die friedvolle weiße Ektamatri, die »Einzige Mutter«, gehört zu den Lhamos, Hüterinnen des Kosmos.
14 einer der transzendenten Buddhas (Furchtlosigkeit).
15 die wichtigste Gottheit des Tibetischen Buddhismus.
16 einer der transzendenten Buddhas (höchste Weisheit).
17 Tara (»Retterin«), weibliche, friedvolle Manifestation erleuchteter Weisheit.
18 die erhabenen Gottheiten des Zorns.
19 Die Farben der Dhyani-Buddhas (Meditationsbuddhas) symbolisieren verschiedene Elemente und Eigenschaften. Blau bedeutet: Buddha-Akṣobhya – Himmel/Zuverlässigkeit.
20 Weiß bedeutet: Buddha-Vairocana – Äther/Weisheit.
21 Gelb bedeutet: Buddha-Ratnasaṃhava – Erde/Gleichmut.
22 Rot bedeutet: Buddha-Amitābha – Feuer/Mitgefühl.
23 Grün bedeutet: Buddha-Amoghasiddhi – Wasser/Furchtlosigkeit.
24 die Identität des Buddha mit der absoluten Wahrheit.
25 om mani peme hung: Ausdruck der grundlegenden Haltung des Mitgefühls.
26 Erde, Wasser, Feuer, Luft und Raum, sie besitzen heilende Kräfte.
27 Die Vision der fünf spirituellen Ordnungen ist ein Kapitel des Tibetischen Totenbuches; die Ordnungen beziehen sich auf die fünf durch Farben symbolisierten Eigenschaften des Buddha.
28 in: Dalai Lama XIV., Logik der Liebe, © 1989 Wilhelm Goldmann Verlag München, in der Verlagsgruppe Random House GmbH; Übersetzung von Michael von Brück, S. 214–217.

Mesopotamische Religionen

1 Barthel Hrouda, Mesopotamien. Die antiken Kulturen zwischen Euphrat und Tigris, München: C. H. Beck 2005[4], S. 101.
2 sumerisch; akkadisch/babylonisch: Ishtars Höllenfahrt.
3 bzw. Kiš, Stadt zwischen Euphrat und Tigris im heutigen Irak, östlich von Babylon und südlich von Bagdad gelegen, von etwa 3000 v.Chr. bis 650 n.Chr. besiedelt, wird in der Bibel im Zusammenhang mit dem Garten Eden erwähnt, in sumerischen Texten Guan-Eden genannt.
4 *Das Gilgamesch-Epos*, übers. u. hg. v. Albert Schott, durchges. v. Wolfram von Soden, Stuttgart: Reclam 1958. – Der größte Teil des noch erhaltenen Textes stammt aus der großen Tontafelbibliothek, die der Assyrerkönig Aschurbanapli (669–627 v. Chr.) in seiner Hauptstadt Ninive

aufgestellt hatte. Wenig älter oder gleichzeitig sind einige Bruchstücke, die in der alten Hauptstadt Assyriens, Assur am Tigris, und auf dem Hügel Sutantepe (alt Chusirina) nahe Harran in Nordmesopotamien gefunden wurden. Noch jünger sind etliche Bruchstücke aus Babylonien.

5 der vor der Sintflut regierende vergöttlichte Herrscher der Sumerer.

6 assyrisch/babylonisch (sumerisch: Nanna), Mondgott, Stadtgott von Ur, Sohn des Enlil und der Ninlil.

7 Zwillingsberg.

8 Mischwesen aus Mensch, Vogel und Skorpion.

9 in der akkadischen und babylonischen Mythologie der Sonnengott, Gott der Gerechtigkeit und des Wahrsagens, entspricht dem Gott Utu der Sumerer.

10 Erscheinungsform der ›großen Göttin von Uruk‹, so auch von Inanna beziehungsweise Ischtar, Ihr Auftritt als Schankwirtin signalisiert die Rolle der Ischtar als Schutzgöttin der Gasthäuser.

11 der Vogel mit Ohren, von Gott Enlil eingesetzter Wächter des Zedernwaldes.

12 Bezeichnung für mythische Steinwesen, die immun sind gegen die Wasser des Todes.

13 Hauptgott der sumerischen und auch der akkadischen, babylonischen und assyrischen Religion und Vorbild und Bestandteil anderer Gottheiten diverser altorientalischer Völker.

14 Götter der Unterwelt, gegenüber den Igigi, den Göttern des Himmels.

15 die ›Winterliche‹, eine der Göttinnen der Unterwelt.

16 sumerischer Ort in Südmesopotamien, besiedelt ab etwa 3400 v. Chr.; die Stadt, in der die Sintflut verkündet wurde.

17 Beherrscher des Himmels, Stadtgott von Uruk.

18 Wasser- und Kriegsgott.

19 Assistent und Thronträger von Enlil.

20 der Gott des Urmeeres, auf dem die Welt schwimmt.

21 ›der Uranfängliche‹, Bezeichnung für Wasser.

22 Königssitz des Gilgamesch.

23 Quadratmeile.

24 Ischtar: Göttin der Liebe und des Krieges, verkörperte den Planeten Venus und war die Tochter Sins und Schwester von Schamasch.

Zoroastrismus – Mithraismus

1 gehören zu den Yasnas, den religiösen Zeremonien des Alltags.

2 Gemeinsam mit Mithra und Rashnu ist Sraosha einer der drei Totenrichter an der Tschinvat-Brücke.

3 Mircea Eliade/Ioan P. Culianu, Handbuch der Religionen, übers. v. Liselotte Ronte, Berlin: Verlag der Weltreligionen 2010, S. 181 f.

4 Eine Mithrasliturgie, hg. v. Albrecht Dietrich, Leipzig und Berlin: Teubner 1910², S. 15.

5 Vendīdād 6,44, aus dem Avestā, in: RgL 1: Die zoroastrische Religion [Das Avestā], hg. v. Karl Friedrich Geldner, Tübingen: Mohr (Siebeck) 1926, S. 40 f.

6 Hā dōkht Nask 2,1-36 (mit Auslassungen), in: Rgl 1, S. 43 f.
7 Hymne aus dem Avestā.
8 d.h. in die erste Vorhalle oder erste Staffel zum Paradies.
9 d.h. das Paradies.
10 Gāthā 46,1: »Nach welchem Lande soll ich mich wenden, wohin soll ich meine Zuflucht nehmen?«
11 die Hölle.
12 Avestā, Vendidād 19,27-33, in: RgL 1, S. 44 f.
13 Dāthra sind die Werke im moralischen Sinn, sofern sie einen moralischen Wert oder Unwert haben, also ungefähr der Begriff des indischen Karman.
14 Götter.
15 an dem die Seele während der drei ersten Tage nach dem Tode noch hängt.
16 hier: Sonnengott. Im Persischen Reich und in Indien war Mithra ein Gott des Rechtes und des Bündnisses sowie seit der Zeit der Parther auch ein Sonnen- bzw. Lichtgott. Er vertrat Tugend der Gerechtigkeit, schützte die Gläubigen und strafte die Ungläubigen, war Führer zur rechten Ordnung (»Asha« in der Religion Zoroastrismus) und wachte auch über die kosmische Ordnung, wie den Wechsel von Tag und Nacht und die Jahreszeiten.
17 ein Teufel, der die Seelen im Jenseits geleitet, damit sie gerichtet werden.
18 Name der Familie.
19 das religiöse Gewissen.
20 womit sie Dämonen verjagt.
21 Name eines Berges.
22 der gute Geist, des liebenden Verstandes, der Liebe.
23 Yasht 19,88-96, in: Rgl 1, S. 45 f.
24 einer der Söhne Zarathustras; der Name des erwarteten Heilands.
25 iranischer Sonnen- und Feuergott, der den Drachen, den Schlangendämon Azi Dahāka am Berg Demavand fesselte, gilt auch als Kriegsgott.
26 die traditionellen Feinde der avestisch sprechenden Menschen erscheinen in der zoroastischen Kosmogonie und Kosmologie als das schädliche Volk der sechzehn Länder, die von dem bösen Gott Angra Mainyu erschaffen worden sind. Diese Länder liegen jenseits des Weltflusses Anahita, der die sechzehn Länder des guten Gottes Ahura Mazda umfließt.
27 Gegner des rechten Glaubens.
28 König des rechten Glaubens.
29 Protektor Zarathustras.
30 Lüge (etymologisch mit »Trug« verwandt).
31 jüngerer avestischer Name für Zarathustras Dämon »Zorn«.
32 Wahrheit, das Gegenteil von druj.
33 die böse Gesinnung.
34 Vollkommenheit.
35 Unsterblichkeit.

Ägyptische Religionen

1 Jan Assmann, Herrschaft und Heil. Politische Theologie in Altägypten, Israel und Europa, München: Carl Hanser Verlag 2000, S. 137.

2 Nut: in der ägyptischen Mythologie die Göttin des Himmels, Mutter der Gestirne, symbolisiert das Firmament.

3 Gott des Mondes, der Magie, der Gelehrten, der Wissenschaft, der Schreiber, der Weisheit und des Kalenders. Trägt den Kopf eines Ibisses.

4 in: RgL 10: Aegypten, hg. v. Hermann Kees, Tübingen: Mohr (Siebeck) 1928, S. 48, © Mohr (Siebeck).

5 in: Rgl 10, S. 49, © Mohr (Siebeck).

6 personifizierte die Luft zwischen Himmel und Erde.

7 Schöpfergott aus Heliopolis, altägyptische Stadt, nordöstliche von Kairo.

8 Personifizierung des Urgewässers, aus dem der Urhügel auftauchte.

9 in: RgL 10, S. 49f., © Mohr (Siebeck).

10 Bezeichnung des Sternenhimmels, später: Unterwelt.

11 Nubien.

12 Residenzteil von Buto, der alten Hauptstadt des Westdeltareiches.

13 altägyptische Gottheit, die den Sonnenaufgang und die Morgensonne symbolisiert.

14 Das weibliche Komplement des Urgottes Atum (Hathor), vielleicht ein alter Baumkult.

15 Erdgottheit.

16 Gott von Letopolis, der griechische Name der altägyptischen Hauptstadt des zweiten unterägyptischen Gaues Chepesch; das heutige Ausim. Der Ort liegt etwa 13 Kilometer nordwestlich von Kairo im Gouvernement Al-Qalyubiyya. – ; Anspielung auf einen unbekannten Mythos.

17 als Götterfeinde.

18 Deltagottheit: kleines Sumpfraubtier (Ichneumon oder ähnliches).

19 Sargtext des Mittleren Reiches, in: RgL 10, S. 50, © Mohr (Siebeck).

20 Sargtext des Mittleren Reiches aus Assiût, Stadt in Mittelägypten Hauptstadt des gleichnamigen Gouvernements, liegt 375 km südlich von Kairo auf dem westlichen Nilufer, in: RgL 10, S. 51, © Mohr (Siebeck).

21 nomen nescio (den Namen kenne ich nicht) oder nomen nominandum (noch zu nennender Name).

22 Durch Ausführung des Bestattungsrituals.

23 Sargtext aus der 12. Dynastie, Ende des Mittleren Reiches (von etwa 2137 bis 1781 v. Chr. bestehende Staat im alten Ägypten), in: RgL 10, S. 52.

24 nomen nescio (den Namen kenne ich nicht) oder nomen nominandum (noch zu nennender Name).

25 nach dem Tod in sein irdisches Haus zurückkehren kann.

26 der Sonnengott.

27 in: RgL 10, S. 55 – ramessidisch: die ägyptischen Könige mit Namen Ramses sowie alle Könige der 19. und 20. Dynastie (1306–1070 v. Chr.).

28 in: Ägyptisches Totenbuch, übers. u. hg. v. Gregoire Kolpaktchy, Bern: Scherz 1988, S. 115 f.

29 das Jenseits, in das der Verstorbene nach seiner Bestattung und Wiedergeburt eintrat.

30 altägyptischer Gott, der »Westliche«; hier: Westen, im Gegensatz zu Duat (Osten).

31 auch Re, der altägyptische Sonnengott.

32 einer der mächtigsten Schöpfungsgötter, Allgott, er umschließt den Himmel, Erde, Luftraum und die Unterwelt, erschafft mit seinem Verstand und dem Aussprechen der Worte.

33 Hauptstadt des 15. Gaus und Kultzentrum des Gottes Thoth (der ibisförmige oder paviangestaltige Gott des Mondes, der Magie, der Wissenschaft, der Schreiber, der Weisheit und des Kalenders. In den Pyramidentexten galt Thot als Gott des Westens.).

Judentum

1 einer der drei großen Propheten neben Jesaja und Jeremia; seine Schriften sind während der babylonischen Gefangenschaft (587–538 v. Chr.) entstanden.

2 Eliade/Culianu, Handbuch der Religionen, S. 210–212.

3 »Indessen ist der Platz der Archonten, die bei den Gnostikern die sieben planetarischen Himmel verteidigen, im jüdischen Gnostizismus durch die ›Türsteher‹«, die zur Linken und zur Rechten des Eingangs zum himmlischen Saal stehen, ersetzt worden. In beiden Fällen muß die Seele ein Losungswort sagen. Dies ist ein magisches Siegel, das einen geheimen Namen beinhaltet, der die Dämonen und feindlichen Engel vertreibt. Je länger die Reise andauert, desto bedrohlicher werden die Gefahren. Die letzte Prüfung erscheint ziemlich rätselhaft. In einem im Talmud bewahrten Fragment wendet sich Rabbi Akiba an drei Rabbiner, die die Absicht haben, ins Paradies zu gelangen. Er sagt zu ihnen: ›Wenn ihr kommt zu reinen Marmorsteinen, sprecht nicht: Wasser, Wasser, denn der, der die Lügen ausspricht, wird nicht in meiner Gegenwart sein.‹ In der Tat erscheint der blendende Glanz der Marmorsteine, mit denen der Palast gedeckt war, wie Wellen auf dem Wasser. – Unterwegs empfängt die Seele Offenbarungen über die Geheimnisse der Schöpfung, der Hierarchie der Engel und die Praxis der Geisterbeschwörung. Im höchsten Himmel vor dem Thron ›sieht die Seele der mystischen Figur der Gottheit in menschlicher Gestalt, wie sie der Prophet Ezechiel (1,26) auf den Merkavahthron sehen durfte …‹« (Eliade, Religiöse Ideen, Bd. 2, S. 227 ff.).

4 die folgenden Passagen bis Deuteronomium 18 in: RgL 17: Die Religion des Alten Testaments, hg. v. Alfred Bertholet, Tübingen: Mohr (Siebeck) 1932, S. 24–28. Alle Texte © Mohr (Siebeck).

5 Genesis 35,19 f.

6 Genesis 35,8 u. 14.

7 2 Samuel 13,30 f.

8 Das Ausziehen der Sandalen geschieht sonst angesichts des Heiligen.

9 Ezechiel 24,15 ff.

10 Deuteronomium 14,1.

11 Genesis 50,10.

12 Jesaja 28,15.

13 1 Samuel 20,27 ff.

14 Los- und Orakel-Steine des Hohepriesters der Israeliten nach Exodus
   28,30. Im Hebräischen bedeuten die Worte die Lichtenden und die
   Schlichtenden (Buber/Rosenzweig) oder Licht und Recht (Luther).
15 das typische Zeichen des Propheten. Der Mensch bleibt in der Unterwelt
   wie er auf Erden gewesen war.
16 1 Samuel 28,5-19.
17 Deuteronomium 18,10 ff.
18 die folgenden Passagen bis Psalm 115 in: RgL 17, S. 68–70.
19 Hiob 7,5-10.
20 Jesaja 38,9-12
21 Angeredet ist der König von Babel, der in die Unterwelt hinabfährt.
22 Sie sitzen also in der Unterwelt auf Thron.
23 Jesaja 14,9-11.
24 Psalm 115,16 f.
25 die folgenden Passagen bis Jesaja 26 in: RgL 17, S. 106 f.
26 Jesaja 63,19-64, 1.
27 Zefanja 3,8.
28 Sacharja 2,12 f.
29 Jahve richtet.
30 Joel 4,12 ff. und 19 ff.
31 Jesaja 34,2-8.
32 Jesaja 24,3-6.
33 Jesaja 26,20 f.
34 die folgenden Passagen bis Jesaja 11 in: RgL 17, S. 107.
35 Micha 7,18 ff.
36 Joel 3,1-5.
37 Jesaja 11,11 f.
38 Jesaja 65,17, in: RgL 17, S. 132.
39 Luther-Bibel 1912.
40 »das Wasser der Chebar«, in der Nähe von Nippur, Stadt in Babylonien,
   eine von den Städten, wo die jüdischen Exulanten angesiedelt wurden.
41 in: Luther-Bibel 1912.
42 Abschnitte 18-80 (mit Auslassungen) in: Die Apokryphen und Pseude-
   pigraphen des Alten Testaments, Bd. 2, Tübingen: Mohr 1900 – Gliede-
   rung des äthiopischen Henoch: I. Der Erste Teil 6–36 Das angelologische
   Buch – II. Der zweite Teil. 37–71: Das messiologische Buch – Die Bilderreden – III. Der dritte Teil. 72–82: Das astronomische Buch – IV. Der
   vierte Teil. 83-90: Das Geschichtsbuch. Die Entwicklung der Weltgeschichte – V. Der fünfte Teil. Kap 91–105: Das paränetische Buch. Die
   Lehr-, Mahn und Rügereden Henochs – Eine Ermahnung Henochs an
   seine Kinder zu einem Leben in der Gerechtigkeit.
43 in: Ernst Müller (Hg.), Der Sohar, das heilige Buch der Kabbala, © 1998,
   Diederichs Verlag München, in der Verlagsgruppe Random House
   GmbH, S. 176–178.
44 die drei hebräischen Bezeichnungen für Seele. Die den Körper belebende
   Kraft (Körperseele, Vitalseele) heißt nefesch, neschama oder auch ru'ach.
   Alle drei Begriffe bezeichnen ursprünglich den Atem. »Neschama« ist
   der Lebensatem, den laut Gen 2,7 Gott seinem aus Erde geformten Ge-
   schöpf Adam in die Nase einblies, womit er ihn zu einem lebendigen

Wesen (nefesch) machte. Die Grundbedeutung von nefesch ist »Atem«
und »Atemweg«, »Kehle« Bei ru'ach verbinden sich die Bedeutungen
»Atem«, »Wind« und »Geist«.

Griechische Religion

1 Vgl. die germanische Walhalla oder die keltische Tir Nan Og.
2 auch Phlegeton (»der Flammende«), neben Styx, Acheron, Lethe, und
   Kokytos ein Fluß und damit auch eine Flußgottheit in der Unterwelt der
   griechischen Mythologie. Der Phlegethon führt kein Wasser, sondern
   Flammen, die alles verbrennen und niemals erlöschen. In einigen Darstellungen wird davon gesprochen, daß er kochendes Blut führt.
3 Mythos der Unterweltfahrt, des beschwörenden Totenopfers.
4 Odyssee XI 489 f.
5 Im Zusammenhang der Jenseitsvorstellungen und der Ideentheorie sind
   wichtige Textpassagen bei Plutarch »De sera numinis vindicta« 563 B ff.,
   »De genio Socratis« 589 F ff., »De facie in orbe lunae« 942 D ff.
6 aus: *Homer. Werke in zwei Bänden. Hrsg. u. a. d. Grch. übersetzt von
   Dietrich Ebener.* © Aufbau Verlag GmbH & Co. KG, Berlin 1971 (Diese
   Übersetzung erschien erstmals 1971 im Aufbau Verlag; Aufbau ist eine
   Marke der Aufbau Verlag GmbH & Co. KG), S. 164–171.
7 aus: *Hesiod. Werke in einem Band. Hrsg. mit einem Vorwort u. a. d. Grch.
   übersetzt von Luise und Klaus Hallof.* © Aufbau Verlag GmbH & Co.
   KG, Berlin 1994 (Diese Übersetzung erschien erstmals 1994 im Aufbau
   Verlag; Aufbau ist eine Marke der Aufbau Verlag GmbH & Co. KG),
   S. 31–33.
8 gehört zu den Hekatoncheiren (»Hundertarmigen«), drei riesenhafte Söhne des Uranos und der Gaia. Jeder von ihnen hat 50 Köpfe und 100 Hände.
9 bezeichnet ein goldenes Ziegenfell (manchmal auch einen Schild und
   ähnliches), das Zeus, bisweilen aber auch Athene oder Apollo, benutzte,
   um Gewitter heraufziehen zu lassen. Wenn das Fell geschüttelt wird, ver-
   sendet es Blitz, Donner und Nacht.
10 Nyx: Göttin und Personifikation der Nacht. Hemera: Tochter des Erebos
   und der Nyx.
11 Meeresgott.
12 in: Platon, Sämtliche Werke, übers. v. Erich Loewenthal, Werke, Berlin:
   Lambert Schneider 1940, Bd. 1, S. 801–806.
13 Gott und Fluß der Unterwelt.
14 βίος (Leben) und βία (Gewalt).
15 in: Plutarch, Moralphilosophische Schriften, übers. u. hg. v. Hans-Josef
   Klauck, Stuttgart: Reclam 1997, S. 192–194 (aus: Stobaeus 4,52,48; Frg.
   177 Sandbach).
16 Plutarch, Moralphilosophische Schriften, S. 194–197 (aus: Stobaeus
   4,52,49; Frg, 178 Sandbach).
17 in: Plotin, Enneaden [IV 7], übers. v. Hermann Friedrich Müller. 2 Bände,
   Berlin: Weidmann 1878/80, Bd. 2, S. 118–120.

Keltische Religion

1 in: RgL 13: Die Kelten, hg. v. Wolfgang Krause, Tübingen: Mohr (Siebeck) 1929, S. 10. – Donn: der Dunkle, der Braune, keltischer Gott der anderen, der Totenwelt. © Mohr (Siebeck).
2 Str. bzw. Abschn. 4–66, in: RgL 13, S. 12–17. © Mohr (Siebeck).
3 weiß-silberne Fläche.
4 ebenfalls: weiß silberne Fläche.
5 in Nordirland, prähistorische Hauptstadt von Ulster.
6 Land der Üppigkeit.
7 Land der Milde.
8 Meer.
9 Ebene des Sports.
10 Land der großen Milde.
11 Land der vielen Farben.
12 die Große Mutter.
13 Es folgen vier Strophen rein christlichen Inhalts, in denen Christus gefeiert wird. Dann wendet sich die Frau an Brán selbst:
14 Meeresgott.
15 irischer Prinz.
16 Ebene der Lieblichkeit.
17 vier Strophen rein christlichen Inhalts, ausgelassen.
18 zu der Frau des Fiachna.
19 wie Manannán.
20 Meeresgott.
21 Frau des Fiachna, die den späteren Ulster-König Mongan gebiert.
22 »Wohnsitz«, Wohnstätte eines mythologischen Volkes.
23 In den folgenden – hier ausgelassenen – fünf Strophen werden Mongans Taten und Tod prophezeit.
24 einer von Bráns Gefährten.
25 (auch: Ogham) keltische Sprache ab 400.

Römische Religion

1 aus: *Vergil. Werke in einem Band. Kleine Gedichte u .a. Hrsg. u. a. d. Lat. übersetzt von Dietrich Ebener.* © Aufbau Verlag GmbH & Co. KG, Berlin 1984 (Diese Übersetzung erschien erstmals 1984 im Aufbau Verlag; Aufbau ist eine Marke der Aufbau Verlag GmbH & Co. KG), S. 262, 275–281.
2 Avernus, See im alten Campanien; Virgil versetzte dorthin den Eingang in die Unterwelt.
3 Seherin, Prophetin, weissagende Frau.
4 ursprünglich kleinasiatische Muttergottheit, von den Griechen übernommen; als Herrin der Zauberei mit Fackel und Geißel erschien sie umgeben von heulenden Hunden, Schutzgöttin der »Dreiwege« (Schnittpunkt von drei Wegen), daher meist dreigestaltig oder dreiköpfig dargestellt; oft gleichgesetzt mit Artemis oder Persephone.
5 lateinischer Name für Persephone, ursprünglich eine Göttin des Wachs-

tums; Tochter des Zeus und der Demeter; von Hades in die Unterwelt entführt und zu seiner Gemahlin gemacht. Zeus gestattete ihr auf Bitten ihrer Mutter, zwei Drittel des Jahres in der Oberwelt zuzubringen.

6 Phlegethon (»der Flammende«), auch Pyriphlegethon, neben Styx, Acheron, Lethe, und Kokytos ein Fluß und damit auch eine Flußgottheit in der Unterwelt der griechischen Mythologie. Der Phlegethon führt kein Wasser, sondern Flammen, die alles verbrennen und niemals erlöschen. In einigen Darstellungen wird davon gesprochen, daß er kochendes Blut führt.

7 sechsköpfiges Ungeheuer, das nach der »Odyssee« an einer Meerenge gegenüber der Charybdis hauste und die Vorüberfahrenden verschlang.

8 gehört zu den Hekatoncheiren (»Hundertarmigen«), drei riesenhafte Söhne des Uranos und der Gaia. Jeder von ihnen hat 50 Köpfe und 100 Hände.

9 Hydra, neunköpfiges Ungeheuer, das im Sumpf von Lerna bei Argos lebte; von Herakles getötet.

10 feuerschnaubendes Ungeheuer, vorn Löwe, in der Mitte Ziege, hinten Drache.

11 weibliches Ungeheuer mit Schlangenhaaren, schon bei Homer erwähnt; Hesiod kennt drei Gorgonen: Stheno, Euryale und Medusa. Alles wandelte sich beim Anblick des Hauptes der Medusa zu Stein.

12 weiblicher Unheilsdämon mit Flügeln und Vogelkrallen oder Vogel mit Frauenkopf.

13 Riese mit drei Leibern und drei Köpfen, dessen Rinderherde Herakles gewinnen muß (zehnte Arbeit).

14 griechische Helden, die im Seesturm untergegangen waren.

15 Steuermann des Aeneas.

16 südlicher Teil Italiens.

17 König der Lapithen in Thessalien.

18 Hades, Unterwelt.

19 entstanden 45 v. Chr. – in: M Tullius Cicero, Tusculanae disputationes/ Gespräche in Tusculum, übers. u. hg. v. Ernst Alfred Kirfel, Stuttgart: Reclam 2008, S. 127–141 (I 40–45); Einschlägiges auch in De divinatione.

20 Name eines Volkes; Synonym für Astrologen.

21 einer der 30 Tyrannen Athens in den Jahren 405/404 v. Chr.; wurde gezwungen, sich mit Gift selbst zu töten.

22 die Totenrichter.

23 mythischer Sänger, der u. a. Weissagungen verfaßt haben soll.

24 Helden des Trojanischen Krieges.

25 Agamemnon.

26 die Richter.

27 in den Origines, frg. 83.

28 Übersetzung nach Friedrich Schiller, Der Spaziergang.

29 Herodot, Historien VII 226.

30 Platon, Phaidon 115.

31 ionischer Naturphilosoph (500–428 v. Chr.)

32 Stadt am Hellespont.

33 in Kleinasien.

34 Andromache, die Frau Hektors.
35 nach Lucius Accius, römischer Tragödiendichter, um 170–90 v. Chr. (trag. 667).
36 aus der Iliona von Pacuvius (frg. 197–201).
37 lateinisches Versmaß.
38 239–169 v. Chr.
39 Atreus und Thyest sind Söhne des Pelops; ersterer hatte die Kinder seines Bruders getötet und sie ihm zu essen gegeben.
40 so bei Herodot, Historien I 140.
41 Region am Kaspischen Meer.
42 griechischer Philosoph, bedeutender Vertreter der Stoa.
43 Gemeint ist Ciceros Konsulat als Höhepunkt seines Lebens.

Christentum

1 Die Bibel oder die ganze Heilige Schrift des Alten und Neuen Testaments. Revidierte Fassung der deutschen Übersetzung Martin Luthers (1912), Berlin 2002, S. 9459–9468.
2 in: Sven Loerzer, Visonen und Prophezeiungen. Die berühmtesten Weissagungen der Weltgeschichte, Augsburg: Pattloch o. J., S. 180–187 – Mehrere apokryphe Petrusapokalypsen liegen vor. Die hier ausgewählte entstand vermutlich in der ersten Hälfte des 2. Jahrhunderts in Ägypten; teilweise von der Kirche den neutestamentlichen Schriften gleichgestellt, daher hatte die Schrift großen Einfluß auf die kirchliche Lehre der Kirche, auch wenn sie nicht in den Kanon des Neuen Testaments aufgenommen wurde.
3 auf die Ankunft des Messias am Ende der Zeiten gerichtete Hoffnung.
4 Engel Gottes.
5 Name verschiedener Seen und Sümpfe, mit der Unterwelt in Verbindung gebracht (nach dem Unterweltsfluß Acheron).
6 in: Augustinus, Bekenntnisse, übers. v. Georg Rapp, Stuttgart: S. G. Liesching 1863[4], S. 78–80.
7 in: Hildegard von Bingen, aus: Das Buch vom verdienstlichen Leben (vor 1179), in: Schriften der Heiligen Hildegard von Bingen, übers. u. hg. v. Johannes Bühler, Leipzig: Insel 1922 (Der DOM; Nachdruck 1980), S. 252 f.
8 in: Meister Eckhart, Mystische Schriften, übers. u. hg. v. Gustav Landauer, Frankfurt/Main: Insel 1991, S. 45–49.
9 Martin Luther, Ein Sermon von der Bereitung zum Sterben (1519), in: Martin Luther, Ausgewählte Schriften, hg. v. Karin Bornkamm u. Gerhard Ebeling, Bd. 2, Frankfurt/Main: Insel 1995, S. 16–33.

Gnosis – Mandäer – Manichäismus

1 Clemens von Alexandria, Auszüge aus Theodotus 78.
2 nach Hans Jonas, Gnosis. Die Botschaft des fremden Gottes, hg. v. Christian Wiese, Frankfurt/Main und Leipzig 1999.
3 Der Ginzā besteht aus zwei Teilen, dem Rechten Ginzā mit mythologi-

schen, kosmologischen und moralischen Traktaten, zwei Sammlungen von Hymnen und Gebeten und einer Weltgeschichte; dem Linken Ginzā mit Hymnen und Lieder über das Schicksal der verstorbenen Seele bei ihrer Reise ins Jenseits. Der Linke Ginzā wird bei der Totenmesse gelesen.

4 Unter den manichäischen Schriften ragt der Kölner Mani-Kodex, mit einer Lebensgeschichte des Religionsstifters, heraus.

5 in: Die Gnosis, Zeugnisse der Kirchenväter, übers. u. hg. v. Werner Foerster, Zürich/München: Artemis & Winkler 1995, S. 420–429 (Corpus Hermeticum I 1–32.

6 Geist, Vernunft; in der antiken Metaphysik Bezeichnung für den »höchsten« Teil der menschlichen Seele (»denkende Seele« bei Aristoteles) sowie für ein den Kosmos ordnendes Prinzip (Anaxagoras, Platon) und die (reine) Seinsweise Gottes (Plotin).

7 Geist, Hauch, Luft, denkende und bewegende Weltseele.

8 Gnosis Kirchenväter, S. 455–459 (Thomasakten, Abs. 108–113).

9 Bewohner Nubiens (Äthiopiens).

10 gemeint: in die Welt.

11 Symbol der Seele.

12 Landschaft im Süden des Irak.

13 Stadt im Iran.

14 Region südöstlich des Kaspischen Meeres.

15 in: Die Gnosis. Koptische und mandäische Quellen, übers. v. Martin Krause u. Kurt Rudolph, hg. v. Werner Foerster, München/Zürich: Artemis & Winkler 1995, S. 205–231 (mandäisch; aus der sogenannten Lichtkönigstheologie des Ginzā.

16 (persisch: Reichtum) mythische Gestalten der Mandäer; Geist- und Lichtwesen. Sie sind erlöste Erlöser und helfen den Menschen beim Kampf gegen die Dämonen und bei ihrem Aufstieg in die Lichtwelt nach dem Tod.

17 Mythische Regionen.

18 die irdische Welt, eine Welt der Finsternis und des Bösen, der Lüge und des Todes.

19 böse Geister.

20 männliche Dämonen.

21 weibliche Dämonen.

22 Emanationen Gottes bzw. des Demiurgen.

23 in: Die Gnosis, Der Manichäismus, übers. u. hg. v. Alexander Böhlig, München/Zürich: Artemis & Winkler 1995, S. 262 f. (aus den »Psalmen der Wanderer«, koptisch).

24 Lebenszeit, Leben, Zeitraum, Ewigkeit. - Den ›Welten‹ bei den Mandäern entsprechen in der hellenistischen Gnosis die ›Äonen‹. Meist sind es sieben oder zwölf (nach der Zahl der Planeten bzw. der Tierkreisbilder), in manchen Systemen aber wuchert die Vielheit zu schwindel- und grauenerregenden Dimensionen, bis hin zu 365 ›Himmeln‹, bis zu den unzähligen ›Örtern‹ oder ›Räumen‹, ›Mysterien‹ und ›Äonen‹ der Pistis Sophia. Sie alle, die so viele Grade der Entfernung vom Licht darstellen, muß das ›Leben‹ durchschreiten, um hinauszugelangen (nach Hans Jonas, Gnosis).

Islam

1 839–923.
2 Großstamm in Mekka von dem Prophet Mohammed und sämtliche Ahl-ul-Bait sowie zahlreiche Gefährten abstammen.
3 heilige Quelle bei der Kaaba in Mekka.
4 at Tabarī, übers. v. Joseph Horovitz, in: A. J. Wensinck und J. H. Kramers, Handwörterbuch des Islam, Leiden: Brill 1941. S. 509.
5 in: Der Koran, übers. v. Rudi Paret, Stuttgart/Berlin/Köln: W. Kohlhammer 1996[7], S. 842 f.
6 in: Der Koran, in der Übersetzung von Friedrich Rückert, hg. v. Hartmut Bobzin, Würzburg: Ergon-Verlag 1995, S. 368 f. – Rückert-Überschrift: Die Hocker.
7 Koran Rückert, S. 455 f. – Rückert-Überschrift: Die Ballung.
8 Koran Rückert, S. 457 – Rückert-Überschrift: Die Zerkliebung.
9 Hadith-Sammlung von al Bukharī (810–870).
10 nach http://www.islamreligion.com/pdf/de/the_journey_into_the_hereafter.
11 nach http://moslem.de.to/paradies-und-hoelle/hoelle.html.

Germanische und nordische Religion

1 nach Eliade, Religiöse Ideen, Bd. 2.
2 Der vollständige Schöpfungsbericht ist durch Snorri Sturluson überliefert (Gylfaginning 4–9).
3 in: Die Götter- und Heldenlieder der Älteren Edda, übers. u. hg. v. Arnulf Krause, Stuttgart: Reclam 2004, S. 25 f. (Str. 57–66).
4 Höllenhund am Eingang des Totenreiches.
5 Höhle als Eingang zur Unterwelt.
6 die Seherin.
7 das Idafeld, Versammlungsort der Götter.
8 die Midgardschlange.
9 »Der gewaltige Gott«, Odin.
10 Tafeln für das Brettspiel.
11 Beide Asen kehren aus dem Totenreich zurück.
12 Name Odins; meint Walhalla, das Höd und Balder wieder bewohnen.
13 Walhalla.
14 Ase.
15 Name für Himmel.
16 die Seherin.
17 Ort im Himmel, in dem alle guten Menschen leben werden.
18 Hier sind christliche Einflüsse erkennbar.
19 Nidhögg, der Drache, der die Toten frißt.
20 »dunkle Berge«, ein Gebirge in der Unterwelt.
21 RgL 12: Die Germanen, hg. v. Franz Rolf Schröder, Tübingen: Mohr (Siebeck) 1929, S. 32–36: 20. Baldr. (Snorra Edda: Gylfaginning c. 21.). © Mohr (Siebeck).
22 in: Die Prosa-Edda, in: Germanische Göttersagen, hg. v. Reiner Tetzner, Stuttgart: Reclam 1992, S. 169–172.

23 Göttin der Unterwelt.

24 eine Art Merkur, Götterbote.

25 das achtbeinige Roß Odins.

26 Fluß am Rand der Unterwelt Hel.

27 das jüngere Göttergeschlecht in der nordischen Mythologie. Das ältere Geschlecht wird Wanen genannt. Nach der Jüngeren Edda wohnen zwölf Asen in Asgard (Sitz der Götter). Sie herrschen über die Welt und die Menschen, allerdings beschränkt durch das Schicksal, das nur die Nornen im vollen Umfang kennen. Ihnen werden Eigenschaften wie Stärke, Macht und Kraft zugeschrieben. Sie sind weitgehend vermenschlicht, haben also einen irdischen Alltag. Wie die Menschen sind sie sterblich. Nur durch die Äpfel der Idun halten sie sich jung, bis fast alle von ihnen zur Ragnarök getötet werden. Das Geschlecht der Asen besteht aus kriegerischen Gottheiten, während es sich bei den Wanen eher um Fruchtbarkeitsgötter handelt.

28 Freyja, die Gemahlin von Odin.

29 Odins Zauberring.

30 Göttin, Dienerin der Freyja.

31 eine Riesin, die die Rückkehr des Lichtgotts Balder aus dem Totenreich der Hel verhindert. Balder erhält von Hel die Erlaubnis, in die Welt der Lebenden zurückzukehren, wenn alle Lebewesen seinen Tod beweinen. Doch die in einer Höhle sitzende Thökk verweigert ihre Tränen, weil sie weder vom lebenden noch vom toten Balder einen Nutzen hatte. Balder muß deswegen in der Unterwelt bleiben. Die Götter vermuten daraufhin, daß die Riesin niemand anderes als Loki in anderer Gestalt gewesen sei und zürnen ihm so sehr dafür, daß sie beschließen, ihn hart zu bestrafen, was letztendlich den Auftakt zu den Ragnarök darstellt.

32 das Kind zweier Riesen, dennoch einer der Asen.

Bahai-Religion

1 in: Bahā'u'llāh, Ährenlese, Hofheim/Ts.: Bahā'ī-Verlag 2003[5], S. 136 f. (Kap. 81). © Bahā'ī-Verlag.

2 in: Bahā'u'llāh, Das Buch der Gewißheit – Kitáb-i-Íqán, Hofheim/Ts.: Bahā'ī-Verlag 2004[4], S. 144–146 (Kap. 185–189) u. S. 165–168 (Kap. 217–219). © Bahā'ī-Verlag.

3 arabisch: Erklärung, Äußerung. Eine Schrift des Báb (»das Tor«; 1819–1850), des Vorläufers Bahā'u'llāhs.

Verlag und Herausgeber danken den Rechteinhabern für die freundlichen Abdruckgenehmigungen. Leider aber ist es uns trotz intensiver Bemühung nicht gelungen, in allen Fällen die Rechteinhaber ausfindig zu machen. Für Hinweise sind wir dankbar. Rechtsansprüche bleiben gewahrt.